孙中田 著

论茅盾的生活与创作

东北师范大学文学院学术史文库

主编：王 确

中华书局

图书在版编目(CIP)数据

论茅盾的生活与创作/孙中田著. —北京:中华书局,2015.9
(东北师范大学文学院学术史文库/王确主编)
ISBN 978-7-101-11144-6

Ⅰ.论… Ⅱ.孙… Ⅲ.茅盾(1896~1982)-人物研究
Ⅳ.K825.6

中国版本图书馆 CIP 数据核字(2015)第 176136 号

书　　名	论茅盾的生活与创作	
著　　者	孙中田	
丛 书 名	东北师范大学文学院学术史文库	
丛书主编	王　确	
责任编辑	孙永娟	
出版发行	中华书局	
	(北京市丰台区太平桥西里 38 号　100073)	
	http://www.zhbc.com.cn	
	E-mail:zhbc@ zhbc.com.cn	
印　　刷	北京市白帆印务有限公司	
版　　次	2015 年 9 月北京第 1 版	
	2015 年 9 月北京第 1 次印刷	
规　　格	开本/920×1250 毫米　1/32	
	印张 10⅛　插页 2　字数 290 千字	
印　　数	1-3000 册	
国际书号	ISBN 978-7-101-11144-6	
定　　价	38.00 元	

总　序

学术本身成为目的才会有真学术

就在前几年，大学期间和年轻时代的记忆越来越多地被唤醒，经常想起给我们上过课或有过学术及其他交往的学术前辈。他们教书的样子，他们学术研究的事件，激起我们重读他们留给后人的那些沉甸甸的文字的热情。上大学的时候虽然就知道这些前辈都是非常了不起的学者，他们不仅是树在我们心中的一面面的旗帜，而且在全国乃至国际同行中享有盛誉。在重读这些前辈著作的时候，还是遭遇到了一种陌生和惊奇，不由得怀疑自己，怀疑我们这些后学的治学道路来。基于此，就想把前辈的学术选集起来重新与读者见面，以便更有效地释放榜样的力量。当时我作为学科带头人和院长，责无旁贷，便开始准备条件，与大家一起策划和推进这套书的出版事宜。现在，《东北师范大学文学院学术史文库》（以下简称《文库》）即将在中华书局陆续问世了，这意味着我们这些后学在实现着一种夙愿。

学术史不接受事实不清、更不接受罔顾事实的知识和观点。因为重读，领略到了前辈学者学术成就的不可多得。人文学术虽然不像科学那样，只有第一，没有第二，而是对一个问题的研究存在多种观点甚至不同结论的可能，但不论有多少结论，都是朝向事实的差异和依据事实的不同判断。我们常说，欲研究某个学术题材，必先知道其有什么，而后才可谈是什么或为什么，大概就是这个道理。

像孙常叙先生的《楚辞〈九歌〉整体系解》，从上世纪 30 年代开始，历时 60 年才拿出来出版；何善周先生的《庄子》研究虽在上世纪 70 年代末才与读者见面（《〈庄子·秋水篇〉校注辨正》载《社会科学战线》1978 年第 1 期），到他发表在《古籍整理研究学刊》2003 年第 3 期上的《〈庄子·德充符〉校注辨正》的时候就已经有 25 年的时间；王凤阳先生的《汉字学》历经 30 年时间，几经周折才最后完成，正如他所体会到的"事非经过不知难"（《汉字学·后记》）；逯钦立先生的陶潜研究从发表于《读书通讯》1942 年第 50 期上的《陶渊明行年简考》算起，到 1964 年载于《吉林师大学报》第 1 期上的《读陶管见》的 20 多年时间里，才完成了 10 万余字的陶潜研究文稿；苏兴先生的吴承恩研究从上世纪 50 年代到 80 年代的近 30 年时间里，除了订正增修了赵景深的《〈西游记〉作者吴承恩年谱》（1936 年）和刘修业的《吴承恩年谱》（1958 年），进而做成新的《吴承恩年谱》之外，也主要是完成了 10 万余字的《吴承恩传略》；孙中田先生的《论茅盾的生活与创作》，研究对象尽管是现当代作家，孙先生也与茅盾多有交往，但也花了 20 多年的时间才出版；张人和先生 1955 年就给杨公骥教授做助手，并参与了古代文学的一些研究工作，他的《西厢记》研究，仅从 1980 年投师《西厢记》研究泰斗王季思到他出版专著《〈西厢记〉论证》，有 15 年的时间。

我并不是说，研究的时间长就必然地会产生更出色的学术成果，但《文库》中的前辈活生生的研究历程和非凡的学术成就，却真的与他们长年累月的考索探求密不可分。学术史一再地告诉我们：研究的史料钩沉不仅需要孜孜不倦的努力，还要有可遇而不可求的机缘达成，这正如胡适喜出望外地得到《红楼梦》的"程乙本"，克罗齐等待多年发现了鲍姆加登的拉丁文《美学》（*Aesthetica*）一样；同时，对研究题材深层逻辑的发现，不仅仅需要反反复复地"入乎其内，出乎其外"，还需要历经长时间的发酵，才会得其要领，发现意义，超越前人。

　　张松如先生评价孙常叙先生的《楚辞〈九歌〉整体系解》是"集六十年治楚辞《九歌》的心得创获，裁云缝锦，含英咀华，结成新篇"（张松如《序》）。王国维大概是最早提出《九歌》为"歌舞剧"的人，但沿其提法展开，研究者一直未见作为戏剧应有的自觉性完整结构。孙常叙先生在发现东汉王逸《楚辞章句》之后《九歌》研究中的疑点基础上，大胆反思，扎实考证，洞察到《九歌》的整体有机结构，即由《东皇太一》、《云中君》两章构成的"迎神之辞"；由《湘君》、《湘夫人》、《大司命》、《少司命》、《东君》、《河伯》、《山鬼》七章构成的"愉神之辞"；由《国殇》构成的"慰灵之辞"；由《礼魂》构成的"送神之辞"。又如在与《九歌》相关的"庄蹻暴郢"问题上，作者"一时间疑窦丛生，百思莫得其解"（《楚辞〈九歌〉整体系解·自序》），被迫暂时搁置，在迂回路线，放开视野，沉淀发酵以及对文字的精深训诂中，终获新解。逯钦立先生对陶潜的研究真可谓一丝不苟，考版本，查史籍，对陶潜诗文真伪仔细辨别，明确了陶潜研究的许多问题，于是才有他特别为学界珍重的《读陶管见》等研究论文。冯友兰先生评价何善周先生的《庄子》研究说："《庄子校注辨正》已读数则，真是前无古人。《庄子》原文费解之处一经校释，便觉文从字顺，真所谓涣然冰释，怡然理顺者。"（《冯友兰先生的来信》）又说："闻先生的及门弟子中，唯有善周能继承闻先生研究《庄子》的衣钵，后来者居上，甚至能超过他的老师。"（《何善周先生传略》）闻一多先生1946年就离何先生而去，何先生的《庄子》研究新时期才开始发表，想想这是多么长久的积淀和承继。王凤阳先生的《汉字学》系统详实地深入讨论了关于汉字的知识、理论、历史文化等方方面面，建构了迄今为止最为系统、最为详实的汉字学体系，是一部在海内外汉学中具有广泛影响的著作。它的丰富性和学术力量，主要来自于它几易其稿，历久弥新，深究细琢，最大限度地激发自己的所能，更广泛地汲取到学界新的成果。孙中田先生的茅盾研究之所以被境内境外的同行高度认同，也是作者在长期的积累过程中，从众多机缘里获得了更多的学术素材、事实和思想启示的结果。他的《论茅盾的生活与创作》虽是只有近30万字的专著，但其研究背景却是全面而丰富的。关于茅盾的代表作《子夜》的讨论，在《论茅盾的生活与创作》中大体上集中在其中一节的内容里，可后来作者将这部分专门写成了一本高质量的专著《〈子夜〉的艺术世界》，先是在1990年由上海文艺出版社付梓，2014年又由中国台湾地区花木兰文化出版社再版。

《文库》的前辈作者中，大部分我都接触过，记得他们经常说起有关治学的方法、学术思想和学术价值等等，但我不记得他们谈到过治学的目的。现在想来，对他们而言，仿佛如此治学是天经地义的，学术本身就是不言自明的目的，可我们今天经常会追问"治学为了什么"，经常会有人质疑治学的现状，质疑当下的学术体制，质疑学术研究的急功近利。重读这套《文库》，让我看到了那个时代学术研究的缩影，他们把学术成果作为自我人生的目的，而不是作为手段，把学术研究活动作为某种生活的方式，而不是仅仅作为谋生的路径。时代迁移，学术的应有尺度却不会改变，当今学术界不可忽视的急功近利倾向如此普遍不应是时代的必然产物，而是另有其他的人为原因（人们多认为这个根源来自于学术体制的不当力量），警惕急功近利应是每个真正学人的长鸣警钟。

学术史是一个知识增量的过程，那些重复前人的知识是没有资格进入学术史的。我们常说，好的成果要么有史料的发现，要么有思想的发现，最好的是史料和思想都有发现，归根结底是要有发现。从前辈们的研究及其成果中，我们也许能够体会到，虽然对新的史料的发现也是一种学术价值，但一般而言史料的发现就可能会改变一种学术判断，生成一种新的学术思想，有时史料的发现又是在证明某种合理假设的过程中获得的，总之学术研究常常是综合的、复杂的，是史料发现与思想发现并存的。孙常叙先生不正是因为对王逸以后有关《九歌》研究"多所疑虑"，对"人神杂糅之解，君国幽愤之说，不能安矣"，才"尽屏旧疏，专绎白文，即辞求解，别无依附"（《楚辞〈九歌〉整体系解·自序》），对《九歌》展开了几十年的另辟蹊径的研究，从而发现了《九歌》11 章的内部体系，在此基础上发现了《九歌》的创作意图和"隐含读者"。苏兴先生在遍查有关吴承恩生平和创作《西游记》的史料过程中，发现了学界认为《西游记》是吴承恩晚年创作的通行说法是有问题的，遂提出四点证据证明《西游记》为吴承恩中年时期开始创作或者完成初稿的作品，从而发现《西游记》与其他文献的具体关联，也为重新认识作品本身与作品之间的关系留下了空间（苏兴：《吴承恩传略·吴承恩的中壮年时期及写作〈西游记〉》）。在重读汪玢玲先生的《蒲松龄与〈聊斋志异〉研究》的那些天，不仅因其民间文学视角的阐释引导我看到一部别有洞天的《聊斋志异》，如同何满子先生所说："从这个角度来研究蒲松龄，过去虽也有人作过零星的尝试，但都没有系统地进行过。汪玢玲同志是专攻民间文学的，因此她从自己的专业出发，描画出了由民间文学土壤中培养出来的蒲松龄艺术的轮廓。她的努力给研究蒲松龄开拓了一个新的疆域，特别是对研究民间文学与文人创作之间的关系，提供了她的实践经验。而这种经验，首先是她选取的角度，便有助于古代作家和作品的研究工作的展开。"（何满子：《蒲松龄与民间文学》小引）而且，不由得自心底生出另一种感慨，感慨那一代人在充满不幸和挫折的人生情境中，依然在其行动中始终释放着浓厚的人文情怀。重读《蒲松龄与〈聊斋志异〉研究》，胡适的"双线文学史观"总是在我的脑海中平行地显示，因为我清楚，汪先生的民间文学情结并非仅仅是一种学术题材和方向的选择，而是其历史观和人文态度的表现，这与作为五四文化先驱的胡适们对平民文学或民间文学的敬重来自于相似的思想动力。杨公骥先生的《唐代民歌考释及变文考论》所讨论的学术题材实际上也是民间文学。杨先生从《敦煌掇琐》发现28首混抄在佛教劝善歌中的唐代民歌，并从出处分析、断年依据和民歌所反映的历史生活进行了有力的考释：说明了28首民歌所反映的唐开元、天宝时代中下层社会的真实面貌；证实了这些民歌"正史书之不当，补文献之不及"的史料价值；考论了《旧唐书》和《新唐书》的错误，以及唐开元、天宝时代社会经济崩溃、阶级斗争尖锐的真实情况(杨公骥：《唐民歌二十八篇考释后记》)。我想《唐代民歌考释及变文考论》中的论文《论开元、天宝时代的经济危机和阶级矛盾》和《论胡适、杜威的历史伪造与实用主义的文学史观》两文，当是在上述28首民歌的考释基础上完成的。这两篇论文尖锐地质疑了胡适的看法，鲜明地提出了不同于前人的观点。其中的思想贡献自不必说，我们也不必去讨论学术观点的孰是孰非，只是这里的基于严肃考释、敢于怀疑和挑战权威的治学精神就显然特别值得我们后学追随，因为追求真理是治学的第一原则。张人和先生在谈自己的古代戏曲研究时，曾总结了许多有效的经验，其中的两个关键词"辨别真伪"与"贵在创新"，这给我的印象十分深刻。他在出版《〈西厢记〉论证》之后，经过仔细考证，深入思考，继续发表了关于《西厢记》版本系统，《西厢记》研究史，《西厢记》效果史等高屋建瓴的成果，进一步深化和拓展了他过去的研究。王季思先生在评价张人和先生时引用了《学记》中的"善歌者使人继其声，善教者使人继其志"这句话，我想就是在喻指张先生在继承与创新上的特别表现。知识的增量正是在怀疑、证实或证伪中实现的，波普尔把"可反驳性"作为科学的核心尺度，正是告诉人们真正的知识既是反驳的结果，也是经得起反驳的结果。

就学术研究而言，无论是自觉的预期或是"无用之用"，其中都存在着某种效果的实现。学术不仅是发现新史料和新思想，还应致力于知识的传递，以及传递的效率和方法。在这套《文库》中，一部分著作是以系统的知识构成的，诸如曾任中国语文教学法学会会长的朱绍禹先生的《中学语文教学法》，罗常培先生的入室弟子李葆瑞的《应用音韵学》，曾任我校古籍整理研究所所长、中国唐史学会副会长兼秘书长的吴枫先生的《中国古典文献学》等。这些著作里虽高屋建瓴、深入浅出地讨论知识，但字里行间蕴含着对更多读者的召唤，蕴含着传递知识的方法，蕴含着教学经验。尽管这样的著作有更多的读者阅读，这里的知识有更多的学者和教师一代接一代地研究和思考，因而更新升级的速度也相对快些，但他们的学术史价值是不可磨灭的。

东北师范大学文学院创建于 1946 年，最初成立于辽宁本溪。1948 年秋，东北大学与吉林大学合并，首先设立文学院，由张松如教授任院长，吴伯箫教授任副院长。历史上，古典文学专家、中国人民解放军军歌作者、著名诗人张松如，著名中国文学史家杨公骥，著名语言学家孙常叙，闻一多先生的高足、《庄子》研究专家何善周，中国现代诗人、鲁迅研究专家蒋锡金，现代著名小说家、学者李辉英，汉魏六朝文学研究家逯钦立，早期创造社成员、现代诗人穆木天，词学家唐圭璋，明清小说研究专家苏兴，东北作家群经典作家萧军，左翼文学家舒群，中国古典文学和红学家张毕来，现代文学研究家孙中田，新中国第一代语文教学法专家朱绍禹，都曾在我院工作过。张松如、吴伯箫、萧军、舒群等均参加过延安文艺座谈会。这套《文库》只是收入了一直在文学院工作到退休的前辈学者的部分著作，我们将努力使更多前辈们的著作以新的面貌与广大读者见面。

重读前辈著作时的感动真的是言犹未尽，但我必须留一点文字来表达我对为此《文库》的编辑出版付出辛勤汗水的各位同仁的深深敬意。李洋院长一直作为编委会的前线推动者，为《文库》的编辑出版工作付出了非凡的努力，可以说没有他的付出，《文库》出版不会有如此效率和效果；解玲、王春雨、王军等老师为出版前的版权、编务等工作不厌其烦，辛勤工作；许多老师不辞辛苦，在肩负着繁重的科研、教学和其他任务的情况下，优先安排自己的时间来推进书籍的编辑工作，他们分别是：张世超、刘雨、付亚庶、苏铁戈、李德山、高长山、黄季鸿、宋祥、徐鹏等老师。在此，一并对他们的忘我工作致敬。

请允许我代表《文库》编委会特别感谢庞立生处长和社科处的同志们，感谢他们对《文库》出版计划的肯定，感谢他们在《文库》的编辑出版工作上给予的智慧和资金上的大力支持。

我还要代表学院特别感谢中华书局的申作宏编辑，他为《文库》的出版多次专程从北京来长春，商讨和处理出版前的各种问题，感谢他能以严谨认真的态度推进《文库》的出版工作。

《文库》真的要问世了。当我们这些后学的期待将要实现的时候，那种心情的确无法用喜悦能够释放出来。我们对《东北师范大学文学院学术史文库》的辉煌出版，翘首以盼。

在我这篇拙文准备收笔的此时此刻，前辈的学术生活在回忆和想象中仿佛历历在目，于是，耳畔萦绕着一种越来越强烈的声音，尽管我知道这声音原本是说给君主的治天下之道，但细细倾听，反复想来，直面当下学人学术，倒是深觉这声音亦是引学人和学术去光明之处的呼唤。如此，我不妨把这并不陌生的声音录在这里，与大家分享："非淡薄无以明德，非宁静无以致远，非宽大无以兼覆，非慈厚无以怀众，非平正无以制断。"（《淮南子·主术训》）

王　确

2015 年 4 月 26 日　于北海新居

目　录

绪　论

在"五四"以来的文学战线上，茅盾是一位杰出的作家和革命战士。他以自己的辛勤劳动和新文化旗手鲁迅等同时代的革命作家在一起，开创了中国现代文学历史的新时期，为新文学的健康发展、为坚持现实主义的文学准则、为文学服务于民族解放和人民大众的革命事业进行了不懈地斗争。在左翼十年的文艺运动中，他是坚强的骨干力量，他和鲁迅在一起，团结在中国共产党的周围，坚持阶级斗争、思想斗争，为维护无产阶级文艺的胜利发展贡献自己的力量。在抗日战争和解放战争的日子里，他更以多方面的文学活动，团结一些革命的进步作家，为实现党的各项任务而奋斗。据何其芳同志回忆，敬爱的周总理在谈到茅盾同志时，对于文学研究会的活动是肯定的。肯定它"起了好的作用，进步的作用"，也肯定了茅盾同志"在文学工作上的成绩"①。

茅盾的创作是以深广的社会生活的描写、清晰的时代风云的展示、错综复杂的社会矛盾的反映而引人入胜的。他以敏锐的视觉不断地在作品中提出一些具有重大社会意义的问题，并力图形象地揭示出某些方面的本质，反映出历史发展的趋势。宏伟而不失空旷，工细又不失之于纤弱，得阳刚之气和写实之风。就三十年代峥嵘高

---

① 《回忆周恩来同志》，《文学评论》，1978 年第 1 期。

昂的革命文学派来说，他以工细真切的描述而构成上乘；在不同流派作家中，又以高远的风骨而引人关注。他博采中西之长，把现代的中国小说提升到现代化的里程。在他许多血肉关联的作品中，映现出新民主主义革命年代的生活变动，映现出人民群众迫于黑暗的重压、挺而抗争的艺术画面。其中，《霜叶红似二月花》可以放在首位，它映现的是辛亥革命到"五四"前夕的社会景象；《虹》反映的是"五四"到"五卅"历史进程中的事件；《蚀》概括的是二十年代，即大革命年代部分小资产阶级的状貌；长篇《子夜》则提供了二次国内革命战争时期（三十年代初）复杂的社会矛盾的艺术画面。如果说《第一阶段的故事》中展现的是抗战初期的生活景象；那么《腐蚀》中揭露的则是抗战中期国统区特务横行、豺狼当道的现实；而剧本《清明前后》揭示的则是三四十年代抗战胜利前夕黑暗社会的状貌。由此可见，大时代的风涛、人民革命运动的起落消长、帝国主义侵略的魔影、旧中国的腐败黑暗的景象，在茅盾的创作中或则正面或则侧面，强弱不同地反映出来，构成形象的时代生活的历史。

自然，对于典型人物及其命运的刻画，始终是作家探求和注意的中心。茅盾说，"人"是他写小说的第一个目标。这是作家为自己规定的特殊任务。在他的作品中所塑造的人物是异常广泛的。在这个形象体系中，有洋场买办、形形色色的资本家、封建地主劣绅，以及反动统治阶级腐蚀下"鬼也不如"的爪牙；作品中也出现了各种类型的知识分子，以及为灾难和苦痛折磨着、日益觉醒起来走向斗争的工农大众。在众多的人物中，对于中国民族资产阶级和买办阶级的典型刻画是颇具生命力的，它在现代文学的艺术画廊中具有深刻的认识作用和美学价值。

在探索茅盾的创作时，可以看出，他是经过了较长时间的生活体察和艺术准备而走向实践的。鲁迅曾用"静观默察，烂熟于心，凝神结想，一挥而就"概括自己的创作经验。茅盾从《蚀》到《清明前后》的创作证明，离开了生活的泥土，艺术的创造便会成为无源之水、无本之木。且不说《子夜》的生活体察过程，在写第一部小说《幻灭》时，茅盾告诉我们，他不仅熟悉"一九二八年以前那几年震动全世界全中国的几次大事件"，乃至"凝神片刻，便觉得自身已经不在这个斗室，便看见无数人物扑面而来"。① 这生动的实例，都是对于先定主题、后设矛盾、远铺近垫等一套主观唯心主义创作模式有力地批判。

文艺创作离不开现实的斗争生活，也需要从古代和外国的优秀作品中吸取补养，只有"博采百花，才能酿出蜜来"。还在少年时代，茅盾就和先秦以来的文学典籍有了接触。特别是明清以来的小说，如《西游记》、《三国演义》、《儒林外史》等都是他所喜爱的作品。至于外国文学著作，茅盾涉猎和研究得更为广泛。他不仅是外国文学的介绍者，而且是最早的研究者之一。英国的狄更斯、斯各德，法国的莫泊桑、左拉，俄国的托尔斯泰、契诃夫，以及欧洲许多弱小民族的进步文学作品，都影响了茅盾的创作。茅盾从中不断地汲取了进步的思想、严峻的现实主义精神和精细入微的刻画人物的技巧。

回顾"五四"以来的文学发展历史，似乎许多老作家都以多方面的才能服务于革命现实。鲁迅是这样，郭沫若是这样，茅盾也是这样。茅盾从"五四"时期起便倡导文艺理论，开展社会批评，翻译介绍外国文学作品，他是现代文学最早的评论家和翻译家之一。稍后便展开创作活动。他写小说、散文，也写下了大量的杂文。这些工作，都是从时代和人民的革命事业中吸取了力量，并且紧紧围绕着时代、社会的需要有所为而发的。他的许多杂文的写作是这样，他的一些论文、文艺批评，也是适应文学发展的需要写下的。甚至他

---

① 见茅盾的《我的回顾》与《写在〈蚀〉的新版的后面》。

的长篇小说《子夜》，也分明是为了回击托派对中国社会性质的歪曲而写的。恩格斯在《评亚历山大·荣克的〈德国现代文学讲义〉》中说："……某个作家有一点点天才，有时写点微末的东西，但如果他毫无用处，他的整个倾向、他的文学面貌、他的全部创作都一文不值，那么这和文学又有什么相干呢？"①茅盾的创作实践证明，他并非像恩格斯所批评的"有一点点天才，有时写点微末的东西"的作家。而是几十年如一日，以不倦的创作劳动，服务于人民大众的革命事业，作出了自己的贡献。在整个创作过程中，我们看到了适应着革命的需要不断前进的革命战士的形象。

可以看出，茅盾在革命发展的进程中，在现实主义的创作道路上，是有过苦闷、经历过艰苦的历程不断前进的。这实际和"五四"时期老一辈作家走向革命的经验汇总一起，体现了中国现代文学发展的某些重要特点。"五四"以来的新文化是民族的、科学的、大众的。但是如何为人民大众呢？这个方向和道路是经过长期的探求过程才明确起来的。一九四二年毛泽东《在延安文艺座谈会上的讲话》中明确地指出："许多同志爱说'大众化'，但是什么叫做大众化呢？就是我们的文艺工作者的思想感情和工农兵大众的思想感情打成一片。"②茅盾的文学道路的艰苦历程，分明地显现了知识分子走向革命征程的某些特点。回顾前进的道路，茅盾说："路不平坦，我们这一辈人本来谁也不会走过平坦的路，不过，摸索而碰壁，跌倒又爬起，迂回再进。"③这体会是深刻的。正是不断探求真理、曲折再进的革命精神，使茅盾在创作道路上取得了显著的成就，成为杰出的作家和革命战士。

---

① 《马克思恩格斯全集》1卷，人民出版社1957年版，525页。
② 《毛泽东论文艺》。
③ 茅盾：《回顾》，《解放日报》1945年7月9日。

第一章　早期的思想和文学活动

第一节　童年和少年时代的生活

一、家庭和少年时代的生活

茅盾原名沈德鸿，乳名燕昌，字雁冰。"茅盾"是从发表《幻灭》时起用的笔名。[①] 这位未来的作家，于一八九六年七月四日生于浙江桐乡的乌镇。

他的故乡，是一个古老的有着悠久文化历史传统的市镇。据说远在唐代便已设镇了。现在的乌镇，系由青镇（在东面，原属桐乡）和乌镇（在西面，原属吴程）两部分合并成的。解放后始定名为乌镇。关于自己的故乡，茅盾有过这样的记述：

> 故乡！这是五六万人口的镇，[②] 繁华不下于一个中等的县城；这又是一个"历史"的镇，据《镇志》，则宋朝时"汉奸"秦桧的妻王氏是这镇的土著，镇中有某寺乃梁昭明太子萧统偶居读

① 为了避过国民党反动派的耳目和工作方便起见，茅盾用过许多笔名，如玄珠、方壁、止敬、蒲牢、郎损、形天、谢芬等等，茅盾是他经常使用的笔名之一。关于这笔名的来历，可参看《茅盾文集》1卷，人民文学出版社1958年版，431页。

② 据茅盾说，这只是当年一种普遍的说法，但实际的人口可能不足五六万人。

书的地点，镇东某处是清朝那位校刊《知不足斋丛书》的鲍廷博的故居。现在，这老镇颇形衰落了，农村经济破产的黑影沉重地压在这个镇的市廛。①

这个小镇在旧中国的忧患、破产、日益衰落的景象，后来在茅盾的作品中有着深切地反映。事实上，在茅盾诞生的时候，祖国和家乡已经处于内忧外患、百孔千疮的境地。

茅盾生长在民族和阶级的矛盾日益深化的革命年代。这时期，一方面是帝国主义的凶残侵略，清王朝的腐朽统治，使得中国社会急速变化，国家和民族的命运濒于风雨飘摇的境地；但同时也是中国人民寻求真理，拯救国家的危难，进行民族民主革命的历史年代。在茅盾诞生的前两年爆发了中日甲午战争，一八九五年四月中国战败，被迫签订了《马关条约》，于是帝国主义瓜分侵吞中国的势力继鸦片战争之后更加接踵而来。一八九八年戊戌变法的维新运动，是在民族危难深重的情况下发生的。这个运动代表着这个时期从地主官僚转化过来的资产阶级政治倾向，因而它只能是一种软弱的改良主义运动，是脱离广大人民群众的政治运动。但是，"同康有为一派改良变法运动的同时，以孙中山为首的革命派和其他几个革命派的运动发展起来了"②。这个时期在文化思想战线上便是所说的新学与旧学，即资产阶级的新文化和封建主义的旧文化的斗争。毛泽东同志说："那时的所谓学校、新学、西学，基本上都是资产阶级代表们所需要的自然科学和资产阶级的社会政治学说（基本上，是说那中间还夹杂了许多中国的封建余毒在内）。在当时，这种所谓新学的思想，有同中国封建思想作斗争的革命作用。是替旧时期的中国资产阶级民主革命服务的。"③因此，它颇吸引了一些人们的注意。

---

① 《茅盾文集》9 卷，127 页。
② 《中华人民共和国宪法》，人民出版社 1954 年版，39 页。
③ 《毛泽东选集》，人民出版社 1967 年版，657 页。

茅盾的父亲沈永锡是一位秀才，通晓中医，在当时便属具有开明思想的"维新派"人物。他颇重视新学，酷嗜算学，曾自修到微积分的地步。据茅盾回忆，"那时他卧病在床已经两年了，还常常托人去买了新出的算学书来，要母亲翻开了竖着给他读，因为他患的是风湿病，手不能动"。这位老人对于进步的社会科学书刊，也是颇为重视的。茅盾写道：

> 那年春天，他已自知不起，叫我搬出他的书籍和算草来整理；有十几本《新民丛报》，几套《格致汇编》，还有一本《仁学》。他吩咐特别包起来，说："不久你也许能看了。"特别是那本《仁学》，他叮嘱我将来不可不读。他似乎很敬重这位"晚清思想界的彗星"谭嗣同先生。①

看来，茅盾父亲的思想似乎和谭嗣同那样的新派人物有些相近。不幸的是，在茅盾的少年时代他的父亲便去世了，终年仅三十四岁。茅盾的母亲陈爱珠是一位通文理有远见而性格倔强的妇女。在茅盾的童年时代，她就把文学和地理、历史等知识教给孩子们。茅盾说，"我的第一个启蒙老师是我的母亲"（《回忆录》）。她勤俭刻苦，不避乡里的非议，以有限的财产供给儿子受教育。茅盾后来说，"在二十五岁以前，我过的就是那样在母亲'训政'下的平稳的日子"②。茅盾的启蒙教育开始得比较早，进小学以前便读过家塾。按照父亲的意愿是希望自己的孩子将来学实业的，所以念过《三字经》后，便读起澄衷学堂的字课、图说和《正蒙必读》里抄下来的《天文歌略》、《地理歌略》一类的"新书"。不过，这些书并不怎么引起少年时代茅盾的兴趣。他记述说："那时父亲还没病倒，他每天亲自节录四句，要我读熟，他说：'慢慢地加上去，到一天十句为止。'

---

① 《茅盾全集》11 卷，人民文学出版社 1986 年版，489 页。
② 茅盾：《我的小传》，《文艺月报》创刊号。

可是我却慢慢地缩下来，每天读熟两句也还勉强。这一件事，也曾惹起父亲十分的烦恼。这使得我那时幼稚的头脑对于所说的'新学'者，既害怕而又憎恶。"①茅盾的小学生活是在两个学校度过的。最初入的是立志小学。大约是民国前八九年，茅盾的家乡又开始创办了一所植材小学校，茅盾就是这所高级小学校的第一班学生。在文章里他不只谈到了修身、国文、历史和算学等教科书，而且对绘画课程也产生了兴趣。他说："我在小学的时候，最喜欢绘画，教我们绘画的先生是一位六十多岁的国画家。……他教我们临摹《芥子园画谱》，于是我们都买了一部石印的《芥子园画谱》。他说：'临完了一部《芥子园画谱》，不论是梅兰竹菊，山水，翎鸟，全有了门径。'"②这位老先生给茅盾的印象是很深的。

可能也是由于对图画和书籍插图的兴味，使茅盾和小说发生了因缘。那时在一般守旧人的老眼光里，小说之类尚被称为诲淫诲盗的"闲书"，是不准孩子们看的，但在茅盾的家里，竟得了明达的父母破格的允许。茅盾说：

> ……木板的"闲书"中就有《西游记》。因为早就听母亲讲过《西游记》中间的片段的故事，这书名是熟悉的，可惜是烂木板，有些地方连行款都模糊成一片黑影。但也拣可看的看下去。不久，父亲也知道我在偷看"闲书"了，他说："看看闲书，也可'把文理看通。'"就叫母亲把一部石印的《后西游记》给我看，为什么给《后西游记》呢？父亲的用意是如此：为了使得国文长进，小孩子看"闲书"也在所不禁……③

后来茅盾告诉我们，"小时看的第一部'闲书'，就是《西游记》，现在我要手头别无他书而只有一部《西游记》时，看上了还是放不落手

---

① ③ 茅盾：《我的小学时代》。
② 茅盾：《我曾经穿过怎样紧的鞋子》，载《我与文学》。

的"①。此外，如《三国演义》、《水浒传》、《聊斋志异》和《儒林外史》等，都成为他这时期"爱读的书"。

二、中学时代及其后

茅盾的中学时代是在浙江三府的三所中学度过的。最初他入的是浙江省立湖州第三中学堂，以后转入省立嘉兴第二学堂，后来又进入杭州的安定中学学习，并在那里毕业。看来中学时代的生活并不使茅盾满意，他忆及起那古旧的生活是，"书不读秦汉以下，骈文是文章之正宗，诗要学建安七子，气度要清华疏旷"②，这一切在茅盾的忆念中是"平凡的"、"灰色的"、"窒息的"。他说，"那样的陈腐闭塞几乎将我拖进了几千年的古坟里去"③。于是，他忙于读小说，几乎把课余时间全部消费在看小说上。在赴南京参观的时节，他在书坊中买到一部《世说新语》，便在归途中反复地读起来。他后来回忆说："我这才知道历史上有这样隽永的小故事。"古典的小说不仅启迪了他的文思，而且在文章的格调上也显现出它的影响来。国文教师对他文章的评语是"文思开展"，但又不满意地认为，"有点小说调子，应该力戒"。

一九一一年辛亥革命爆发了。这是在中国近代史上比较具有完全意义的资产阶级民主主义革命，曾激荡起青年的奋发之心，给予人们积极的振奋力量。中学时代的茅盾也自然地卷入革命的浪潮中。他写到，"武昌起义"的消息把他兴奋得不得了。他无条件地拥护革命，毫不犹豫地相信革命会马上成功。"……为什么我们那样盲目深信？我们并不是依据什么理论，更不是根据什么精密研究过的革命势力与反革命势力的对比；我们所以如此深信，乃是因为我

---

① 《茅盾文集》10 卷，145 页。
②③ 茅盾：《我的中学生时代及其后》。

们目击身受清政府政治腐败，民众生活痛苦，使我们深信这种贪污腐化的政府，一定不能抵抗顺应民众要求的革命军"。所以在学校临时放假的时期，茅盾便以"深通当前革命形势的姿态"，做起革命党的义务宣传员来。但是这次革命，中国的无产阶级还没有作为一个觉悟了的独立的阶级力量登上政治舞台，终于因为敌人的强大和资产阶级的软弱性及其脱离民众而宣告失败了。这次革命在茅盾的家乡的情况是：

> 那时我的家乡的官是一个旗人，因而绅商们觉得不免要流点血。幸而那个武官"深明大义"，加之商会里也筹得出钱，于是平安无事就挂了白旗。那位旗人官呢，"护送"出境了事。

> 跟着，老百姓忙的是剪辫子的"仪式"。有人主张先剪一半；有人主张四边剪去，只留中间一把，依旧打辫子，盘起来，藏在帽子里；更有人主张等过了年看个好日子再剪，然而也有爽爽快快变成和尚头的。①

这记述是深切的。"民族史上这一件大事"，在茅盾的记忆中，"除了可以不必再拖一条辫子以及可以不必再在做国文的时候留心着'仪'字应缺末笔，此外实在什么也没有，于是乎我之不免于失望，又是当然的事"②。这以后"庙是不曾动过，菩萨却换过多次"。可是纵然如此，当学校复学后，那个新来的学监却宣布要"整顿"校风了。这不能不引起学生的激愤。于是中学时代的茅盾便和几个"不安分"的同学，在学校里闹起"小小革命"，以讽刺诗抨击了那个不得众望的学监，因而被嘉兴府的中学给以"除名"的处分，只好转入杭州的安定中学就学，并在那里毕业。

一九一三年北京大学在上海招考预科学生。十八岁(实足的年

---

① 茅盾：《回忆辛亥》。
② 《茅盾文集》10 卷，38 页。

龄当为十七岁)的茅盾结束了中学时代的生活。他离开了浙江，报考了北京大学预科第一类。这第一类，将来是进文法商三科的。一个月后被录取。他来到了北京，住进了译学馆。茅盾说，"这时我的不能遵照父亲遗嘱立身，就是母亲也很明白晓得的了"①。预科三学期满后，由于家庭经济生活的窘迫，茅盾便走上了工作岗位。

一九一六年八月，茅盾被一个亲戚介绍到了上海的商务印书馆。开始是在编译所英文部设立的"英文函授学校"修改学生们寄来的课卷。这种机械式的改卷工作没做多久，便被分配去和孙毓修老先生合作译书。这以后便是翻译卡本脱著的《衣》、《食》、《住》的问世。继之，又编纂出版了《中国寓言初编》。②

一九一七年的八月，茅盾回到了家乡。茅盾的母亲显得特别高兴。茅盾回忆说："母亲当时的愉快心情，我是理解的。第一，她觉得我在商务编译所的前途是有希望的，我翻译的《衣》、《食》、《住》，已经排好，我编辑的《中国寓言》已经出版。她料想我此后可以一帆风顺了。第二，泽民居然考取……而且据说这个学校是当时(北洋政府)开办的全国第一所这类的专门学校……毕业后学校负责介绍工作，不用你自己操心。"③这里谈及的泽民，便是茅盾的弟弟沈泽民。他在这一年考进了南京河海工程专门学校学习，后来曾和茅盾一起从事译著和其他社会活动。

不久，茅盾的工作又有了变动。他一面编辑《中国寓言续编》，一面帮助《学生杂志》的编辑朱元善去审理稿件。这样，工作的范围逐渐扩展开来。译科学小说，作社会论文，翻译和介绍外国文学作品，迎着"五四"新文化运动的思潮，开始了他早期的文学和革命活动。

---

① 《茅盾研究资料》上卷，中国社会科学出版社 1981 年版，44 页。

②③ 参看《商务印书馆编译所生活之一》、《商务印书馆编译所生活之二》，《新文学史料》1978 年版第 1、2 辑。《中国寓言初编》由商务印书馆出版社于 1917 年 10 月出版。

第二节　早期的社会思想和文艺思想

茅盾的文学活动，是在我国社会从旧民主主义革命推向新民主主义革命的伟大历史年代展开的。

一、"五四"和文化革命运动

一九一九年的"五四"运动，是这一伟大革命历史的转折点。这个伟大的革命运动，是随着中国资本主义的发展和无产阶级政治力量的壮大、长成，在十月社会主义革命的影响下发生的。十月社会主义革命开辟了人类历史的新纪元，也使得中国革命"起了一个变化"。在这以前，是中国资产阶级领导的旧民主主义革命，这个革命"属于旧的世界资产阶级民主主义革命的一部分"；在这以后，由于中国无产阶级已经迅速地成为一个觉悟的政治力量，走上了政治舞台，这个革命的领导者已经不是中国资产阶级而是无产阶级了，这个革命则"属于世界无产阶级社会主义革命的一部分"①。

毛泽东同志说："十月革命一声炮响，给我们送来了马克思列宁主义。"②"中国自有科学的共产主义以来，人们的眼界是提高了，中国革命也改变了面目。"③一九二一年伟大的工人阶级政党——中国共产党诞生了。从此，中国人民在党的领导下展开了彻底地反对帝国主义、反对封建主义的新民主主义革命运动。

"五四"运动是中国人民反帝反封建的政治大革命，同时也是伟大的文化革命运动。这个文化革命运动是以《新青年》等杂志为中心发展起来的。在"五四"运动以前，这个文化革命运动还没能脱离出

---

① 《毛泽东选集》2卷，638页。
② 《毛泽东选集》4卷，1476页。
③ 《毛泽东选集》2卷，657页。

资产阶级文化运动的范畴。但它沉重地打击了封建的旧思想旧教条，宣扬了进取的乐观的人生理想，起了传播新思想的作用，为"五四"运动做了思想准备和启蒙工作。"五四"运动爆发后，在马克思主义的影响下，新文化运动和文学革命摆脱了旧的范畴，迅速地走上了崭新的阶段，成为新民主主义革命的一个组成部分。"五四"文化革命，在"观念形态上反映新政治新经济的东西，是替新政治新经济服务的"①，是整个革命运动的一种表现形式。

在"五四"时期的新文化运动中，茅盾是以一个新文化战士的姿态出现的。他参加商务印书馆的工作后，便积极地致力于新思想新文化的倡导和翻译介绍工作。一九一六年他开始了翻译工作。一九一七年作《学生与社会》，继之又写下了《一九一八年之学生》等文章。② 这些著述无疑都是作家早期试作的东西，但是它所反映出作者的社会思想，是和当时以《新青年》杂志为阵地的进步社会思潮相应合的。"五四"运动前后，"随感录"（或称杂文）应社会的需求，更加迅速强烈地出现在许多刊物上。当时，李大钊、鲁迅等新文化战士，都曾以得心应手的笔，对社会现象迅速地表露自己的见解，"随感录"便成为社会评论的锐利武器。茅盾在现实斗争中充分地注意到杂文的战斗作用。他以玄珠、雁冰等署名，在《时事新报》、《小说月报》、《妇女杂志》、《学生杂志》等许多报刊上，写起"随感录"、"社评"或称作"随笔"的文章来。这些社会评论和随笔所触及的问题是多方面的，广泛而又深刻。大则谈时代的趋向、国家的命运；小则谈及失业、恋爱、离婚、自杀等等社会问题，常常从具体问题出发反映着社会人生的某个侧面；同时，也立意分明地反映出作者的社会见解和思想。这便是茅盾后来肯定的"俗的议论"或"赶

①　《毛泽东选集》2卷，666页。
②　两篇文章分别发表于《学生杂志》1917年4卷12号、5卷1号。

任务"工作的开始。茅盾认为这任务是值得赶、应该赶的。

二、早期的社会思想

从茅盾早期所写下的社会评论中可以看出，他对于国家和民族的命运的关注是深切的，他的反帝反封建的精神表现得十分强烈。他和当时许多先进的中国人一样，为了使国家复兴，千辛万苦地寻求革命的真理。他生长在国家和民族的危难日益深化、"黑影沉重"的年代，经历了辛亥革命的希望与失望的幻变，在"五四"前夕新文化思潮的激荡下，爱国主义的思想便愈益深厚。他在第一篇论述《学生与社会》的文章中，便深切地注意到"国势穷蹙"的现实。一九一八年，在写《一九一八年之学生》时，更激昂慷慨地指出：

> ……反观吾国，则自鼎革以还，忽焉六载，根本大法，至今未决。海内蜩螗，刻无宁晷；虚度岁月，暗损利权。此后其将沦胥而与埃及、印度、朝鲜等耶？抑尚可自拔而免于亡国之惨耶？非吾侪所忍言。①

他直面现实，有感于"海内蜩螗，刻无宁晷"的局面，主张富国兴邦的思想。一方面，他承认在二十世纪全世界的民族，莫不随文明潮流而急进，如果"陈旧腐败"、"抱残守缺"、不谋急进，必不能立于世界；同时，也反对机械地模拟西方国家。他说："我国自改革以来，举国所事，莫非模拟西人。然常此模拟，何以自立？"他主张有所学习，也应该有所创造。只有以革旧更新、勇于创造的精神，才会振兴邦国。自然，这时期的茅盾，还没有认识到人民群众的力量，正如早期的鲁迅一样，他把希望和社会的动力，寄托在青年的身上。他热情地鼓动着"呜呼，浩浩黄胄。其果有振兴之日耶？暗暗社会，其果革新之望耶？会当于今日之学生觇之"。他号召青

---

① 《学生杂志》1918 年 5 卷 1 号。

年学生"鉴于国内之情形，鉴于世界之趋势，亟当振臂而起，负父老之望，而涤虚生之耻"①。

　　后来谈到这时的状况，茅盾说："解放后许多作者论述我早年的思想，都提到这两篇东西，认为我这时期是进化论思想。进化论，当然我研究过，对我有影响，不过那时对我思想影响最大，促使我写出这两篇文章的，还是《新青年》。而《新青年》那时还没提到辩证唯物论和历史唯物论的思想方法。"②如果我们历史地分析茅盾的思想，便不难看出，他在一九一七、一九一八年所提倡的"革新思想"、"创造文明"和"奋斗主义"精神，是体现了进步的爱国主义和民主主义思想的。这思想和以《新青年》为中心的新文化运动的潮流是呼应的。它反映着时代的进取精神和革命的倾向，也反映了当时的历史弱点。

　　"五四"运动后，在党所领导的革命斗争中，茅盾对"国势穷蹙"的因由的认识便逐渐地体会得深刻了。如果说，他最初的两篇社会论文还失之空泛和模糊，那么现实的革命运动，给予茅盾的是愈加具体而明晰的认识。一九二四年，他指出："当此内忧外患交迫，处在两重压迫——国外的帝国主义和国内的军阀专政——之下的时候，唯一的出路是中华民国的国民革命……"③这精神和党在第二次代表大会宣言中，对中国人民基本任务的分析，以及后来国共合作进行国民革命的形势是吻合的。茅盾主张，要以"人家用机关枪打来，我们也赶铸了机关枪打回去"的革命精神，才能拯救国家。

　　"五四"运动，是伟大的反帝反封建的爱国主义运动，也是一次伟大的思想、文化战线上的大革命。"当时以反对旧道德提倡新道德，反对旧文学提倡新文学，为文化革命的两大旗帜，立下了伟大

---

①　《学生杂志》1918 年 5 卷 1 号。
②　《商务印书馆编译所生活之二》，《新文学史料》1979 年第 2 辑。
③　茅盾：《对于泰戈尔的希望》，《觉悟》1924 年 4 月 14 日。

的功劳。"①在文化思想战线上，茅盾对传统的封建的旧秩序、旧道德、旧礼法，对于封建社会的上层建筑是彻底否定的。他和当时先进的文化战士在一起，力张科学和民主的思想。他说："我们现在所切要的，是道德的改革，家制的改革，女子在社会上地位的改革。这些我以为是根本的改革。"②谈到妇女解放，他认为"剪发"、"易装"等，都是枝枝节节不关重要的事，以文化事业而论，"女性要在此时发下大宏愿，将来的文化决定要由女性参加进来尽一份推进的力了"③。只有自觉地参加到社会解放的运动中来，才不至于"筑屋在河滩上，外头体面，脚下不牢"。针对当时社会上一些守旧的伪道德家，挑剔妇女的种种"弱点"，他一针见血地指出："敢问女子底人性的损坏难道不是因为数千年处于被压迫着地位的影响么？如今有许多人，做出一脸的仁义道德之心来，说'妇女正应该解放，但……程度不配'，这批人真比那些直接奉敬国粹，死也不说妇女应当有人权的人们，更可恶些！"④在许多问题上，茅盾这时期表明了激进的思想解放与社会解放的观点。

随着"五四"运动的发展，在思想界中"劳工神圣"的问题提出来了。人民在历史上的作用问题，成为这时期的重要议题之一。诚如李大钊所说："现代的经济组织，促起劳工阶级的自觉，应合社会的新要求，就发生了'劳工神圣'的新伦理，这也是新经济组织上必然发生的构造。"⑤但是从不同的阶级利益出发，对于人民群众在历史上的作用的解释，并不相同。资产阶级的反动学者、文人，曾极力掩盖历史的真相，把文明乃至历史奉为少数天才的创造，视群众

---

① 《毛泽东选集》2卷，671页。
② 茅盾：《评女子参政运动》，《解放与改造》1920年第2卷4号。
③ 茅盾：《女性的自觉》，《觉悟》1921年8月6日。
④ 茅盾：《弱点》，《觉悟》1921年8月6日，署名冰。
⑤ 《李大钊选集》，人民出版社1959年版，301页。

为庸人。与上述情况相反，当时以李大钊为代表的革命的进步知识分子，则注意到人民群众在历史上的作用。指出历史发展的动力，"只能在人民群众本身的性质中去寻"。他们也认为"个人在团体生活中，实亦有其相当的影响"①，但是所谓英雄豪杰，只有当他们适应社会生活的要求，反映了劳动人民的利益，才能对历史、社会有所贡献。

在茅盾这时期的"随笔"中，关于个人和群众的关系、人民群众在历史发展中的地位问题，是有所触及有所探察的。在这方面，他同样反映了唯物主义的进步的社会思想。在《活动的方向》一文中，借一个朋友乘车时的感悟写道：

> ……火车向前去，道旁看者只见几个在窗洞口露脸的人罢了，车子里成千上万的人，却都不看见。这火车的进程自然可和人类的进程相比。人类进程中也只不过有几个人露脸罢了。不曾露脸的人恒河沙数；然人类的进步却不仅是这几个露脸者的功劳，许许多多不露脸者的功劳，也未可一笔抹杀。这几个露脸者也不是因为他们自己真是"得天独厚"，"天之骄子"，什么"贤人"，什么"圣哲"。他们亦不过是境遇碰到他要露脸，所以就不期然而然地露脸了，他们的露脸正是不得已呀！②

茅盾在当时自然还不能以阶级观点、以历史唯物主义来认识和剖析这些问题，但是他却敏锐地感受到，在历史中确有许多"自己要'露脸'而'露脸'的人"，然而这种"露脸"是以大多数人的牺牲为基础的；像卖国的人，也"想把自己的浪花起得特别高一点"，耽于自我主义的艺术家亦何尝不是"浪花特别起得高一点"呢？所以前者是人人得而骂之，后者则人人得而非笑之。在当时的茅盾看来，人

---

① 李大钊：《史学要论》，商务印书馆 1924 年版，17 页。
② 上海《时事新报·学灯》1921 年 7 月 11 日。

们向上发展自己是好的；但须认清方向，明确目的。如果方向是反乎"人类社会进化"常轨的，目的是忘了"人类全体"的，那这活动和自己的发展就成为自私的、害人的了。

综上所述，可以看出茅盾在"五四"时期，便是以革命的民主主义者的立场参加到文化思想战线上来的。他有着强烈的爱国主义思想，有着改变中国"黑暗社会"的决心，并力图谋求拯救中国的途径；他倡导科学和民主，反对旧道德、旧秩序，并且依据他当时的社会思想，探索着社会力量，以及个人和群众、历史发展等重大问题。特别是"五四"以后，在无产阶级领导的革命现实中，有着明显的进展。茅盾的这种进步的思想是与时代、社会的思潮密切联系着的，他从人民革命的土壤中不断地吸取了力量。

在探讨茅盾早期的社会思想时可以看出，他是接受了进化论的思想影响的。他吸取了进化论中进取的发展的观点作为观察社会现象的思想武器。他认为时代是进化的，社会是发展的。"二十世纪之时代"，便是"一文明进化之时代也"。因此必须"向光明"，向上发展。如果"抱残守缺，不谋急进是甘于劣败而负此生也"①。茅盾对于道德伦理和文学的看法也是如此。依据进化论的发展的观点，他认为："中国前数十年，蓄妾不为不道德。再前，叫人殉葬不为不道德。……道德标准是随时无形中迁移的。"②谈到文学，他说："我以为新文学就是进化的文学。"③他甚至认为"自然派作家大都研究过进化论和社会问题"，"我们应该学自然派作家，把科学上发见的原理应用到小说里，并该研究社会问题，男女问题，进化论种种学说。"④显然，进化论的观点，是他这时观察和认识社会问题的一

---

① 茅盾：《一九一八年之学生》，《学生杂志》1918 年 5 卷 1 号。
② 茅盾：《人格杂谈》，《觉悟》1921 年 7 月 24 日，署名冰。
③ 茅盾：《新旧文学评议之评议》，《小说月报》1920 年 11 卷 1 号。
④ 茅盾：《自然主义与中国现代小说》，《小说月报》1922 年 13 卷 7 号。

种武器。而从革命民主主义的立场出发，吸取其中发展的进取的思想。这对于当时灾难深重的祖国，对于古旧停滞的封建伦理道德和载封建之道的旧文学来说，是具有进步的冲击力量的。茅盾和他同时代的一些人物，确实以它为武器在一定的历史时期进行过战斗。自然，也不可讳言，进化论的思想是有偏颇的。诸如，它看重进化，相信光明，却未能认识到革命变革在社会发展中的意义（事实上，生物的进化也包含着质的飞跃）；强调"全人类"的进展，同情于"第四阶级"，却不能透过新旧冲突现象看到阶级对立现实的本质，甚至他信赖光明，但这光明的前景，也是朦胧的。这自然是进化论的思想所难于解决的。

　　一定的思想，总是一定时代的社会生活在人们头脑中反映的结晶。一个时代的社会思潮，有它的激流，也有它回旋的弱波。"五四"新文化运动带来了科学和民主，带来了社会主义的新思潮；但也夹杂着一些没落的甚至是反动的社会思想。这对于"还没有马克思主义的批判精神"的人们来说，是难于辨识的。这种时代的历史的情况，在茅盾的思想中，也同样留下了投影。茅盾，作为一个革命的民主主义战士，为了改变祖国现状，希望人民大众"早日出陷坑"，只要是西方的"新道理"、"新知识"，便迫不及待地吸取着。从茅盾早期的社会论文来考察，似乎他当时对于马克思主义和资产阶级的"费边社会主义"①（当时译作"反屏主义"、工团主义等等），还分不大清楚。因此，他曾认为这"费边社会主义"，只是"社会主义之多派"，其差别在于"方法不同"而已，② 这自然是错误的。可见，茅盾在急迫地学习西方新道理新知识时，有些没落的、反动的

　　① "费边主义"是 1884 年在英国形成的资产阶级"社会主义"集团，他们感到社会变革的不可避免，又害怕阶级斗争和工人革命，因此主张逐渐扩大参政权并且以分期付款的方式反地租和利息转交给政府，主张资产阶级同无产阶级"合作"的基础上，使资本主义逐渐和平进入社会主义等等，以此调和阶级矛盾、取消阶级斗争。

　　② 茅盾：《IWW 究研》，《解放与改造》1920 年 2 卷 7 号。

东西，也曾不同程度地对他起过作用。其他如"个性之解放"、"人格之独立"等等思想武器，也曾缺乏分析地加以运用过。作者后来说，这是"资产阶级的东西，还不是马克思主义……"

第三节 文学理论的倡导

在文学战线上，茅盾是以文学理论的倡导，以及文学批评和翻译工作展开他终生的文学活动的。在这个方面，他配合了新文化旗手鲁迅，共同致力于新文学的创始、发展、繁荣的事业。在茅盾的文艺思想中，不只可以看到同时代同方向的作家一些共同的特点，同时也历史地反映出他艰辛的探索的印迹。

作为上层建筑现象的文艺，总是为一定的政治和经济基础服务的。在中国的封建社会中，载封建之道，宣扬绝对主义的封建道德、伦理和教义，乃其表现形式的文言文，是君临一切的统治形态，是被统治阶级及其代表人物视为正宗的。甚至民国以后，封建军阀和保皇主义者，仍拟以孔教为大教，编入宪法。他们倡言"国民教育以孔子之道为修身大本"，认为失此，"则于人之一身举动行为，人伦日用，家国天下，皆不知所持循"。毛泽东同志说："那时的统治阶级都拿孔夫子的道理教学生，把孔夫子的一套当作宗教教条一样强迫人民信奉，做文章的人都用文言文。总之，那时统治阶级及其帮闲者们的文章和教育，不论它的内容和形式，都是八股式的，教条式的。"①至于小说这种文学样式，在统治阶级及一些守旧人们的老眼光里，是难能登大雅之堂的。他们不仅视小说为"闲书"，甚至加以"诲淫诲盗"的罪名。在这一点上，《小说林》的《发刊词》倒是可以参考的。其中说："昔之于小说也，博弈视之，俳优视

---

① 《毛泽东选集》3卷，832页。

之，甚且酖毒视之，妖孽视之。言不齿于缙绅，名不列于四部。私衷酷好，而阅必背人，下笔误征，则群加嗤鄙。"①到了晚清末年，一些进步的社会人士虽有所提倡，但并未根本改革。

"五四"文学革命，是彻底的革命运动，是整个革命阵线的一个组成部分。它是高举革命大旗，反对旧文学，提倡新文学，反对文言文，提倡白话文的群众运动。它开始就提出了文艺为人民为社会利益服务的写实主义的原则。经过几次较量，作为封建主义的意识形态，虽然陷于奄奄一息的境地，其最初的代表人物林琴南等，也声称"明知口众我寡不必再辩"，但它作为一种反动的社会力量，回光返照之势，仍然是猖獗的。据茅盾在《四面八方的反对白话声》里记述：河南省长李悼章出巡到南阳，在某中学演说中，仍认为"白话文简直胡闹"；江西督理蔡成勋用一百元做奖赏，让学生作文言文；而东三省奉天省长竟令教育厅，"全省小学以上禁用白话文"②。这时，在十里洋场的上海滩上，没落的封建文化和买办的思想结合起来，一面宣扬复古读经的旧调，一面也利用色情文学、黑幕小说，以人生为游戏的文学来麻痹和腐蚀群众，和文学革命运动抗争着。

然而，正如鲁迅所说，封建统治阶级及其代表人物，虽然将满车"祖传"、"老例"、"国粹"堆在道上，也难能阻挡历史前进的道路。

一、茅盾与文学研究会

随着新文化运动的深入发展，文学团体和文学刊物蓬勃地发展起来。据统计，一九二一年后到"五卅"运动时期，全国范围内出现

---

① 《小说林·发刊词》1907 年第 1 期。
② 《中国新文学大系·文学论争集》，署名玄珠。

的大小文艺团体有一百多个，出版的刊物也在三百种以上，同时数量众多的创作和翻译书籍也相继出版了。茅盾等发起组织的"文学研究会"和郭沫若等组织的"创造社"，以及稍后出现的"语丝社"、"莽原社"等，都是这时期有重大影响的文学团体。①

文学研究会是由茅盾、郑振铎、叶绍钧、许地山等发起组建的。一九二一年一月四日正式成立于北京，后来主要活动的基地在上海，会员经过登记的有一百七十二人。关于文学研究会发起的宗旨，成立宣言中说："将文学当作高兴时的游戏或失意时的消遣的时候，现已过去了。我们相信文学是一种工作；而且又是于人生很切要的一种工作；治文学的人也当以这事为他终身的事业，正同劳农一样。"②文学研究会的主要代表人物茅盾等，都是"鼓吹着为人生的艺术，标示着写实主义的文学的；他们反抗无病呻吟的旧文学，反对以文学为游戏的鸳鸯蝴蝶派的'海派'文人们。他们比《新青年》更进一步揭起了写实主义的文学革命的旗帜"③。

但也正如鲁迅所说："文学团体不是豆荚，包含在里面的，始终都是豆。"文学研究会和创造社、语丝社、莽原社等同样，是属于同人性质的散漫的组织。文学研究会宣言中的思想不仅笼统，而且同人中的思想也并不一致。这就必然地孕育着分化和斗争。后来，周作人便从所谓"动物进化的"、"人的文学"④等主张，日益堕落，竟至走上汉奸的道路；而茅盾等则坚定地沿着现实主义的道路前进。

一九二一年，在文学研究会成立时，由茅盾接编并且革新了旧《小说月报》杂志，作为该会的机关刊物，成为南方突起的文学革命阵地之一。

---

① 创造社成立于 1921 年，由郭沫若、成仿吾、郁达夫等人组成。语丝社成立于 1924 年，莽原社成立于 1925 年，后两者是鲁迅支持或直接参加工作的文学团体。

② 《文学研究会宣言》，《中国新文学大系·史料索引集》。

③ 郑振铎：《五四以来文学上的论争》，《中国新文学大系·导论集》。

④ 《人的文学》，《新青年》1918 年 5 卷 6 号。

《小说月报》创刊于宣统庚戌年(1910)七月，到一九三二年商务印书馆编译所、印刷所被毁于战火，《小说月报》终刊止，刊行凡三十余年。但其在文学历史上的业绩，仍在改革后刊行的时期。改革前的《小说月报》是一向控制在鸳鸯蝴蝶派手里的。一九二〇年左右，商务印书馆的董事中间的进步派，感于新文化运动发展的趋势，乃同意由茅盾接编这个刊物，"编辑方针不受馆方的约束"①，但是《小说月报》的革新，终于引起了顽固派的攻击和维护封建道德的保守的董事的不满意。徐调孚在《〈小说月报〉话旧》中说，这是资本主义企业出版的刊物，它的目的是"攫取利润"，因此，它需要"八面玲珑"、"面面俱到"。最忌的是得罪人，其结果就是鲁迅所描述的："我不知道他们用的是什么方法，到底使书店老板将编辑《小说月报》的一个文学研究会会员撤换，还出了《小说世界》，去流布他们的文章。"所以到了一九二三年，茅盾便不能再编辑《小说月报》，而改换为郑振铎了。纵然如此，这个文学革命的阵地，仍然被扶持发展起来。正是在这前后，茅盾连续写下了大量的文学理论建设、文学批评的论文，对封建复古派、鸳鸯蝴蝶派以及形形色色的文学主张展开了彻底的斗争。

二、文艺理论的倡导与发展

继承"五四"文学革命的精神，茅盾在他早期的文艺论文中，就提出了"为人生的艺术"的主张。他坚持并不断完美地发展着文学为社会利益服务、为人生服务的现实主义原则。在他一九二〇年写的《新旧文学评议之评议》中，便提出了为人生的新文学的三个要素来：

  ……一是普遍的性质；二是有表现人生指导人生的能力；

---

① 《小说月报》1920 年 11 卷 1 号。

三是为平民的非为一般特殊阶级的人的。唯其是要有普遍性的，所以我们要用语体来做；唯其是注重表现人生指导人生的，所以我们要注意思想，不重格式；唯其是为平民的，所以要有人道主义的精神，光明活泼的气象。①

可见，茅盾开始就坚持文艺要"表现人生指导人生"的准则。他认为，文艺必须从高兴时的游戏或失意时的消遣中解脱出来；文学，应该反映时代、反映社会，人们怎样生活、社会怎样情形，文学就把那种种反映出来。当然，要表现怎样的人生在茅盾早期的思想中还是比较含混的。他时而主张要使文学"更能表现当代全体人类的生活，更能宣泄当代全体人类的情感，更能声诉当代全体人类的苦痛和期望，更能代替全体人类向不可知的命运作奋抗与呼吁"②；时而主张表现"平民的"人生，和少数的"特殊阶级"对立起来。但是"当时的所谓'平民'实际上还只能限于城市小资产阶级和资产阶级的知识分子，即所谓市民阶级的知识分子"③。随着现实革命运动的发展，在文学理论的探讨中，茅盾对于人生的内容才更为具体和深化了。他认为在"兵荒屡见"的乱世，文学当反映"民众"的苦痛和期望，揭露社会的黑暗，以人道主义的精神同情和爱怜"被损害与被侮辱者"，同情于"第四阶级"，即劳动阶级。

文艺要真实地反映人生，就必须严肃地对待生活。离开了对现实生活的深切体察，不熟悉人生，是难于创造出真实感人的艺术形象的。鲁迅在一九一三年写下的《拟播布美术意见书》中，便指出文艺创作，"一曰受，二曰作"，没有所受所感，便难于有所作的深切道理。在"五四"文学革命的创始期，茅盾也是以这个思想为起点，来探求文艺与生活的关系的。他当时的一些文章，固然有着过分强

① 《小说月报》1920 年 11 卷 1 号。
② 茅盾：《新文学研究者的责任与努力》，《小说月报》1921 年 12 卷 2 号。
③ 《毛泽东选集》2 卷，660 页。

调生活的"真"的价值，而流露出艺术似乎只是生活的摹写的倾向，但是从艺术来源于生活出发，从而强调作家必须观察社会、观察人生的见解，还是应该肯定的。他说：

> 新思想要求他们注意社会问题，同情于第四阶级，爱"被损害与被侮辱者"，他们照办了，他们要把这精神灌到创作中去，然而他们对于第四阶级的生活状况素不熟悉；勉强描写素不熟悉的人生，随你手段怎样高强，总是不对的，总要露出不真实的马脚来。①

> 国内创作小说的人大都是念书研究学问的人，未曾在第四阶级社会内有过经验，像高尔基之做过饼师，陀斯妥夫斯基之流过西伯利亚。印象既不深，描写如何能真？②

一九二一年在他所写的评价创作的文章里，也从这一尺度出发，大声疾呼：

> 我对于现今创作坛的陈条是"到民间去"，到民间去经验了，先选出中国的自然主义文学来。否则，现在的"新文学"创作要回到旧路。③

这里，我们可以看出，茅盾在理念上虽然提倡所谓"全人类"性的文学，但是当他具体注视人生时，就不能不把目光落到被损害、被侮辱的"第四阶级"的生活中去了。他感到了那些"念书研究学问的人"对于"被损害与被侮辱者"的不熟悉，因此认为要想创造出有"生气"的作品，要"到民间去"！这些见解，都是很好的。可见在茅盾早期的文艺思想中，是把严肃地对待生活的问题作为创作真实的艺术作品的先决条件来考察的。自然，文艺作品的真实，取决于作家对生活体察的深度与广度。同时，更取决于作家观察、体验和研

---

① 茅盾：《自然主义与中国现代小说》，《小说月报》1922年13卷7号。
② 茅盾：《社会背景与创作》，《小说月报》1921年12卷7号，署名郎损。
③ 茅盾：《评四五六月的创作》，《小说月报》1921年12卷8号，署名郎损。

究生活的思想和态度。同样对人生进行观察，基于立场、思想感情的不同会得出完全不同的结果来，这是为许多文学史实所证实了的。所以毛泽东同志说："作为观念形态的文艺作品，都是一定的社会生活在人类头脑中的反映的产物。革命的文艺，则是人民生活在革命作家头脑中的反映的产物。"[①]这个重要的关键的问题，在"五四"时期的理论建树中，还未能解决。茅盾的见解，自然也不能例外。

茅盾认为，新文学不仅要"表现人生"，而且要"指导人生"。他充分重视文学的积极社会作用。他主张文学不仅应该以人道主义的精神，同情"被损害与被侮辱者"，揭示社会和人生的病苦，而且更当发挥它"激励人心的积极性"，"应该把光明的路，指导给烦闷者"。他说，要"隐隐指出未来的希望，把新理想新信仰灌到人心中，这便是当今创作家最重大的职务"[②]。据此，他认为，对于现实的反映，固当揭示民众的苦痛，也应揭示出"国民性"的美来。他说：

> 我相信一个民族既有了几千年的历史，他的民族性里一定藏着善美的特点；把他发挥光大起来，是该民族不容辞的神圣的职任。中华这么一个民族，其国民性岂无一些美点？从前的文学家因为把文学的目的弄错了，所以不曾发挥这些美点，反把劣点发挥了。[③]

显然，文学的社会积极作用，在茅盾的见解中是很明确的。他深切地希望，文学不只揭示社会病苦，同时要揭示出中华民族的善和美来。他希望"文学能够担当唤醒民众而给他们力量的重大责

---

① 《毛泽东论文学和艺术》，人民文学出版社 1964 年版，64 页。

② 茅盾：《创作的前途》，《小说月报》1921 年 12 卷 7 号。

③ 茅盾：《新文学研究者的责任与努力》，《小说月报》1921 年 12 卷 2 号。

任"，以"不求近功信托真理的精神，去和黑暗奋斗"。① 到了一九二三年，和《中国青年》杂志关于革命文学的探讨相呼应，茅盾赞助并肯定恽代英的见解。主张"新文艺要能激发国民精神，使他们从事民族独立与民主革命运动"②。这在当时无疑是很激进的思想。

"五四"文学革命，是彻底的反对封建思想的运动，也是文学形式上的大革命。"五四"时期一些代表人物，反对文言提倡白话，对于君临一切的封建文学及其表现形式的文言，给予了一个致命的打击，而把接近或比较接近人民生活和人民语言的文学作品，放到了正宗的地位，从内容到形式革新了中国的文学，这是"五四"文学革命的伟大功绩。

茅盾不仅十分重视文学内容的革新，同时也是艺术形式、文学作品语言的革新者。他强调文学的积极社会作用，但是并不因之而忽视各种艺术样式、艺术特点的探求。他提倡小说创作，同时也和陈大悲、欧阳予倩在一起，组织"民众戏剧社"，创办《戏剧》杂志，介绍戏剧理论和艺术。在小说的评论中，茅盾曾不止一次地批评"五四"初期创作中忽视艺术技巧或艺术技巧拙劣的现象。借助外国的文艺经验，他深感到"文学作品虽然不同纯艺术品，然而艺术的要素一定是要具备的"。

关于短篇小说的创作问题，茅盾这样认为："近代的短篇小说的主要点，不在表面的形式，而在内面的精神；这所谓精神就是一篇短篇小说所叙述虽祇大千世界的繁杂生活中的一片，而其所表现的，却是这生活的全部。"③这种借一斑而窥全豹、以一当十的见解，不仅吻合短篇小说的创作特点，而且是和文学创作的典型化的原则联系着的。茅盾在这时期的文章中对于文艺的民族特色、作家的

---

① 茅盾：《创作的前途》，《小说月报》1921 年 12 卷 7 号。
②③ 茅盾：《杂感》，《文学论争集》二集。

"神韵"等问题都有所触及和探索。

在文学革命的运动中，文言文与白话文的论争，构成保古派与革新派斗争的重要内容之一。在这方面，茅盾同样和鲁迅等先进战士在一起，与保古派进行了斗争。茅盾不只主张白话文应该成为传播新思想的语言形式，而且主张文学创作的语言，应该到民众中去找，到生活中去找。他说："我们做白话文的，遇着有这不尽意的时候，应该就民众的日常话语中找求解决的方法，不应该到文言中找求；青年有作不好白话的，应该留心别人的谈话，和自己的谈话，细细体察一般人说话的时候遇到这种难关时是怎样解决的。"①

应该指出的是，茅盾在"五四"时期写下的这些充满了不调和精神的论文，都不是凭空而发的。他和"文学研究会"的成员在一起，坚持为人生的艺术，掀起写实主义的文艺大旗，是和一切封建复古派的旧文学，和颓废、没落的文学倾向，毫不相容的。

这其中也包括和以文学为消遣和游戏的通俗文学的关系。"鸳鸯蝴蝶派"和"黑幕小说"是晚清末年到"五四"前后流布在文坛上的一股文化流脉。他们以"十里洋场"的上海滩头为大本营，以《小说月报》(1910)、《游戏世界》(1912)、《礼拜六》(1914)等刊物为阵地，宣扬游戏、消遣之类的趣味主义思想，在群众中是有一定影响作用的。在他们出版的刊物的《宣言》、《例言》乃至广告上，便宣称要"以诙谐之笔，写游戏之文"②，"无论文言俗语，一以兴味为主"③。在《游戏世界》的广告上，宣称该杂志是"诸君排闷消愁一条玫瑰之路"。说它的内容是什么"甜甜蜜蜜的小说、浓浓郁郁的谈话、奇奇怪怪的笔记、活活泼泼的游戏作品"，但是其中的进步作品，仍不

---

① 茅盾：《杂感》。
② 《游戏报·告白》，阿英《晚清文艺报刊述略》，古典文学出版社1958年版，58页。
③ 《小说大观》，《例言》1915年第1期。

失为新文学潜在的同盟军。鲁迅在《中国小说史略》中，对《海上花列传》与《青楼梦》、《九尾龟》的品评，便可得见端绪。鲁迅指出三者都写妓女，但在写法上凡三变：前者，有好有坏，较近于写实；后者有些溢美，"并非写实的，而是作者的理想"；"临末又溢恶"。鲁迅批评《九尾龟》的"溢恶"，《青楼梦》的"溢美"；同时也肯定《海上花列传》的"平淡而近于自然"。认为这部作品，"记载如实，绝少夸张，则固能自践其'写照传神，属辞比事，点缀渲染，跃跃如生'之约者矣"①。对于宋以来的市民小说，鲁迅也是有所分析的。他认为"虽亦间参训谕，然主意则在述市井间事，用以娱心"。也许正是基于母亲的阅读习惯和通俗作品可以"娱心"的目的，鲁迅在三十年代里，曾不止一次地为母亲购取张恨水等人的小说。从鲁迅的书信中可见一斑。这些与文学研究会的一些文化战士是有所不同的。

　　至于当时的文艺志士，则有所不同了。正如郑振铎在《"五四"以来文学上的论争》中所说，"那些'五四'人物的活动，确可使我们心折的。……他们的言论和主张，是一步步的随了反对者们的突起而更为进步、更为坚定；他们扎硬寨，打死战，一点也不肯表示退让。他们是不妥协的"。这"扎硬寨"、"打死战"，确实道出了历史上新文学的不妥协精神。茅盾说："一个新时代决不是容容易易造就得成的，我们希望在进行时遇着极坚强的阻挠物，我们希望这阻挠物决不退避，好让我们将彼打碎。"②针对着"文以载道"的封建复古思想以及游戏、消遣的文学观，茅盾当时剖析说：

　　　　中了前一个毒的中国小说家，抛弃真正的人生不去视察不去描写，只知把圣经贤传上朽腐了的格言作为全篇"注意"，凭空去想象出些人事，来附会他"因文以见道"的大作。中了后一

---

　　① 《鲁迅全集》9卷，人民文学出版社1981年版，264页。
　　② 茅盾：《介绍西洋文艺思潮的重要》，《觉悟》1922年11月19日。

个毒的小说家本着他们的"吟风弄月文人风流"的素志，游戏起笔墨来，结果也抛弃了真实的人生不察不写，只写了些伴啼假笑的不自然的恶扎；其甚者，竟空撰男女淫欲之事，创为"黑幕小说"，以快其"文字上的手淫"。①

茅盾的许多文章，正是直面当时文学上的各种现象；反击把人生当作游戏、玩弄、笑谑，杜绝"凭空想象"、"向壁虚造"的恶劣倾向，而寻求的医治手段。但就现实的复杂情境来说，茅盾的运作却有失历史的辨析的宽容的态度。

应该指出，茅盾这时的文艺思想，并不是完整无缺的。这里，也分明地反映着茅盾早期文艺思想的复杂因素。在他许多具有批判作用的论文中，我们既可看出革命的现实和欧洲进步的文艺思想对他的影响，也可以看出资产阶级没落时期文艺思想的印迹。珠玉和泥沙混杂之处是存在的。他的现实主义精神，对于封建、买办的文艺观念说来，是具有战斗的冲击作用的，但同时也感到它的局限。例如，他推崇并肯定文艺是属于民众的，但同时又和空泛的"全人类"的概念混同起来。他主张文艺要真实地反映人生，同情与爱怜"被侮辱与被损害者"，同时又主张"要没有一毫私心，不存一毫主观"地反映人生。这样，在茅盾的文艺思想体系中就构成了矛盾。这矛盾反映着作家尚不能以无产阶级的文艺观和革命的批判精神来阐释文艺的社会地位和作用时的一些弱点。

茅盾早期的文艺思想，是受过自然主义的美学影响的。茅盾自己曾说过："我现在最信仰泰纳的纯客观的批评法。此法虽有缺点，然而是正当的方法。"②他在《文学与人生》中所提倡的人种、环境、时代等要素以及"没有一毫私心，不存一丝主观"的"客观的态度"，

_____

① 茅盾：《自然主义与中国现代小说》。

② 茅盾的话。见于《通信》，《小说月报》13 卷。泰纳（1828—1893），法国自然主义理论家。著有《艺术哲学》、《艺术的理想》和《英国文学史》等。

是与泰纳的自然主义有某些联系的。但是从不同的社会现实和思想基础出发，却不能不赋予各自的文艺观以不同的内容。诚如马克思所说："同一个对象在不同的个人身上会获得不同的反映。"①因此，我们不该简单地把茅盾评断为自然主义的信奉者。众所周知，在欧洲的十九世纪后半期，自然主义是服务于资产阶级现存秩序的一种文艺思潮。艺术中的自然主义是与哲学中的实证主义紧密联系着的。实证主义的奠基人奥古斯特·孔德②的社会学便是把生物学的自然主义与历史唯心主义混合在一起的。实证主义在哲学上企图"超出"唯物主义与唯心主义两个派别，实际上是"用似乎唯物主义的术语，来掩盖唯心主义"，在干着"调和派的骗人把戏"。③ 实证主义美学理论在法国的代表人物是泰纳。对于社会和人的生物主义观点是泰纳的自然主义美学的一个重要特点。他极力倡言，艺术当精确地描写和模仿现实。在他作为艺术指南的"种族——环境——时机"的公式中，力图阉割艺术作品的社会内容，把艺术作品的意义归纳为反映生物状态的种族和固定的自然环境以及孤立、偶然时机下人们的精神状态。从而把思想性、艺术的社会内容，排除于艺术之外。他要求艺术家研究生理学、生物学，就是不要研究真正的社会的人，从而掩盖资本主义社会的矛盾和斗争，抵制无产阶级的革命运动。

与上述情况不同，革命的民主主义者茅盾，在"五四"时期虽然借用过泰纳的某些论点来解释文艺现象，但他是从反对封建买办的文艺出发，是企图使艺术为民众服务、为社会利益服务的。因此，这种借用便会不断地摆脱生物主义和唯心主义的束缚，而充实以现实的社会内容。茅盾曾以"人种、环境、时代"等，来解释文学与人

---

① 《马克思恩格斯全集》1卷，8页。
② 奥古斯特·孔德(1798—1857)，法国实证主义哲学的奠基人，著有《实证哲学教程》等。
③ 《列宁全集》14卷，人民出版社2011年版，348、359页。

生的关系。但是民族危难的关头，引起他瞩目的是民族的疾苦、时代和社会的罪恶。在《社会背景与创作》中，他不能不认为："现在社会内兵荒屡见，人人感到生活不安的痛苦，真可以说乱世了，反映这时代的创作应该怎样的悲惨动人啊！"可见，置身在半封建半殖民地社会和民众命运相关联的进步作家是与维护资产阶级社会秩序的泰纳不同的。诚然，茅盾这时期并不是一个阶级论者，他开始还不能认清社会人生的复杂现象。例如，同样是"为人生的艺术"，可以反映少爷小姐的人生，也可以反映劳苦大众的人生；而且从不同的社会观点、阶级立场出发，作者对于他所描写的对象的爱和憎、褒与贬的感情、态度，又总是千差万别的。所以他在具体地探讨文艺为人生的时候，便不能不使他从空泛的"全人类性"中走出来，面向"被侮辱与被损害者"的人生。这一点，也是不能和诽谤劳苦大众，公开维护贵族、资产阶级反动统治利益的泰纳同日而语的。

还应当指出，茅盾在他早期的文艺思想中，对于"自然主义"和"写实主义"的理解是有一种错觉的。在他的文章中，不仅名词概念常相混淆，在内容上似乎有时也分辨得不清楚。如在《小说月报》上向读者介绍西洋小说历史时，曾把果戈里、巴尔扎克（当时译为巴尔萨克）、福楼拜（当时译为佛罗贝尔）等都推为自然派（自然主义）的作家；① 同样，在介绍日人岛村抱月的《文艺上的自然主义》一文时，则认为"自然主义不妨看作写实主义的一部分"。在他看来，"描写黑暗专制，同情于被损害者"，自然主义是最确切的方法，而运用"新浪漫主义"，则等于"向瞽者夸彩色之美"。可见，他在早期文学理论倡导时期，有时是把"自然主义"和"写实主义"混同起来，有时虽借用了自然主义的概念，却是在探索着现实主义的道路。

茅盾的文艺思想，是在革命现实的影响下不断前进的。"五四"

---

① 见茅盾的《自然主义与中国现代小说》、《推荐谢六逸的〈西洋小说发达史〉》等文章。

以后的文化思想战线，由于有了中国共产党的领导，"这个文化生力军，就以其新的装束和新的武器，联合一切可能的同盟军，摆开了自己的阵势，向帝国主义文化和封建文化展开英勇的进攻"①。在党的第二次代表大会后，更加强了对文化战线的领导。一九二三年，党整顿出版了《新青年》季刊作为中国共产党的机关刊物，指导中国革命的实践，以革命的批判的精神，"以改造社会的真理而与各种社会思想的流派辩论"。在《新青年之新宣言》中指出：

> 一切文学艺术思想的流派，本没有抽象的"好"与"坏"，在此中国社会忙于迎新送旧之时，《新青年》应当分析此等流派之渊源，指出社会情绪变动的根由，方能令一般的意识渐渐明晰，不至于终陷于那混沌颠顶等于飞蛾投火的景象；再则，现时中国文学思想——资产阶级的"诗思"，往往有颓废派的倾向，此旧社会的反映，与劳动阶级的心声同时并呈，很可以排比并观，考察此中的动象；亦可以借外国文学相当的各时期之社会的侧影，旁衬出此中因果。尤其要收集革命的文学作品，与中国麻木不仁的社会以悲壮庄严的兴感。②

《新宣言》中，以革命的批判精神指出，作为意识形态的社会科学，归根结蒂都是社会的阶级思想的反映。"人既生于社会之中，人的思想不能没有反映社会中阶级利益的痕迹；于是社会科学中之各流派，往往各具阶级性。比自然科学中更加显著"。因此，当以阶级分析的方法做根本上的考察。积聚人才力量，向帝国主义、封建军阀以及资产阶级反动思想进行斗争。如此，在党的领导和革命现实的影响下，新文学的理论日益健康地发展起来。

正是在这个时期，茅盾不仅接受了恽代英等的革命文学主张，

---

① 《毛泽东选集》2卷，669页。
② 《新青年》季刊，第1期，1923年6月15日。

同意文艺应从事"民族独立和民主革命运动",而且提出了革命文学发展的许多重要问题。一九二五年五月,茅盾应艺术师范学校的邀请所做的《论无产阶级艺术》①的报告,标志着他的文艺思想的新发展。

《论无产阶级艺术》仿佛是茅盾早期文艺思想的小结一样,以鲜明的阶级观点,克服、澄清了那些笼统的空泛的文艺观念。他指出:"在我们的世界里,'全民众'将成为一个怎样可笑的名词?我们看到的是此一阶级和彼一阶级,何尝有不分阶级的全民众?"他指出过去及现在的世界是由资产阶级支配统治的,因此文化艺术只是"资产阶级独尊的社会里的孵化品",是"治者阶级保持其权威的一种工具"。所以"我们便不能不抛弃了温和性的'民众艺术'这名儿,而换了一个头角峥嵘,须眉毕露的名儿——这便是'无产阶级艺术'"。

茅盾在文章中充分地阐明了无产阶级艺术的革命性质。他宣称"无产阶级艺术对资产阶级即现有艺术而言,是一种完全新的艺术"。它应以无产阶级的精神,"创造一种适应于新世界的艺术"。这种无产阶级的"亢热的革命精神,与勇敢无畏的气概","是从认识了自己的历史的使命而生长的,是受了艰苦的现实的压迫而迸发的"。因此,它不仅和"知识阶级所有的个人自由主义"绝缘,同时也"没有农民所有的家族主义和宗教思想"。无产阶级的艺术目标,"应当助威无产阶级达到终极的理想"。

针对当时文艺发展中种种谬误认识,茅盾指出"无产阶级艺术"并非"即劳动文艺","并非即是描写无产阶级生活的艺术之谓";同时对于社会主义表同情,或对"资产阶级表示极端之憎恨者,未必准是无产阶级艺术"。他认为,无产阶级不但要描写无产阶级的生活和斗争,而且应当不断地扩展题材的范围以丰富它的内容;这种

---

①　发表于《文学周报》1925 年 172、173、175、196 期。

艺术并非只在破坏，而且贵在建设和创造；它不但执着现实，且具有高远的理想。在茅盾看来，"无产阶级艺术必将如过去的艺术以全社会及全自然界的现象为吸取题材之泉源"，这实在是理之固然，不容怀疑的；但是它和其他阶级艺术虽取材相似，然而观点和解决方法却不同，这正是无产阶级艺术大异于旧艺术之所在。

如上所述，在这篇论文中，茅盾系统地阐述了无产阶级艺术的一系列重大问题，它以明晰的见解，较早地为革命文艺运动充实了深刻的内容。如果就茅盾的文艺思想的脉络来说，从文艺宣传"全人类"的感情，以至同情"被损害与被侮辱"者，到无产阶级的艺术的提倡，无疑地标志着作家思想的迅速发展，反映了在马克思主义思想光照下所取得的成就；就整个文学运动的发展来说，它和郭沫若、恽代英等的革命文学理论在一起，构成了革命文学运动的前奏。自然，理论上的认识和真正遵循无产阶级文艺方向前进，对于一个知识分子来说，并不是轻而易举的事，其间自然也包含着曲折的艰辛的途程。

"既然这是正确的道路，就应当这样走！"①——这是茅盾以坚实的行动给予人民的回答。

第四节　文学评论和翻译工作

一、文学评论工作

"文学艺术的创作，是一切文学艺术活动的主体，缺乏作品或缺乏好作品的文学艺术战线，就如同缺乏武器，或缺乏好武器的军

_____

① 《茅盾文集》2卷，501页。

队一样。"①

　　"五四"文学革命的初期，虽然有如鲁迅等伟大作家，以他"表现的深切，格式的特别"的创作，显示了文学革命的实绩，在读者中激起热烈的反响；但是就整个的创作来说，毕竟还处于一个创始的发展的阶段。据茅盾考察，一九一八年，当鲁迅的《狂人日记》在《新青年》杂志出现的时候，"还没有第二个同样惹人注意的作家，更其找不出同样成功的第二篇创作小说"。一九一九年《新潮》杂志发刊后，小说创作的"尝试者"渐渐多了，然而亦不过三数人。一九二一年《小说月报》改革后作者仍不过十数人，至于青年们的作品，"大多数很幼稚，不能发表"②。在这种情况下，积极扶植、鼓励创作，帮助有才干的作者走上健康的道路，把文艺逐步地引向繁荣发展的境地，便成为一切关心并从事新文艺实际工作者迫切的重要的任务。

　　茅盾开始文学活动后，便致力于文学评论工作。他是新文艺创作最早的扶植者和评论者之一。在他主编的《小说月报》上为了扶植创作，从十二卷一号革新起，便增设了"创作"栏目。在《改革宣言》中说："同人以为国人新文学之创作虽尚在试验时期，然椎轮为大辂之始，同人对此，盖深愿与国人共勉，特辟此栏，以俟佳篇。"在编辑工作中，他为扶植创作辛勤地劳动着。这时期，在给友人的信件中，记述那时工作情况是："……整天疲于批阅投稿及作复信，思想不活泼极了。"③与此同时，更以精确调查，时时提出一些新的问题，肯定优秀的创作，批评不良的现象，促进文艺创作的发展。

　　茅盾的文学批评，是从创作的实际出发的。他说："我们知道文学的作品与批评常相生相成的，某一派文学之完成与发展，固需

---

① 《文艺方针政策学习资料》，吉林人民出版社 1961 年版，426 页。

② 茅盾：《现代小说导论》（一）。

③ 茅盾：《致陈望道信》，《觉悟》1922 年 11 月 19 日。

要批评以为指导；但是反过来，亦必先有了多了某一派的文学作品，然后该派的文学批评方才建设得起来。譬如好手的厨子自然应该常听吃客的批评以改良他的肴馔，但是吃客先须有好肴馔来尝，方才能够做出一本'食谱'来。……'巧妇难为无米之炊'，批评材料缺乏，虽天才的批评家恐亦难以见好，何况浅陋如我呢！"①据此，他精细地考察文坛创作的情况，作为"研究的基础"。他的《春季创作坛漫评》、《评四五六月的创作》②，便以这样的特点，而成为文学革命初期创作概况的重要历史资料。

茅盾的文艺批评是他文艺思想的具体体现。在文艺批评中，他时刻注意着文学创作的倾向，注意文学与人生、社会的关系，注意反映劳苦大众生活的作品，并且也努力把作品的思想内容和艺术风格统一起来加以考察。试以《评四五六月的创作》为例。这篇文章是依据一九二一年三个月中已发表的一百二十余篇小说写成的。作者"类别这三个月里的创作"，显示出所描写的社会背景，然后"再考察同属于一类的创作有什么共同的色彩与中心思想，描写的技术可有几个不同的格式"③，然后认定"切切实实描写一般社会生活的还是少数"。"最少的却是描写城市劳动生活的创作，只有三篇；描写农民生活的创作也只有八篇"；"描写男女恋爱的小说占了百分之九十八"。由此，茅盾得出结论说，大多数作家对于农村和城市劳动者生活是很疏远的。"知识阶级中人和城市劳动者还是隔膜得厉害，知识界人不但没有自身经历劳动者的生活，连见闻也有限，接触也很少"④。借助具体的分析，茅盾鼓励作家，应该描写劳苦大众的生活，关注、考察社会问题，并且应该去"经历劳动者的生活"。与此同时，他也十分注意创作技巧的运用，他确切地指出当时创作技术

---

① 茅盾：《论无产阶级的艺术》，《文学周报》172 期。
② 两篇文章分别发表于《小说月报》1921 年 12 卷 4 号、8 号。
③④ 茅盾：《评四五六月的创作》。

的幼稚和观念化的倾向。

　　对于一个文学评论者说来，能够发现创作中的问题，诚然是必要的；但是更当以敏锐和准确的鉴赏能力，发现创作中新的倾向、新的东西，并且热情地肯定它、支持它。好的评论者会在作家与群众之间，架起一座桥梁，成为作家创作的贴切的解释者，也以艺术的批评和欣赏培育广大群众的正确审美情操。自然，这是一项艰巨的任务。鲁迅就曾说过："看人生因作者而不同，看作品又因读者而不同。"①这当然不是说，文学作品的评价可以失去客观的准则；倒是可以说基于人们的阶级立场乃至文艺批评的审美标准的不同，从而出现的千差万别。事实上，在文学发展的历史上，或则由于鉴别不清，或则由于阶级的意欲和偏见，妨碍新生事物的成长，或指香花为毒草的事实是存在的。别林斯基在讲述普希金出现在俄国文坛的情况说："一切稀有的才能底出现，都在读书界和著述界引起冲突和纷争。如果这样的奇才出现在尚未立定脚跟的文学底早期，它就一方面遭遇到狂欢的呼号，过分的赞美，另一方面则是无条件的责难，无条件的否定。"②普希金时期俄国的情况是这样，在"五四"文学革命初期，对于鲁迅创作的评论也有相近的情况。不用说，鲁迅的作品的出世，在当时的反响是迥然不同的。那些保古、复古的老先生和现代评论派的陈源者流，自然是无条件的责难，无条件的否定；甚至他们认为这些有失其尊严的作品，是"看过了就放进了应该去的地方"③才好。不仅鲁迅的小说、杂感被敌视之，甚至鲁迅编的《莽原》等刊物，也畏之如"洪水猛兽"，看成是"社会主义"。④在这种情况下，公允的切实的批评，该是多么迫切而可贵的工作。

---

①　《鲁迅全集》7 卷，78 页。

②　《别林斯基选集》2 卷，时代出版社 1952 年版，177 页。

③　陈源：《致志摩》，《关于鲁迅及其著作》，末名社 1926 年版，36 页。

④　《鲁迅全集》7 卷，99 页。

鲁迅说，文学是战斗的！这自然也包括文学的批评。

　　在"五四"文学革命初期，茅盾是鲁迅创作最早的介绍者和热情的肯定者之一。一九二一年八月，鲁迅的《故乡》在《新青年》杂志发表不久，① 茅盾便撰文说："过去三个月中的创作我最佩服的是鲁迅的《故乡》。""我觉得这篇《故乡》的中心思想是悲哀那人与人中间的不了解、隔膜。造成这不了解的原因是历史遗传的阶级观念。《故乡》中'豆腐西施'对于'迅哥儿'的态度，似乎与'闰土'一定要称'老爷'的态度，相差很远，而实则同有那一样的阶级观念在脑子里。不过因为两人的生活状况不同，所以口吻和举动也大异了。"②一九二三年，鲁迅的第一本小说集《呐喊》出版了。正是在"狂欢的呼号，过分的赞美"和"无条件的责难，无条件的否定"中，茅盾写下了《读〈呐喊〉》的文章。这文章的内容，今天读起来，可能个别之处未必完美，但是就整篇而论，它历史地以切实的现实主义批评准则，把读者引向了体验的深处。茅盾指出：一九一八年发表的《狂人日记》，"它的题目，体裁，风格，乃至里面的思想，都是极新奇可怪的"。读《狂人日记》，"只觉得受着一种痛快的刺戟，犹如久处黑暗的人们骤然看见了绚丽的阳光"。文章谈到《阿Q正传》时，认为这篇小说"给读者以难于磨灭的印象"。茅盾不仅热切地肯定了鲁迅作品的内容，同时指出："在中国新文坛上，鲁迅君常常是创造'新形式'的先锋；《呐喊》里的十多篇小说几乎一篇有一篇新形式，而这些新形式又莫不给青年作者以极大的影响。"③如此，茅盾在"五四"新文学的创始期，以态度分明的现实主义批评准则，努力发掘新的思想、新的风格的作品。为青年寻求可兹借鉴的范本，为捍卫新文学的健康发展而坚实地工作着。正因为这样，在读者中不能不留下

① 发表于1921年1月。
② 茅盾：《评四五六月的创作》。
③ 茅盾：《读〈呐喊〉》，《关于鲁迅及其著作》。

深刻的印迹。读者张维祺在一篇通讯中写道:"我看到了你底《春季创作坛漫评》一篇文字,觉得很欢喜:因为这种评论,很可以引起现在一般作者底兴趣,是可以热闹中国文坛的一种方法;使得他可以蓬蓬勃勃地旺兴起来。虽然觉得现在一般作品,有许多甚属幼稚;正是为了这一层,所以我们大家越是要勉励自己,鼓励大家!"①

二、对世界进步文学的介绍

在探索茅盾的文学活动时,他对世界进步文学的翻译和介绍工作,也是不可忽视的重要组成部分。

按照茅盾的忆述,他的翻译工作是开始得很早的。他说:"我在上海的商务印书馆编译所做了四五年,一向是'打杂'——又编又译,亦中亦西……业余时间译点欧洲近代小说,投给当时的革新了的《时事新报》的副刊。"②这结果便是俄国作家契诃夫的《在家里》③、印度作家泰戈尔的《髑髅》④、法国作家巴比塞的《为母的》等译作的陆续发表。待《小说月报》改革后,在茅盾等人的倡导和努力下便相继刊出了《俄国文学研究》、《被压迫民族文学》专号,由俄国文学而扩展到介绍一切弱小民族的作家和作品。俄国作家屠格涅夫、托尔斯泰、契诃夫、安得列夫;挪威作家般生、哈姆生;波兰作家显克微支;英国的拜伦;法国的巴尔扎克、左拉等,一批一批地出现在读者面前。在后来结集出版的译作《雪人》的《自序》中,茅盾记述说:"三四年来,为介绍世界被压迫民族的文学之热心所驱迫,专找欧洲的小民族的近代作家的短篇小说来翻译。当时的热心,现在回忆起来,犹有余味……"⑤

---

① 《小说月报》1921 年 12 卷 8 号。
② 茅盾:《关于文学研究会》,《文艺报》1959 年 8 期。
③ 发表于《时事新报·学灯》1919 年 8 月 20—22 日。
④ 发表于 1920 年的《东方杂志》,原译作台藕尔,即泰戈尔。
⑤ 茅盾、沈泽《雪人》,开明书店 1928 年版。

可以看出，茅盾辛勤的翻译和介绍外国文学的工作，始终不渝地是为了充实和增长新文学的力量，为新文学寻求可兹借鉴的范本，扩展读者特别是青年作者的眼光而献身的。他反对创作中的模仿，鼓励创造精神，但同时也极力推荐世界进步的文学作品，作为借鉴。他认为研究文学的人，应先从介绍入手，"取西洋写实自然的往规，做个榜样，然后自己着手创造"。

正是从这个意旨出发，在文学作品的借鉴中，他十分重视作品的思想倾向。他说："介绍西洋文学之目的，一半是欲介绍他们的文学艺术来，一半也为的是欲介绍世界的现代思想——而且这应是更注意些的目的。"①于是在翻译介绍工作中，他立意鲜明地选择欧洲被压迫民族的文学、俄罗斯文学以及十月革命后的苏联文学作品。他以敏锐的洞察力指出，近代俄国文学的特色是为"平民的呼吁和人道主义的鼓吹"；而欧洲弱小国家的文学，则是"被损害的民族的要求，正义要求，公道的呼声，是真的正义公道"的声音，这些作品中被损害的灵魂不仅感动着我们，而且可以使我们"更确信人性的砂砾里有精金，更确信前途的黑暗背后就是光明"②。

不难看出，茅盾的译作中是深切地体现着自己文学见解的，他始终关注并赞扬俄国文学或欧洲弱小民族的文学认识人生的意义。他写道："俄人视文学较他国人为重。他们以为文学这东西不单怡情之品罢了，实在是民族的'秦镜'，人生的'禹鼎'；不但要表现人生，而且要用于人生。"③对于被压迫民族文学的介绍也是如此。注意它们在风格、色彩上的不同，但尤其注意的是它对人生的态度。《雪人》结集时，经过选择收入了代表十二个民族十九个作家的作品。然而，译者认为，"这些色彩不同的作品，无论如何有一个基

---

① 茅盾：《新文学研究者的责任与努力》。
② 茅盾："被损害的民族文学专号"《引言》，《小说月报》1921 年 12 卷 10 号。
③ 茅盾：《俄国近代文学杂谭》(下)，《小说月报》1920 年 11 卷 2 号。

调是相同的。便是对人生意义的追寻，及追寻未得或所得太少的幻灭的悲哀"①。如此，茅盾以鲜明的"为人生的艺术"的现实主义文学准则，精心地选取，为新的文学创作提供可以借鉴的版本，促进新文学的成长。

应该指出，在黑暗的旧中国，对于人民切实有益的翻译工作并不易做，因为它是一种别样的战斗。也许正是基于这个缘故，鲁迅认为这工作是"不可缓"的。鲁迅曾不只一次地把介绍进步的文学作品喻为普罗米修斯偷火给人类的工作，或者说，有如私运军火给造反的奴隶。因此，它必然地要遭到许多"文人学士"的讨伐和围攻。他们之中，"有的主张文学的'崇高'，说描写下等人是鄙俗的勾当，有的比创作为处女，说翻译不过是媒婆，而重译尤令人讨厌"②。

茅盾进行翻译、介绍外国文学工作的境遇，也并不好些。他在统治者和卫道者造谣诽谤、摇头叹气、把进步的文化视为"洪水猛兽"的情况下，坚持了这一严肃的工作。在他主编的《小说月报》上，不仅经常介绍各种流派、思潮的代表作家作品，并且注意介绍俄罗斯和苏联的文艺发展动态。在《最近俄国文坛的各方面》中，他驳斥说："现在很有些人诽谤俄国待遇艺术家苛薄，这些是谎言。"他以各方面的资料证明："赤化后的俄国，更能促进艺术的进步，滋长新艺术的产生。"在另一篇文章里，他详细地介绍说："劳农俄国现在对于文艺的注意，简直要比俄皇时代加上万倍。他们对于文学家艺术家的优待姑不必说，他们又将从前藏于皇宫及富室巨阀家的艺术品都收集在一处，开放给民众看。"③针对某些人士"对于社会主义下艺术能否兴盛的疑问"，他指出"现在已经证明其确能比资本主义治下好得多了"④。茅盾当时曾高度评价列宁所领导的苏联无产阶

---

① 《雪人》的《自序》。
② 《鲁迅全集》4 卷，352 页。
③④ 茅盾：《劳农俄国治下的文艺生活》，《小说月报》1921 年 12 卷 1 号。

级的艺术界，认为这是"开始艺术史的一页新历史的先声"①。

　　这些工作，从现在的情况看来，也许是不足为道的事，但在那时却包含着对于事实的敏锐的辨识能力；对于真理的勇于负责精神；和对敌人的敢于挑战，对于进步的革命的文化热切的肯定和赞颂的可贵精神。

---

　　①　茅盾：《俄国戏院近况》，《小说月报》1922 年 13 卷 3 号。

第二章　大革命前后的生活与创作

第一节　革命与文学活动

早在一九二〇年末，茅盾便参加了上海马克思主义小组的活动。中国共产党成立后，他就积极从事党所领导的社会斗争。一九二三年，由于商务印书馆老板对于改革后的《小说月报》不满意，使茅盾不得不换了工作，转到国文部去整理古籍，《小说月报》改由郑振铎编辑。

然而，工作的变动并没有使茅盾的生活埋在故纸堆中，暗暗地消去；相反，他不仅以充沛的精力从事译著，撰写文艺论文，编选《庄子》、《楚辞》、《淮南子》、《墨子》等作品，并且还积极地投身于党所领导的社会革命活动。

一九二四年左右，[①] 中国共产党创办了上海大学，作为培养革命干部和知识青年的革命阵地。瞿秋白、邓中夏、恽代英等同志都参加了工作。茅盾也参加了党所创办的上海大学的教学工作。他义务地担任《小说研究》课程，为革命造才。一九二五年"五卅"运动爆发。茅盾直接参加了这次运动，在党的领导下指导青年进行反对

---

① 《辞海》认为成立于1922年，一些回忆文章认为成立于1923年。

英、日帝国主义和封建军阀的革命斗争。因此，茅盾受到了"官厅"的注意和监视。"五卅"惨案爆发后，文学研究会曾和许多团体在一起，发表了《上海学术团体对外联合宣言》，抗议英帝国主义的罪行，并要求惩办肇事凶手。在这一事件的过程中，茅盾与郑振铎、叶圣陶等合编的《公理日报》，迅速地反映了"五卅"事变。这时期，茅盾并以《五月三十日午后》、《暴风雨》和《街角的一幕》①为题，连续在《文学周报》上写下了许多杂文，和敌人进行短兵相接的斗争。

在这几篇杂文里，茅盾以愤怒的感情，记下了帝国主义血腥的罪行。他写道："谁肯相信半小时前就在这高耸云霄的'太太们的乐园'旁曾演过空前的悲壮热烈的话剧？……谁还记得在这里竟曾向密集的群众开放排枪！谁还记得先进的文明人曾卸下了假面具露一露他们的狠毒丑恶的本相！"对此，茅盾认为我们只有一个办法，这便是"以眼还眼，以牙还牙"的斗争！作品也以憎恶的感情，记下了在这血的事件中，那些"艳冶夏装的太太们"、"晃着满意的红喷喷大面孔的绅士们"，以及那些洋奴买办"翘着八字须"的先生们的无耻卑贱的嘴脸，他们的善于在"歌吹作乐"中的忘却和"嗡嗡地"发一通"东方精神文明"的议论。作者写道："我祈求热血来洗刷这一切地强横暴虐，同时也洗刷这卑贱无耻呀！"

作者在这一组杂文中，有所鞭挞，也有所歌颂。他以充沛的革命感情来歌颂那些勇敢斗争的战士。他向那些勇于斗争，并以自己的热血把"这块灰色的土地染红"的工人、店员和青年学生们，向他们致以敬礼！他歌颂一个人倒下了，千百个承继者挺起胸膛走向斗争的趋势。在《暴风雨》的命题中，他写下了那些在长街小弄里冲出来的人群，那此起彼应的口号声，那满街飞舞的传单。作者在潮水

---

①　发表于《文学周报》1925 年第 177、180、182 期。

一般涌进的人流中，看到他们"眼光里射出坚决的意志"和"勇敢的战士第一次临阵时所有的一种表情"。作者在具有代表性人物的身上，感受到"那一种慷慨热烈的气概即使是铁汉见了也要心抖"的精神状态。这些杂文记录了革命的重大事件，也反映了这时期茅盾的革命精神。

"五卅"运动，掀起了全国革命的高潮，激发了群众的革命斗争。一九二五年的八月二十二日至二十九日间，上海商务印书馆展开了一场罢工运动。这次罢工，包括编译、印刷、发行三个部门，是一次最早的、规模最大的出版业的罢工运动。这次斗争是在党的直接领导下进行的。茅盾作为编译所的代表和职工们在一起进行了不懈地斗争。他起草文稿，和资方进行交涉，直到资方屈服，胜利复工为止。至今在商务印书馆的《罢工案专卷》中，仍然保留着这些可贵的资料。例如工会交涉代表的名单中，便记录着：

王景云（外栈房）	黄雅生（分庄科）
章柳庵（分庄科）	沈雁冰（编译所）
陈醒华（排字部）	乐诗农（俱乐部）
丁晓先（排字部）	孙琨瑜（发行所）
乌家亮（绘石部）	郑振铎（绘石部）
徐新之（绘石部）	胡允甫（制造部）
冯一先（会计科）	

这次斗争虽然还局限在经济斗争，但是它检阅了阵容，团结了内部，统一了工会及职工会的组织形式，使其迅速发展壮大，成为后来上海四大工会之一。在后来上海三次起义的革命斗争中，印刷业工人也是一支骨干力量。

这时，国共已经合作，结成了各革命阶级的统一战线。于一九二五年七月，根据中国共产党的建议在广州成立了国民政府，并且胜利地进行了东征和南征，击溃了陈炯明、邓本殷的反动武装，巩固了广东革命根据地。工农群众运动更加广泛地开展起来。于是茅盾于一九二六年一月离沪去粤，参加了第一次国内革命战争，开始在国民党中央宣传部任秘书。不久，蒋介石阴谋策划的"中山舰事件"爆发，茅盾辞职，返沪担任"国民通讯社"主编。一九二六年底北伐军攻下武汉后，茅盾即抵武昌，先在中央军事政治学校任教官，不久任《民国日报》主笔，兼任武汉中山大学文学院教授。这时他以极大的热忱从事革命活动。后来他写道："那时我的职业使我接近文学，而我的内心的趣味和别的许多朋友……则引我接近社会运动。"

然而，北伐革命形势的迅猛发展，致使革命的基础并不牢固。随着革命的胜利，工农群众运动的发展，潜藏在革命阵营中的国民党反动派便日益露出其反动的面目。又由于当时共产党领导者陈独秀的投降主义路线，未能及时组织革命力量坚决抗击反动派的进攻，因而在帝国主义的策动下，一九二七年发生了"四一二"反革命政变。从此，迅速发展的革命运动遭受失败，全国陷于白色恐怖之中。但是"中国共产党和中国人民并没有被吓倒，被征服，被杀绝。他们从地下爬起来，揩干身上的血迹，掩埋好同伴的尸首，他们又继续战斗了。他们高举起革命的大旗，举行了武装的抵抗，在中国的广大区域内，组织了人民的政府，实行了土地制度的改革，创造了人民的军队——中国红军，保存了和发展了中国人民的革命力量"①。

这种血与火的斗争生活，是茅盾早期生活中十分重要的一个阶段。在纷纭复杂的现实革命斗争中，他开始接触群众的斗争，触及到生活中错综复杂的矛盾。他说："这期间，我和当时革命运动的领导核心有相当的接触，同时我的工作岗位使我经常能和基层组织与群众

---

① 《毛泽东选集》合订本，人民出版社 1967 年版，937 页。

发生关系。"①基于这种原因，使他洞察到更为复杂的情况。他写道：

> 一九二七年上半年我在武汉又经历了较前更深广的生活，不但看到了更多的革命与反革命的矛盾，也找到了革命阵营内部的矛盾，尤其清楚地认识到小资产阶级知识分子在这大变动时代的矛盾，而且，自然也不会不看到我自己生活上、思想中也有很大的矛盾。②

这样，剧烈的复杂的现实革命斗争，各阶级、阶层人物在大变动时代中的精神状貌，现实中涌现的种种问题，都逼使每一个人作出正确的判断和明晰的答案。这现实，锤炼着人们的思想，也为作家的创作提供了丰富的素材，成为茅盾的思想和创作发展的基础。

"七一五"武汉的汪精卫集团公开叛变革命后，茅盾被迫离汉，准备去南昌不成，经牯岭回到了上海。仅用约一年的时间，便连续地完成了三部曲《蚀》(《幻灭》、《动摇》、《追求》)的创作，开始用茅盾的笔名在《小说月报》上陆续发表。从此，便开始了他的职业的写作生活。在谈及创作生活时，茅盾说："我是真实地去生活，经历了动乱中国的最复杂的人生的一幕……而尚受生活执著的支配，想要以我的生命力的余烬从别方面在这迷乱灰色的人生内发一星微光，于是我开始创作了。"③

第二节　三部曲《蚀》

三部曲《蚀》在《小说月报》发表后，便引起了社会上的注意和评论。后来，作者也曾严肃地谈过这部作品以及写作时的思想弱点。茅盾认为，这部"试作"是不成功的。

---

① 《茅盾文集》2卷，497页。
② 《茅盾文集》1卷，432页。
③ 茅盾：《从牯岭到东京》。

《蚀》创作于一九二七年九月至一九二八年六月。这正是"五四"以来的新文学经历着深入的革命发展的历史时期。这时期,"革命文学"的口号被视为中心议题而提了出来。在革命文学的倡导下,也出现了一些作品。这些作品注意描写工农民众的武装斗争,阶级搏战的重大题材,为题这是无可非议的。但是大抵由于缺乏深厚的生活基础和血肉丰满的人物,因此不能留下深刻的印象。有的作品,则脱不开"革命+恋爱"的公式,以浪漫蒂克的想象,硬凑故事,因而不能赋予作品以充实的社会内容。鲁迅批评说,"上海去年嚷了一阵的革命文学,由我看来,那些作品,其实都是小资产阶级观念的产物,有些则简直是军阀脑子"①。

《蚀》的创作,自然不是那种观念化的硬凑的东西。作者也"不是为了要做小说,然后去经验人生"的,而是真实地经验了纷纭复杂的斗争生活后,有许多感触而发的。因此,当作者命笔之际,"凝神片刻,便觉得自身已经不在斗室,便看见无数人物扑面而来"②,这样便赋予作品中可能落于陈套的故事以现实主义的内容。《蚀》的题材,也写了革命与恋爱的生活,并在一些章节中流露出感伤、阴暗的情绪,但是作者力图从大时代的变化中,揭示生活和斗争的复杂性,反映各阶级、阶层人物的精神状态的用心,是分明可见的。钱杏邨在评论《动摇》时说:"……把印象慢慢的伸张开来,我们在这里就可以看到整个一九二七年中国革命人物的全部缩影。"③

一、《蚀》的思想意义

这部带有连续性的小说,是以大革命前后的生活为基础写成的。作品在广阔的历史背景上,揭示了革命生活中的矛盾。诸如,

---

① 1929 年 4 月 7 日致韦素园信,《鲁迅书信集》上卷,人民文学出版社 1976 年版,217 页。
② 《茅盾文集》1 卷,432 页。
③ 《动摇》,《太阳月刊》停刊号,1928 年 7 月 1 日。

地主劣绅和人民群众的矛盾；革命营垒中的分化和矛盾，特别是资产阶级、小资产阶级知识分子在大变动的革命浪潮中的矛盾，成为作者注意的中心。在谈到三部曲的思想内容时，茅盾告诉我们，他是在写"青年在革命壮潮中所经过的三个时期：①革命前夕的亢昂兴奋和革命既到面前时的幻灭；②革命斗争剧烈时的动摇……③动摇后不甘寂寞尚思作最后之追求"①。由此可以说，大革命时代小资产阶级、资产阶级知识分子的精神状貌及其在革命风浪中阶级弱点的展示，构成了作品的主要思想内容。

　　大革命的浪潮，曾激起了广大的被压抑、被损害，处于黯淡无光、苦闷生活中的知识分子对革命的向往和要求。一般来说，他们厌恶旧制度、旧秩序，倾慕革命。富于追求光明的冲动与热情，不愿在自己狭小的天地中，过着苟安的庸俗的生活，于是他们由衷地投向了革命。其中有的知识分子，由于火热的人民革命斗争的冶炼，有可能斩断旧阶级旧思想的束缚，在变革现实中改造了主观世界，而成为先进的革命战士。但也有些知识分子，并不是那么识时务、明方向的。在其未和民众革命斗争打成一片，在其未下决心为民众利益服务并与群众结合的时候，往往带有主观主义和个人主义的倾向。他们的思想往往是空虚的，他们的行动往往是动摇的。因而，他们虽然有革命的要求，但常以个人得失、爱憎为前提。崇尚空谈，充满幻想，每遇实际困难或在尖锐的斗争中，则表现得脆弱无力、幻灭动摇、颓唐、堕落，显露出形形色色的病象。《蚀》就反映了这部分小资产阶级知识青年的面貌，借助各种类型人物的形象，映现了他们倾向革命的冲动热情和脆弱的动摇的阶级特质。

　　《幻灭》的主人公静女士，便是大革命时代小资产阶级女性之一。她有着空幻的向往光明和圣洁的理想，在母亲的万分爱怜和静

---

① 茅盾：《从牯岭到东京》。

美的家庭生活中，又养成她怯弱、游移、多愁的性格。因此，那种仿佛明天就是黄金世界的"革命"理想，一触到纷纭复杂的现实，便立即破灭。静女士在故事开始时便来到了上海，但这之前还在外省的时候，就一度经历了"幻想破灭"的悲哀。在省里的女校她曾闹过风潮，这自然不失为一种"革命"行为，可是据说因为许多同学都丢开了闹风潮的真正目的而去交际，因之她对这些活动产生了极端的厌恶。现在她固然讨厌乡下的固陋、呆笨，死一般的寂静；也讨厌上海的喧嚣和它的拜金主义化。她觉得这里求知还方便，于是她对老友慧女士说："我现在只想静静儿读一点书。"这自然也不失为一种探求，但是说到"读书"两个字她会脸红，会觉得这句话"太正经"，可见"读书"也只是她借以自慰的"兴奋剂"而已。在两性关系上，静女士是一向躲在庄严、圣洁的锦障后面的。她想恋爱，但又不敢挑开这锦障的一角；而恋爱时又凭感情的冲动。因此当她突然发现闯进她生活中的抱素竟是一个卑劣的暗探时，这短暂的情爱也只能幻灭了。为此，她不断地在追求，又不断地处于幻灭的悲哀中。

茅盾在作品中曾不止一处地展示出静女士内心交战的细微的思绪。过去的创痛仿佛俨然地对她说："每次希望，结果只是失望；每一个美丽的憧憬，本身就是丑恶。可怜的人儿呀，你多用一番努力，多做一番你所谓的奋斗，结果只加多你的痛苦失败的记录。"但是新的理想却又委婉然而坚决地反驳道："没有了希望，生活还有什么意义呢？人之所以异于禽兽，就因为人知道希望。既有希望，就免不了有失望。失望不算痛苦，无目的无希望而生活才是痛苦呀！"

这样在情节的更迭中，一个小资产阶级女性的脆弱性格，她的苦闷和矛盾便合乎情理地展现出来了。静女士的形象，揭示出那些抱着空幻的理想投身革命，而又不敢正视现实，从而锻炼自己的知识分子的劣根性。像鲁迅说的："革命是痛苦，其中也必然混有污秽和血，决不是如诗人所想象的那般有趣，那般完美；革命尤其是现实的事，需要各种卑贱的、麻烦的工作，决不如诗人所想象的那般浪漫……所以对于革命抱着浪漫谛克的幻想的人，一和革命接近，一到革命进行，便容易失望。"①

"矛盾哪，普遍的矛盾。"在生活的矛盾和斗争中，本来蕴藏着前进和倒退不同的道路，可以在矛盾中向不同的方向转化。然而，静女士终竟未能跨出狭小的个人天地。对于本阶级的依恋，割不断的千丝万缕的旧的藤葛，使她走上了以强烈的性爱为人生归宿的道路。如此，静女士的形象，反映了小资产阶级空幻的理想，又不敢正视现实，从而克服自己劣根性的矛盾；反映了小资产阶级个人主义和客观要求的莫大距离。就此说来，静女士的矛盾和幻灭是具有一定的历史意义和社会意义的。

《动摇》是在一九二七年春夏之交的历史背景下展开的。茅盾说，这是"武汉政府"蜕变的前夕，发生在湖北地区的矛盾和斗争。那时候湖北地区虽然还维持着统一战线的局面，可是反革命势力已经向革命势力发动反攻，而且越来越猖獗。"马日"事变后，"武汉政府"终于抛却假面目，走上反革命的绝路了。②《动摇》相当真实地反映了这个历史事变的许多侧面。它描写了觉醒起来的民众昂扬的斗志，也揭示出土豪劣绅的猖獗反扑，以及各种人物的精神状态。《动摇》写的是湖北地区一个小县城的风云变化，但是许多事件都是和整个革命形势息息相关的。茅盾说，"小说的功效原来在借部分以暗示全体"③，《动摇》以比较充实的内容展现出历史的缩影。

革命是群众的节日。作品以具体的描绘表现出民众在革命年代的昂扬斗志和英武的群像。那蓝衣的纠察队、黄衣的童子团、捎着

---

① 《鲁迅全集》4 卷，1 页。

② 茅盾：《写在〈蚀〉的新版的后面》，《茅盾文集》1 卷，431 页。

③ 茅盾：《从牯岭到东京》。

梭标的农民自卫军，他们一旦觉悟起来，就坚决地要求主宰历史的命运。作品写道：

> 方罗兰和三位女士走了十多步远，便遇见一小队童子团，押着一个人，向大街而走；那人的衣领口插着一面小小的白纸旗，大书："破坏经济的奸商"。童子团一路高喊口号，许多人家的窗里都探出人头来看热闹。几个小孩子跟在队伍后面跑，也大叫"打倒奸商"。

> 那边又来了四五个农民自卫军，掮着长梭标，箸笠掀在肩头，紫黑的脸上冒出一阵阵的汗气；他们两个一排，踏着坚定的步武。两条黄狗，拦在前面怒噪，其势颇不可蔑视，然而到底让他们过去，以便赶在后面仍旧吠。他们过去了，迎着斜阳，很严肃勇敢地过去了；寂寞的街道上，还留着几个魁梧的影子在摇晃，梭标的曳长的黑影，像粗大的栋柱，横贯这条小街。①

无疑的，这是用赞美的情怀，描绘出的明朗的画面。从这步武堂堂的形象中，我们仿佛听到了民众前进的脚步声！但与此同时，作家也以现实主义的笔触揭示出敌人的投机钻营和破坏活动。投机的劣绅胡国光便是典型的人物之一。这个"积年老狐狸"，在革命的浪潮中，虽然"心里乱扎扎"的，但终于窥探门路，钻进革命的阵线来。这时候，他俨然成为"激烈派"的代表、全县的要人，于是借机弄权，演出"解放"婢妾等丑戏。茅盾说："像胡国光那样的投机分子，当时很多！他们比什么人都要左些，许多惹人议论的左倾幼稚病就是他们干的。""本来可以写一个比他更大更凶恶的投机派。但小县城里只配胡国光那样的人，然而即使是那样小小的，却也残忍得可

---

① 《茅盾文集》1卷，149—150页。

怕：捉得了剪发女子用铁丝贯乳游街然后打死。"①革命群众的昂扬斗志和敌人的险恶破坏，构成作品中尖锐的阶级搏战的景象。

在这种斗争情势中，方罗兰的形象是具有典型意义的。"方罗兰不是全篇的主人公"，然而却揭示出在剧烈的革命斗争中某些"革命者"的精神特质。或者说，这形象反映着革命形势瞬息万变，革命与反革命处于生死相搏中，某些所谓"革命家"的动摇性和妥协性，以及他们的阶级的软骨症。这个平时自命为稳健的"左派"，并且充当着县党部委员和商民部长的重要人物，在民众运动高涨，反革命伺机反扑，"人人预觉到这是大雷雨前的阴霾"的气氛里，他的面目赤裸裸地暴露出来了。

> 他想起刚才街上的纷扰，也觉得土豪劣绅的党羽确是布满在各处，时时找机会散播恐怖的空气……他不禁握紧了拳头自语道："不镇压，还了得！"

> 但是迷惘中他仿佛又看见一排一排的店铺，看见每家店铺前都站了一个气概不凡的武装纠察队，看见店东们脸无人色地躲在壁角里……看见许多手都指定了自己，许多各式各样的嘴都对着自己吐出同样的恶骂："你也赞成共产么？哼！"

> 方罗兰毛骨悚然了，慌慌张张地站起来，向左右狼顾。②

这种动摇、妥协，对于革命的畏惧思想，支配着方罗兰的行动，使他左右狼顾，迟疑不定，从而放纵、助长了反革命的气焰，危害了革命。这种人自然不会理解"革命不是请客吃饭，不是做文章，不是绘画绣花，不能那样雅致，那样从容不迫，文质彬彬，那样温良恭俭让。革命是暴动，是一个阶级推翻另一个阶级的暴烈的行动"③。他所热衷的信条恰恰是温良的态度、相安无事、"两面都不

---

① 茅盾：《从牯岭到东京》。
② 《茅盾文集》1卷，153页。
③ 《毛泽东选集》1卷，18页。

吃亏"等等。对于劣绅胡国光的反革命活动，他不无觉察，却仅以"不孚众望"之名轻轻放过。后来，当李克提出要立刻镇压反动派时，他还迟疑地说："拘捕城中的反动派，怕不容易罢？"甚至，当反革命猖獗反扑时，他还认为"困兽犹斗"，这是理所当然的。他"仁慈"地嚷着："告诉你罢，要宽大，要中和。惟有宽大中和才能消弭那可怕的仇杀。"这就是他的"革命"哲学。

方罗兰是一个小县城里的"革命家"，然而却会使我们认识到大革命时代国民党某些"左"派人物的面貌。他们的所谓革命至多是进行改良；他们自命"左"派，却从来不曾"左"过。口里讲的是"中和"，当工农民众起来的时候，他们就向"右"急转。动摇、妥协，对于革命的惊恐不安是他们阶级本性的必然体现。这便是方罗兰形象的典型意义。

《追求》描写的是大革命失败后青年知识分子的生活。这些人被白色恐怖的现实吓昏了，他们远离革命激流来到上海滩上。他们看不清革命的形势，又不甘于黑暗现实的压抑、摧残。他们要追求一些什么，似乎有所欲求，但又都失望了。消沉、颓废、苟安，在苦闷中打发日子。

作品中的张曼青是这样的。在他感到"世界太叫人失望"后，他以教育为最后的出路在现实中追求了。他认为"社会如此黑暗，政治如此浑沌"，只能寄希望于下一代，但追求的结果使他不能不承认："我的理想完全失败，大多数是这样无聊，改革也没有希望。"另一个人物，半步主义者王仲昭的追求就更为可怜了。他把人的体会生活内容仅仅归缩到爱情上，把爱情奉为至高无上的追求目的。于是以"艰辛"的新闻事业作为达到这种"幸福"的手段。幸福似乎是指日可待了。可是突然爱人遇险伤颊，他的追求终于失败了。追求者之一的史循，也是一个"曾经沧海"的人，但是艰苦的经历并未使他磨练出英豪之气，反把他青春的热血熬干，终至成为一个消极的怀疑派。他否定人生，想自杀，甚至自杀也是失败的。作品中的章秋柳，同样属于这种环境中的人物，忍受着精神上的折磨；自暴自弃，她把追求享乐、颓废的本能的刺激作为报复她所厌恶的现实手段。美好的生活信念、正确的道德观，在她的身上逐渐地丧失，被罪恶的现实毁灭了一切。

无疑的，《追求》的调子是有些过于阴暗了。作者告诉我们说，《追求》的写作时间足有两个月，要比《动摇》的时间多费两倍，"所以不能进行得快，就因为我那时发生精神上的苦闷"，"这使得我的作品有一层极厚的悲视色彩"。作品极力地揭示这种悲观、阴暗的色调，是有其客观因由的，这是一种时代的社会病象。作品中的人物之一张曼青曾一再声诉，"如果政治清明些，社会健全些，自然他们会纳入正轨，可是在这混乱黑暗的时代，像他们这样愤激而又脆弱的青年大概只能成为自暴自弃的颓废者了……"①如此，作品努力揭示国民党新军阀所建立的反革命统治，不可能给青年们以健康的发展道路。在物质上和精神上对青年知识分子的戕害和虐杀，使他们陷入了半死不活的境地。这种客观上所筑起的牢墙，就注定了离开革命的一些知识青年，既不肯趋炎附势，便只能在生活上失望、颓唐，寻求不到出路。从这一意义上讲，他们无疑是患着时代社会的病症。

然而，这只能是"饮鸩止渴"的倒行逆施而已。茅盾的三部曲《蚀》使我们看到，这些小资产阶级知识分子，远离开革命和人民，虽然未失去冲动的力量，或者说是"向善的焦灼"，但他们是盲动的、孤立的，个人的追求终究不能摆脱开灰色的命运。他们自以为没有同现实的政治"同流合污"；不过，这些青年的"为了苦闷才去恋爱"，浪漫、颓废、麻醉，依然是慢性的自杀。这种"时代病"依

---

① 《茅盾文集》1卷，273页。

然是中了资产阶级没落期的流毒。由此可见，这些知识分子的苦闷和绝望，固然是对黑暗现实不苟合的反映，但同时也是小资产阶级的劣根性的表现。他们只有和革命的人民一道前进，才能获得真正的人生。如此，"知识分子如果不和工农民众相结合则将一事无成"①的真理，透过作品中纷纭复杂的生活现象，便获得了客观的意义。

综上所述，可以看出三部曲《蚀》强弱不同地反映了大革命前后社会生活、革命运动的诸多侧面。诸如，革命到来时青年的振奋心理，工农民众的革命要求和昂扬的斗志。革命变幻中土豪劣绅的钻营，以至革命失败后青年的生活景象，都逼真地反映出时代的状貌。用作者的话来说，这是"一大洪炉，一大漩涡——一大矛盾"②。作者以"凝视现实，分析现实，揭破现实"的精神，提出了大时代的某些重要问题，给以艺术上的表现，是具有历史意义的。特别是《动摇》中的描写，由于触及到更为广泛的斗争生活，因而赋予作品较为充实的社会内容。

三部曲《蚀》就茅盾的整个文学创作说来，乃是艺术实践的"试作"。《蚀》显露了作家的艺术才干和特点。它表现了作家在广阔的时代、历史环境中，结构故事概括复杂斗争生活的本领；表现了作家善于以深刻细腻的心理描写，展示各种人物精神境界的技巧。作品中细节刻画的逼真，烘托人物的得力以及流畅的文字，都是为读者所称道的。这些也都愈益成熟地表现在作家以后的创作中。

二、《蚀》的缺失

不过《蚀》的创作，也明显地反映着作家在创作思想和艺术方法上的缺失。它反映了作家的创作，虽有"若干生活经验基础"，并且

---

① 《毛泽东选集》2卷，523页。
② 茅盾：《几句旧话》。

揭示了现实生活中的许多矛盾，但是毕竟还不擅于选取和把握典型的事物，还不能够洞察到革命潮流中本质的东西。大革命的失败，自然对于革命不无影响，但也自有执着现实，"揩干净身上的血迹，掩埋好同伴的尸首"，继续战斗的革命勇士。像三部曲《蚀》中的青年那样，不能辨明方向，感到前途茫茫者是有的，但不是全部，更不是社会生活中的主导趋向。书中出现的如李克那样的正面人物，作者说因为出版上的缘故，不能明写是共产党员，这是可以理解的，但就英雄形象的力量来说，也是不够丰满的，而且显得软弱无为。对于青年知识分子病象的描写，不仅涂上了浓厚的悲观色彩，而且缺乏批判，这就不能不损害了作品的真实性，从而流露出自然主义的色彩来。对此，茅盾后来曾以严肃的态度自我批评说："表现在《幻灭》和《动摇》里面对于当时革命形势的观察和分析是有错误的，对于革命前途的估计是悲观的；表现在《追求》里面的大革命失败后的小资产阶级知识分子的思想动态，也是既不全面且又错误地过分强调了悲观、怀疑、颓废的倾向，且不给以有力的批判。"①

《蚀》所产生的缺点，是与作家当时的世界观和思想情绪分不开的。它反映了作家在革命斗争中所深切感受到的矛盾，特别是大革命失败后所产生的悲观失望的思想情绪。诚然，作家可以选取各种题材，塑造各种人物，但怎样揭示生活、解释人生、评价人物，便成为切要的问题。诚如毛泽东同志所说："革命的文艺，则是人民生活在革命作家头脑中的反映的产物。"②《蚀》的浓厚的悲观色彩，显然是与茅盾当时的思想情绪分不开的。作者剖析说："一九二五——一九二七年间，我所接触的各方面的生活中，难道竟没有肯定的正面人物的典型么？当然不是的。然而写作当时的我的悲观失

---

① 《茅盾文集》2卷，497页。
② 《毛泽东论文艺》。

望情绪使我忽略了他们的存在及其必然的发展。一个作家的思想情绪对于他从生活经验中选取怎样的题材和人物常常是有决定性的……"①这批评是中肯的。正是基于世界观和创作方法上的欠缺，使得作家虽有若干生活经验，乃至在写作时，凝神片刻，"无数人物扑面而来"，却终于没能揭示出时代发展的主流和趋向，没有提供出可效法的正面形象。

第三节 《从牯岭到东京》及其他

《蚀》完成后，茅盾迫于国民党的白色恐怖的压迫，于一九二八年七月去日本。先是住在东京，后来居于京都高原町。

在日本期间，作家并没有和国内的文学发展事业割断联系。这时期他不仅写下了《卖豆腐的哨子》、《红叶》等许多散文；② 写下了《野蔷薇》③等短篇小说；写下了关于中国神话和欧洲神话研究等重要论著；同时也写下了《从牯岭到东京》、《读〈倪焕之〉》等论文。实际上茅盾以后两篇论著参与了国内展开的关于"革命文学"的讨论。

一、关于"革命文学"的论争

这里，应该简要地谈谈"革命文学"论争的情况。众所周知，"革命文学"的口号虽然在一九二三年后便被一些人陆续地提出来了，但是作为现代文学运动的中心议题，广泛地展开论争，无疑是在一九二七年大革命失败以后的事。鲁迅关于"革命文学"运动的发展，曾给以历史唯物主义的解释。他说："世界上时时有革命，自

---

① 《茅盾文集》2卷，498页。
② 这部分散文曾以《速写与随笔》的名字结集出版，收入《茅盾文集》9卷。
③ 《野蔷薇》出版于1929年。其中包括《创造》、《自杀》、《一个女性》、《诗与散文》、《昙》等五篇小说。此外这时期完成的尚有《泥泞》、《陀螺》、《色盲》等篇。

然会有革命文学。世界上的民众很有些觉醒了，虽然有许多在受难，但也有多少占权，那自然也会有民众文学——说得彻底一点，则第四阶级文学。"① 他说："一切事总免不掉环境的影响。文学——在中国所谓新文学，所谓革命文学，也是如此。""各种文学，都是应环境而产生的，推崇文艺的人，虽喜欢说文艺足以煽起风波来，但在事实上，却是政治先行，文艺后变。"② 据此，我们可以说这次"革命文学"运动的勃兴，是在"新的革命时期"，随着"农村革命深入和文化革命深入"的形势而发生发展的。这时期，由于政治环境的突然变化，革命遭受挫折，阶级分化非常明显。国民党以"清党"之名，大肆屠杀共产党人和革命群众。于是一些参加实际工作的革命者，便从北伐前线或其他地方转移到上海，加上从日本归来的文艺新军，在适应革命的要求下，革命文学才有了深入的发展。

这次革命文学运动，开始时由于"未经好好的计划"，特别是思想上的分歧和路线上的影响，曾引起激烈的论争。但是，这是革命文化的内部讨论，是"新文学者和新文学者的斗争"。创造社和太阳社的成员，在许多文章中阐明了文艺的阶级性，指出一个作家"在社会关系上，他有意或无意地，总是某一个社会团体的代表"③。我们的文艺，应该是"普罗列塔利亚的文艺"——无产阶级的文艺。他们说："我们相信惟有受了科学洗礼的无产阶级才有最明了的意识！"④ 他们在探讨中也提出了新写实主义——无产阶级写实主义的方法，认为"新写实主义是无产阶级的战斗艺术！是无产阶级解放运动的一种武器"⑤。这些主张的提出，都是很重要的。这次讨论中深刻地宣传、介绍了马克思主义的理论。鲁迅说："这回的读书界

① 《文艺与革命》，《三闲集》，人民文学出版社，1981 年版，82—83 页。

② 《现今的新文学的概观》，《三闲集》。

③ 蒋光慈：《关于革命文学》。

④ 《流沙》1928 年第 1 期《前言》。

⑤ 钱杏邨：《从东京回到武汉》。

的趋向社会科学，是一个好的、正当的转机，不惟有益于别方面，即对于文艺，也可催促它向正确、前进的路。"①鲁迅也深切地感到由于马克思主义文艺科学的翻译和学习，弄通了先前许多纠缠不清的疑问。这次讨论无疑为左翼作家联盟的成立在思想和理论上奠定了基础。但是由于他们思想上的教条主义和受到国内外左倾思潮的影响，使得他们对中国革命现实和文学战线状况不能进行正确的分析，从而产生一些错误。诸如，他们对于当时革命阵线的"敌友我"这个首要问题是弄不清楚的。因而，便误将鲁迅、茅盾等人作为革命文学的敌人加以批判。他们认为鲁迅是"封建余孽"，是"二重性的反革命人物"②。茅盾在《蚀》中所表现的倾向是"消极的投降大资产阶级人物倾向"③。甚至在《流沙》半月刊上，对于茅盾对革命文学所表示的欢迎态度，也加以讥讽。④ 其次，他们在理论上，强调"获得"无产阶级意识，但是这"获得"的途径并无正确的理解。甚至认为"不怕他昨天还是资产阶级，只要他今天受了无产者精神的洗礼，那他所做的作品也就是普罗列塔利亚的文艺"⑤。再次，他们强调文艺的革命作用，简单地认为文学只是宣传阶级意志的工具，从而把文艺与一般的意识形态等同起来，等等一些观点。

　　鲁迅始终关注着这次深入发展的革命文学运动。他对运动中出现的许多重大问题，曾给以切实的解释和批评。鲁迅说："去年嚷了一阵的革命文学，由我看来，那些作品，其实都是小资产阶级观念的产物，有些则简直是军阀脑子。"许多论文"甚至于踏了'文学是宣传'的梯子而爬进了唯心的城堡里去了"⑥。鲁迅认为这些"翻筋斗

---

① 鲁迅：《我们要批评家》，《二心集》。
② 杜荃：《文艺战线上的封建余孽》，《创造月刊》2 卷 1 期。
③ 钱杏邨：《从东京回到武汉》，《茅盾评论》，1928 年，267 页。
④ 《流沙》1928 年 2 期《茅(矛)盾》。
⑤ 郭沫若：《桌子上的跳舞》。
⑥ 鲁迅：《壁下译丛·小引》。

的小资产阶级”，如果不和实际接触，不仅写革命文学时“最容易将革命写歪”，并且也很容易从“左翼”成为“右翼”作家。所以鲁迅在《革命文学》中便指出：

> 我以为根本问题是在作者可是一个“革命人”，倘是的，则无论写的是什么事件，用的是什么材料，即都是“革命文学”。从喷泉里出来的都是水，从血管里出来的都是血。

针对革命文艺论争中存在的问题，鲁迅指出：“一切文艺，是宣传，只要你一给人看。”“那么，用于革命，作为工具的一种，自然也可以的。”“但我以为一切文艺固是宣传，而一切宣传却并非全是文艺，这正如一切花皆有色（我将白也算作色），而凡颜色未必都是花一样。革命之所以于口号，标语，布告，电报，教科书……之外，要用文艺者，就因为它是文艺。”鲁迅在革命文学的论争中，提出了一系列剀切的道理。

二、茅盾与革命文学论争

茅盾在革命文学的论争中，不仅提出了许多正确的意见，也吸收了不少有益的教训。

茅盾认为，革命文学或者说无产阶级文学的主张是“无可非议的”，但在当时“表于作品上时，却亦不免未能适如所期许”。他说：

> 我们的“新作品”即使不是有意的走入了“标语口号文学”的绝路，至少也是无意的撞了上去了。有革命热情而忽略于文艺的本质，或把文艺也视为宣传工具——狭义的——或虽无此忽略与成见而缺乏了文艺素养的人们，是会不知不觉走上了这条路的。①

按照茅盾的见解，准备献身于新文艺的人，应该“准备好一个

---

① 茅盾：《从牯岭到东京》。

有组织力，判断力，能够视察分析的头脑"，以此去"分析群众的噪音，静聆地下泉的滴响，然后组织成小说中人物的意识"。茅盾认为革命文学"必然地须先求内容与外形——即思想与技巧，两方面之均衡的发展与成熟。而当时的许多作品，既不能表现无产阶级的意识，也不能让无产阶级看得懂"。这些都是很好的见解。

不过，茅盾在《从牯岭到东京》等论文中，也反映了他的世界观和文艺观上的一些缺欠。

其一，他当时曾强调："革命文艺"的第一要务是"在小资产阶级群众中植立了脚跟"，"要质朴有力的抓住了小资产阶级生活的核心的描写"。为什么在一九二五年曾为无产阶级艺术，提出过很重要见解的作家，如今又回到"小资产阶级文艺"的命题中来呢？这就会使我们想到作家所说的"摸索面碰壁，跌倒又爬起"的不平坦的道路了。《从牯岭到东京》可以视为茅盾当时创作思想的一个剖白。因此，正如他同时期的创作一样，必然地留下那时期政治上的苦闷和思想上的迷离，及探索的印迹。如果说，在一九二五年前后，由于他深入到革命的激流中，在中国共产党的领导下，进行一些工作，从而可以接受无产阶级文艺观的一些影响；那么，在大革命失败后，他离开了党所领导的疾风暴雨的群众革命斗争，自然难于辨明方向。同时，由于他自己是小资产阶级出身，自己是知识分了，便把注意力放在研究和描写小资产阶级上面，而忽视了革命的主体——最广大的工农民众。这自然是错误的。

其二，他当时强调所谓暴露社会的黑暗。他说："即使是无例外地只描写了些'落伍'的小资产阶级的作品，也有它反面的积极性。这一类的黑暗描写，在感人——或是指导这一点上，恐怕要比那些超过真实的空想的乐观描写，要深刻得多罢！"①诚然，革命的文艺，对于暴露旧社会黑暗景象的作品，并不是一般否定的。恩格斯在他给敏·考茨基的信中，根据当时的情况曾经说："如果一部具有社会主义倾向的小说通过对现实关系的真实描写，来打破关于这些关系的流行的传统幻想，动摇资产阶级世界的乐观主义，不可避免地引起对于现存事物的永世长存的怀疑，那末，即使作者没有直接提出任何解决办法，甚至作者有时并没有明确地表明自己的立场，但我认为这部小说也完全完成了自己的使命。"②但是茅盾当时的主张及其创作，显然并不完全属于上述见解。他所强调的暴露社会黑暗，实际上在创作上的体现是描写那些"落伍"的小资产阶级的病态。他们颓废、苦闷、彷徨陷于无告的境地。这种描写自然不可能动摇现存的世界的乐观主义，不可能引起人们对现存事物的怀疑，只能引起悲观与失望的情绪，这自然也是不对的。这些观点在革命文学的论争中曾受到钱杏邨等人的批评。太阳社等人把茅盾视为革命文学的敌人加以攻击，自然是错误的。但是他们指出茅盾当时秉着小资产阶级的劣根性，在作品中描写的大都是病态的不健全现象，这一点还是对的。

在整个革命文学的论争中，茅盾的收益是很大的。在《从牯岭到东京》一文中，他便表露："悲观颓丧的色彩应该消灭了。一味地狂喊口号也大可不必再继续下去了，我们要有苏生的精神，坚定的勇敢的看定了现实，大踏步往前走，然而也不流于鲁莽暴躁。"这段话，自然有对左倾教条主义思想的批评，同时也包含着自己明确的克旧立新的精神。

这时期，在创作实践中，茅盾是按照这样的思想摸索前进的。

①　茅盾：《读〈倪焕之〉》，转引自《中国现代文学史参考资料》1卷，中国人民大学 1958 年版。

②　转引自《马恩列斯文艺论著选编》，人民出版社 1974 年版，95 页。

在《野蔷薇》的前言中，他说："人生便是这样的野蔷薇。硬说它没有刺，是无聊的自欺；徒然憎恨它有刺也不是办法。应该是看准那些刺，把它拔下来！"①为此，他主张"真的勇者是敢于凝视现实的，是从现实的丑恶中体认出将来的必然……真的有效的工作是要使人们透视现实的丑恶而自己去认识人类伟大的将来，从而发生信赖"②。

在这时期的创作中，茅盾自然也写了许多"不很勇敢，不很彻悟的人物"，"写一些'平凡'者的悲剧的或暗澹的结局"；但是同时也极力捕捉着"将来的必然"。例如，在短篇《色盲》中，作者借他的人物的感受写道："地底下的孽火现在是愈活愈烈，不远的将来就要爆发，就要烧尽了地面的卑污龌龊，就要煎干了那陷人的黑浪的罢！这是历史的必然。看不见这个必然的人……毕竟要化作灰烬！"③由此可见，这时期的作品和论著既反映了他苦闷、矛盾的思想情绪；也反映了他不苟安于现状，努力洞察生活，探索前进的精神。这种矛盾是暂时的，也是一种过渡阶段的精神状态，它会在一定条件下向着一定的方向转化着、发展着。

第四节　从《蚀》到《虹》

一个进步的作家，总是勇于感受着时代的脉搏而前进的。如果说，在《蚀》及以后的创作中，茅盾还较多地以阴暗的调子反映生活中的消极病象；那么，从《蚀》至《虹》，无疑地可以看成是从苦闷到振奋的一个过渡。《虹》虽然也取材于青年知识分子的生活，但在这部作品中，反映着作者努力在把握客观现实中不妥协的坚毅的生活

---

① ②　《茅盾全集》9 卷，523 页。
③　《茅盾文集》7 卷，92 页。

力量。对于生活中前进力量的确信和乐观精神的流露，显示了作家思想的开展和透过丑恶的现实大踏步前进的信念。

《虹》是茅盾于一九二九年四月至六月客居日本时期完成的。《蚀》反映的是大革命前后部分知识青年的精神状态；《虹》则从"五四"到"五卅"的广阔历史背景下，反映了知识青年寻求和走上新生活的途程。

这部小说的主人公梅女士，是被"五四"思潮唤醒的女性之一。她自然地接受了笼罩当时社会的新思潮的洗礼，要求个性解放、自我权利，要求摆脱种种陈旧生活。她从孝女、少奶奶的牢笼中冲出来，谋求到独立的社会职业。但是作者并没有给她安置在"虚幻光明"的境地。腐朽的社会习惯、"新外衣"下面的荒唐生活，围击着她。梅女士"因时制变地用战士的精神往前冲"，"征服环境，征服命运"，经验给她的教训便是"不要依恋过去，也不要空想将来，只抓住现在用全力干着"。新的生活终于吸引、波及了她。当她接触到革命者梁刚夫后，她有了这样的感觉："从最近起，我才觉得有许多事我不懂得，而且摆在我眼前，我也看不到，我总想把不懂的变为懂，看不到的变为看到，什么事情都得从头学。"

对于新奇的丰富生活的倾慕，逐渐地削弱着她那矜持、自负、孤傲的个人主义思想和狭小的见地。作品写道，"广阔生疏的新环境将她整个儿吞进去"，"迷失了她本来的自己"。这种新的生活，是健康的革命的生活。小说的结尾，梅女士投入"五卅"运动，她对女友徐绮君说："时代的壮剧就要在东方的巴黎开演，我们应该上场，负起历史的使命来，你总可以相信吧，今天南京路上的枪声，将引起全中国各种的火焰，把帝国主义，还有军阀套在我们头上的铁链烧断！"《虹》并没有写完。按照作者最初的意图："欲为中国近十年之壮剧，留一印痕。"①但是从梅女士对生活的寻求和探索来说，无疑地概括着"五四"以后，某些青年知识分子走向新生活的途程。作者没有使自己的人物仅仅停留在"五四"时期，争取人的权利，反对封建礼教的境地。这种所谓"个性解放"、自由平等、反对礼教的束缚等等，都是"五四"时期觉醒意识的体现。许多青年当时曾以它作为冲击力量，向旧势力宣战，这是可以理解的。但这只能是一个起点。许多人是通过种种切身问题的探索，在与周围的阴暗境域的搏战中扩展了眼界，看取了广阔的人生，并且不断地吸取新的社会思想，充实了自己的行动。就这一意义来说，梅女士和《蚀》里的一些人物，有过相近的生活境遇，然而却比他们走得更为健康、高远了。可以看出，梅女士也有过苦闷和失望，但她并未退缩；在生活的途程中曾经过跋涉之苦，却并不知难而退，乃至陷于幻灭、动摇的泥潭中，而是不断地为新的社会思想，新生活所鼓舞、所充实着。作品反映梅女士到上海后和梁刚夫的接触、和革命现实的接近，是她从个人奋争走向更宽广的社会天地的开端，是她识别前进道路的一个重要阶段。因为在梅女士接触梁刚夫的同时，也还有醒狮派的反动走卒李无忌在扯梅女士的后腿。但前者愈来愈吸引了她，并使她开始觉悟起来；后者令她唾弃，并且"敬而远之"。这无疑是梅女士在生活道路抉择中的胜利。

茅盾在创作中，始终注意从时代、社会环境的影响下来写自己的人物的。从早期的文学见解到这时的《读〈倪焕之〉》等论文，都可以看出他对这一问题的重视。他认为文艺的时代性是不能忽视的，自然"一篇小说之有无时代性，并不能仅仅以是否描写到时代空气为满足……所谓时代性，我以为，在表现了时代空气而外，还应该有两个要义：一是时代给与人们以怎样的影响，二是人们的集团的

---

① 《茅盾文集》2卷，276页。

活力又怎样地将时代推进了新方向"①。《虹》的创作，更着意地显示出这个特点。诸如，托尔斯泰、易卜生、社会主义、无政府主义在"五四"社会思潮中的传播；妇女的婚姻问题，乃至剪发问题的反映；教育、社交的状况，军阀政客的丑态，都作为新旧交织的社会现象，作为制约、影响人们的社会环境而反映在作品中。作品反映新的事物、新的思想、新的书籍，扩展开了梅女士的眼界，给予她性格的发展以可信的依托和社会基础。

《蚀》和《虹》的创作表明，茅盾的生活根基是比较扎实的。如果是"面壁苦思"，便难于写出具有活力的人物来。然而，也不难看出，同样描写知识青年的生活和精神状貌，由于作者看待生活的思想、观点的变化，使得《蚀》和《虹》的思想格调，从阴暗而趋向明朗。《虹》中对于主宰社会生活的革命力量的肯定和乐观向上的精神的弘扬，都反映了作家思想感情的变化和发展。它反映着作家在革命文学的论争中，对于大革命失败后所引起的思想上的悲观情绪，在不断的进行克服。作家依着苏醒振作的精神走上新的里程。

自然，《虹》也并非是完美无缺的。我们从整个结构安排上可以看出，对于梅女士走向革命前的经历描写得细腻从容，而走向革命后的生活，便有些粗疏不足了。就形象塑造来说，梅女士是"被觉醒了，是被叫出来了，是往前走了"，但终于是带着强烈的以自我为中心的个人气质走向革命的，而这正需要火热的斗争生活的严峻考验和磨炼，才能转化为一个真正的战士。就此说来，对于一个小资产阶级知识分子走向革命这种变化所需要的现实和思想基础，作品还是表现得有些薄弱。这可能和这部长篇的未能完成有关，也和作家对生活的认识有关。

---

① 茅盾：《读〈倪焕之〉》。

　　综上所述，可以看出茅盾起步走上文学道路并不平顺。在半封建半殖民地的旧中国，小资产阶级是深受迫害的，加上知识分子的敏于感受，在"五四"以后社会思潮的影响下，他们可以较为清醒地认识现实，从而在理论和创作中，反映社会的罪恶，表现出愤世嫉俗的批判精神。然而，由于缺乏无产阶级的坚定性和革命的远见，因而在革命突然遭受挫折的情况下，便会陷入低沉的悲观的状态中，这种思想情绪也必然反映在作品中。自然，说作家这时有着苦闷和悲观情绪，并非说他是一个悲观主义者。苦闷、悲观是一种消极的因素；同时也是他对现实不妥协、不苟合的反映。因此，这种矛盾、苦闷的表现，在茅盾的创作道路上是一种过渡的状态。根据各种因素的制约和作用，它可能和时代相悖谬，向着相反的方向转化，愈益颓唐不前；也可能在苦闷的探索中，振奋前进。茅盾走的是后面的道路。所谓"摸索而碰壁，跌倒又爬起，迂回再进"正体现着这个历程。由此，可以说《虹》的创作是作家创作发展中的一个过渡，也是一个新的起点。《虹》完成于一九二九年，这正是我国革命文学在论争中深入发展的历史阶段。这一年出版的作品有胡也频的《到莫斯科去》、叶永蓁的《小小十年》以及柔石的《二月》等，大都反映着小资产阶级作家摆脱因袭的重担、不断前进的趋势。鲁迅在《小小十年》的《小引》中说，那作品"将为现在作一面明镜，为将来留一种记录，是无疑的罢"[①]。就此来说，茅盾是以自己的创作特点反映了那个时代文学发展的状况，作为"一面明镜"、"一种记录"而具有着深刻的历史意义和认识的价值。

---

　　① 　鲁迅：《叶永蓁作〈小小十年〉小引》，《三闲集》。

第三章　左联时期的创作

第一节　在白色恐怖的年代里

一、左联时期的斗争生活

随着中国革命的深入发展，"左翼作家联盟"（简称左联）于一九三〇年三月二日成立了。左联的成立是无产阶级领导的革命文学运动深入发展的重要标志。

这时期，党所领导的农村革命日益深入，革命根据地已经相继地创建和巩固起来，成为敌人的最大威胁，也给予人民以最大的鼓舞和希望。在文化战线上，革命的进步的文艺工作者，经过了思想和理论上的论争，以及无产阶级文艺理论的翻译和介绍，大家深感应该建立一个革命文学组织，统一行动，对敌人进行斗争。于是适应着革命发展的需要，在党的领导下，经过酝酿，初步检查了过去的错误，于上海正式成立了左联。鲁迅、夏衍、冯乃超、柔石等五十余人，都参加了左联成立大会，鲁迅等被选入左联的领导机构。一九三〇年四月，茅盾从日本归国后，便积极地参加了左联的活动，成为坚强的骨干。据茅盾回忆，在一九三一年，他也曾一度在左联的执行机构中，担任过执行书记。①

左联是党领导下的革命文学团体，以鲁迅为旗手和主将，团结一些革命、进步的作家，在对敌人的斗争中、在左联内部的思想和政治路线斗争中，坚持了无产阶级立场和斗争策略，使得左翼的文学运动在白色恐怖的压迫中成长、在斗争中壮大，成为当时中国唯一的文学运动。毛泽东同志评价说，"革命的文学艺术运动，在十年内战时期有了大的发展"②。革命文学运动的发展，严重地威胁着敌人，使之焦虑不安，却又无法否认这一事实。一九三一年，一个叫作范争波的民族主义者，在《民国十九年中国文坛之回顾》③中说："普罗文学出现于中国文坛，是在民国十七年的春天，它挟着两年的历史，在民国十九年的春，有了高度的发展。这时上海的新书业界，都受了他们的包围，很多刊物，于是呈现在我们面前了。"到了一九三三年，左翼文学的蓬勃发展，使得国民党反动政府愈加惶恐不安。于是便密令所部，严加审慎处理。电文谈到革命文学之威力时说："……盖此辈普罗作家，能本无产阶级之情绪，运用新写实派之技术，虽煽动无产阶级斗争，非难现在经济制度，攻击本党主义，然含意深刻，笔致轻纤，绝不以露骨之名词嵌入文句；且注重体裁的积极性，不仅描写阶级斗争，尤为渗入无产阶级胜利之暗示。故一方煽动力甚强，危险性甚大；而一方又是闪避政府之注意。"④从这些反面的文稿中，便足以看到左翼文艺运动的力量和实绩了。

这时期，斗争的环境是异常险恶的。鲁迅说，这是"所谓黑暗，真是至今日无以复加"的时代。敌人不仅通过禁止书报、封闭书店、

---

① 茅盾：《我和鲁迅的接触》，《鲁迅研究资料》第 1 辑。

② 《毛泽东选集》3 卷，870 页。

③ 载《现代文学评论》1930 年第 1 期。

④ 《国民党反动政府查禁普罗文艺密令》，引自《中国现代出版史料·乙编》，中华书局 1955 年版，171 页。

颁布恶劣的出版法等种种伎俩，抵挡、绞杀革命文艺，且以逮捕、拘禁和杀戮来对付左翼文艺作家。在这种"文禁如毛，缇骑遍野"的情况下，鲁迅、茅盾等革命作家的作品严遭禁止，而且时刻处于人身被迫害的危难中。一九三三年十一月，敌特以"上海影界铲共同志会"等名目，捣毁上海艺华进步影片公司、良友图书公司等文化企业的场所时，便散发恐吓信说：

> 对于赤色作家所作文字，如鲁迅、茅盾……及其他赤色作家之作品，反动文字……一律不得刊行、登载、发行。如有不遵，我们必以较对付艺华及良友公司更激烈更彻底的手段对付你们，决不宽假！①

一九三四年，在国民党反动派查禁的一百四十九种文艺书籍中，茅盾的作品如《路》、《宿莽》、《蚀》、《野蔷薇》、《茅盾自选集》、《虹》、《三人行》、《春蚕》、《子夜》等作品，几乎这时的全部创作，都以所谓"鼓吹阶级斗争"的罪名，而被"严行查禁"。敌人一面查禁书籍，一面更以白色恐怖政策逮捕、杀戮左翼作家。这时据报刊透露，鲁迅和茅盾都被列入黑名单，说"左联重镇的鲁迅，身边危险，茅盾也遭法西斯下了逮捕令，这是确实的消息"。这种情况，在鲁迅的信件中也有真切的记述。他写道："沪上实危地，杀机甚多，商业之种类又甚多。人头亦系货色之一，贩此为活者，实繁有徒，幸存者大抵偶然耳。"②面对着这种白色恐怖的现实，茅盾和鲁迅等左翼革命作家一起在党的领导下，为捍卫无产阶级的革命和文学事业，进行着决绝的顽强的斗争。

二、茅盾与鲁迅的战斗友谊

在斗争中，茅盾紧密地配合着鲁迅，他们在文化革命战线结成

---

① 《鲁迅全集》5 卷，325 页。
② 《鲁迅全集》9 卷，351 页。

战斗的情谊。这两位战友，早在"五四"文学革命的初期便共同战斗了。鲁迅没有正式参加文学研究会，但是他和这个组织保持了密切的联系。鲁迅经常为《小说月报》撰稿，扶持这个坚持"为人生的艺术"的现实主义阵地。据《鲁迅日记》记载，仅在一九二一年的四月至十二月间，鲁迅与茅盾的书信往还就有五十来次。鲁迅的小说《端午节》、《社戏》、《在酒楼上》以及许多翻译作品，都是在《小说月报》发表，或作为文学研究会丛书出版的。① 对于《小说月报》提倡新文学，介绍进步的外国文学作品，鲁迅给予大力的支持和肯定。在许多信件中，鲁迅肯定茅盾对外国文学的评介，认为茅盾"所评西洋人诸书，殊可信"，但同时对他翻译的粗疏之处以及古书整理的不适之处，也提出切实的批评。② 文学研究会自成立之初，就依靠鲁迅的支持和帮助，促进新文艺的发展。这从茅盾在一九二一年一月给郑振铎的信中，便得见一斑。这封信中说：

> 弟以为《说报》现在发表创作，宜取极端的严格主义。……弟之提议，以为此后朋友中乃至投稿之创作，请兄会商鲁迅、启明、地山、菊农、剑三、冰心、绍虞诸兄决定后寄申……③

这封信所提到的名字，除鲁迅外，都是文学研究会初期的骨干，这就可见鲁迅与文学研究会的密切关系了。

左联成立后，鲁迅和茅盾都"参加了左翼文艺运动的指挥部"，共同担负了"伟大而繁重的任务"。据许广平回忆，鲁迅对于茅盾的文学活动是十分关怀和重视的。对于左联的工作，鲁迅"也不是独自擅专的。处处请明甫（茅盾）先生一同商量问题，然后再听从党的

----

① 鲁迅在《小说月报》发表的翻译作品计有《工人绥惠略夫》、《医生》、《疯姑娘》、《战争中的威尔河》、《近代文学概观》、《世界的火灾》等篇；此外《工人绥惠略夫》、《一个青年的梦》、《爱罗先珂童话集》等，都是作为文学研究会丛书由商务印书馆出版的。

② 见 1925 年 3 月 15 日曾迅给梁清岩信，发表于香港《七十年代》6 月号。此外，新发现的在 1921 年 8 月 29 日鲁迅给周作人的信中，也谈及此事。

③ 原信发表于《小说月报》1921 年 12 卷 2 号。

最后决定"①。正是在这样密切的合作中，茅盾协助鲁迅和左翼作家在一起不断地粉碎敌人的"文化围剿"，给资产阶级反动派以彻底的抨击。一九三一年二月七日，柔石等五位青年革命作家惨遭敌人杀害，茅盾和鲁迅等一起起草了宣言，②向世界各国人民控诉国民党反动派屠杀作家和艺术家的罪行。宣言发表后，从国外传来了日本作家永田宽、英国作家哈罗·海斯洛普、德国革命作家路特威锡·棱、美国诗人和作家密凯尔果尔德等世界著名作家、诗人对中国白色恐怖的抗议。③"九一八"事变后，感于民族和祖国的危难，茅盾和鲁迅等四十三名作家签名发表了《上海文化界告世界书》，抗议日本帝国主义的侵略暴行，号召世界革命人民支援中国人民的抗日斗争。一九三二年"一·二八"事变爆发，鲁迅、茅盾等一百二十九位作家，又签名发表了《为日军进攻上海屠杀民众宣言》，愤怒抗议日寇侵略罪行。与此同时，茅盾和鲁迅等左翼作家在一起，以锋利的杂文，与敌人进行不调和的斗争。他从广泛的社会生活事件中，揭露国民党反动派的所谓"长期抵抗"、"攘外必先安内"的卖国政策和假抗日真反人民的本质，也猛烈抨击"文化围剿"中不断出现的逆流。对于"民族主义文学"、"第三种人"、"自由人"，以及把大事化小、小事化了，把敌人的凶残化作笑料的幽默、闲适的小品，都给以痛击。这些"时评"与杂感，也是和鲁迅的战斗密切配合的。《申报·自由谈》、《文学》、《太白》以及许多进步的刊物，都是他们共同战斗的阵地。一九三三年一月三十日革新后的《申报·自由谈》，在《编辑室告读者书》中指出："编者为使本刊内容更为充实起见，近来约了两位文坛老将何家干先生和玄先生为本刊撰稿，希望读者

---

① 《鲁迅回忆录》的《前言》，作家出版社 1961 年版，3 页。

② 《为国民党屠杀大批革命作家宣言》及《为国民党屠杀同志致各国革命文化团体及一切进步的著作家思想家书》，同时发表于《前哨》1931 年第 1 期。

③ 《前哨·文学导报》1931 年 1 卷 2 期。

不要因为名字生疏的缘故，错过'奇文共赏'的机会!"这何家干、玄先生，便是鲁迅和茅盾的笔名之一。于是此后他们的稿件源源而来。鲁迅把这些杂文集成《伪自由书》；茅盾发表的文章也达三四十篇，其中的一部分收在杂文集《话匣子》中。这些杂文思想锋利、鞭刺入骨，颇使一些反动文人头痛。一九三三年五月六日《社会新闻》三卷十三期上，署名"农"的作者在《鲁迅与沈雁冰的雄图》中便大呼小叫地说："自从鲁迅与沈雁冰等以申报《自由谈》为地盘，发抒阴阳怪气的论调后，居然又能吸引群众，取得满意的收获了。"这就可见杂文的实绩了。这些杂文深切地揭露了敌人卑劣的罪行，刻下了时代的印迹，也深刻地反映着作家的革命思想面貌。

这时期，鲁迅、茅盾等左翼文化战士的革命斗争是多方面的。他们时刻关注着祖国的命运，民族的危难；同时也以国际主义的思想，参加国际范围的革命活动。一九三二年七月，第三国际工作人员牛兰夫妇，竟然以所谓"危害民国罪"，被国民党逮捕，在南京狱中绝食。鲁迅、茅盾等闻讯后，立即营救。他们在联名致南京政府电文中提出："牛兰夫妇绝食八日，危在旦夕"，要求"立即释放"，恢复他们的自由。一九三三年二月，日本无产阶级革命作家小林多喜二被日本法西斯政府逮捕惨遭毒害。茅盾和鲁迅等人在一起，为小林多喜二的遗族发起募捐。启事说："日本新兴文学作家小林多喜二君，自'九一八'事变后，即为日本国内反对侵略中国之一人。……我著作界同人当亦久闻其为人。现在听得了小林故后遗族生活艰难，我们因此发起募捐慰恤小林君家族，表示中国著作界对小林君之敬意。"[1]

鲁迅说："惟有左翼文艺现在和无产者一同受难，将来当然也

---

[1]　茅盾等：《为横死之小林遗族募捐启》，《文学杂志》1933 年第 1 卷 2 号。

将和无产者一同起来。"①这时期，敌人曾动员了全中国和全世界的反革命力量，进行反革命的"军事围剿"和"文化围剿"，其结果都遭到了惨败。"作为军事'围剿'的结果的东西，是红军北上抗日；作为文化'围剿'的结果的东西，是一九三五年'一二·九'青年革命运动的爆发。而作为这两种'围剿'之共同结果的东西，则是全国人民的觉悟。"②一九三五年十月，中国工农红军在毛泽东的英明领导下完成二万五千里长征，胜利到达陕北，这是十分激动人心的大事。消息传来，鲁迅和茅盾在一起，怀着无限喜悦和崇敬的心情，辗转地给陕北党中央拍去了祝贺的电文。关于这件事许广平和茅盾的回忆文章中都有记述：

> 正当日寇步步深入，国民党反动派节节败退，民族危机空前严重的时候，幸亏红军长征胜利，到达陕北以后，立即兴师抗日讨敌，因此使鲁迅如释重负，以无限感激的心情，与朋友一起向延安党中央拍去电报表示祝贺说："在你们的身上，寄托着中国与人类的希望。"③

这里谈到的"朋友"，即指茅盾。关于这件事茅盾回忆说："关于毛主席率领红军长征的胜利，国民党是封锁消息的，上海一般人直到很晚才知道。一天我到鲁迅那里谈别的事，临告别时，鲁迅说史沫特莱昨来告知，红军长征胜利，并建议拍一个电报到陕北祝贺。"④这件事充分表现了他们对革命的信赖，对伟大的中国共产党和毛泽东同志的热切爱戴的感情。

左联时期，在国统区的革命斗争是异常复杂的。不仅要和公开

---

① 《黑暗中国的文艺界的现状》，《二心集》。
② 《毛泽东选集》2卷，674页。
③ 《鲁迅回忆录》，作家出版社1961年版，144页。电文的话，据1947年7月27日《新华日报》（太行版）应为"在你们身上，寄托着人类和中国的将来"。
④ 《鲁迅研究资料》第1辑，文物出版社1976年版，73页。

的明显的敌人进行斗争，同时要和隐蔽的混入文化阵营的形形色色的敌人进行斗争。投机者的潜入、叛变自首之徒的破坏等等，都给前进的无产阶级文学运动造成许多障碍。一九三六年三月，当时混迹于上海文坛的国民党特务张春桥，化名狄克在《大晚报》上抛出了《我们要执行自我批判》的黑文，向鲁迅和左翼革命文学进攻。鲁迅以敏锐地辨识能力当即写下了《三月的租界》，予以回击。鲁迅揭露这种貌似"正确"的理论，实际上是以要求更好的作品为幌子，抹杀一切现行的对革命有利的作品，从而达到向敌人献媚、替敌人缴械的目的。所谓"坦克车正要来，或者将要来，不妨先折断了投枪"的理论实质正在这里。

鲁迅的《三月的租界》写于一九三六年的四月十六日，几乎与此同时，茅盾写下了《想到什么就写什么》一文。这篇文章密切配合了鲁迅，给敌人的反动论调以迎头痛击！茅盾指出：

> ……在我们这里如果批评家们要求作家们说：不够真实，怎么你不学习得再多些，这才动笔呀！——那就是无异于"自己缴械"。虽然这械也许只是标枪，然而到底是械，那就倒是为了"反革命"的利益了。

> 自然我不是说作家们应当满足于标枪而不求进于机关枪。作家们应当一面以标枪应急，一面努力求进于机关枪。可是在批评家方面倘使只以尺度提得高高为不失其批评家的尊严。虽然主观上是执行"自我批评"，客观上是削弱了前进文艺作品在广大群众中的影响。特别是对于一个新进作家的处女作，或最初的几篇作品，这种求全的责备是违背了战略的笨办法。①

鲁迅也好，茅盾也好，自然在当时还无法从政治上弄清狄克的反革命面目，但仅从文章中看清了这些"人面东西"的险恶用心，从而据

---

① 《文学界》1936 年创刊号。

理反驳，深刻地揭示出他的反动实质。

三、为革命文学的发展而努力

除了直面现实，从事政治斗争和思想路线斗争外，在左翼文艺的建设中，茅盾也多方面地贡献了自己的力量。

为了介绍进步的文学理论和优秀的文学作品，茅盾在"五四"时期曾费过不少移植灌溉之力。一九三四年，在国民党反动派加紧压迫进步文化的情况下，感于优秀译著的"到处碰壁"，不得与读者见面，茅盾协助鲁迅创办了《译文》月刊。这个刊物虽然面世不久，即遭受停刊的挫折，① 但在读者中可以说是"戈壁中的绿洲"，留下深刻的影响。一位编者回忆说，"鲁迅先生和他的战友们一方面继续用杂文、创作等武器扫荡敌人的文化上的封锁围剿，另一方面就和茅盾先生创办《译文》，以出色的译文，精美的插图（主要是翻印鲁迅先生历年收藏的各国著名木刻）冲破围剿翻译的压制和谬论"②。在这苦心经营的园地中，不断地把世界上革命的进步的优秀作品，介绍给中国的作家和青年文艺战士，为革命文学增添新的"精神的食粮"，为革命的"造反的奴隶"寻求武器和火种。

与此同时，茅盾也十分重视创作实践的发展。他以切实的研究来扶植革命的文艺的成长。茅盾始终重视正确的文艺批评，他认为这是"一方面指导作家又一方面指导读者的"③。好的文艺批评，会在作者和读者之间，架起一道桥梁，充分地阐发出作品的价值和意义。因此，它不是可有可无的，而是必不可少的文艺工作之一。这时期，茅盾在《文学》等杂志上写下了像《冰心论》、《落花生论》、

① 《译文》创刊于 1934 年 9 月，到 1935 年 9 月被迫停刊，1936 年又复刊。一般称以前的《译文》为"老《译文》"。鲁迅在《译文》终刊号《前记》中说："《译文》出版已满一年了。现在突然发生很难继续的原因，只得暂时中止。"

② 参看《译文》1956 年 11 月号《杂忆老〈译文〉》。

③ 茅盾：《批评家种种》，《话匣子》。

《徐志摩论》、《庐隐论》等论著，对较成熟的作家的思想与风格进行系统地剖析；同时更及时地发现文坛上的新人，以切实的批评扶助他们健康成长。如对臧克家的诗集《烙印》、叶紫的小说《丰收》、沙汀的小说集《法律外的航线》的批评，都是尽心而有益的工作。

　　一九三三年，叶紫和几个青年合办的《无名文艺》刚刚问世。茅盾在《文学》杂志上，便以《几种纯文艺的刊物》为题，以具体的分析和评价引起人们的注意。如对叶紫的《丰收》评价说：

　　　　……"丰灾"是近年来文坛上屡见不鲜的题材。但是，我们要在这里郑重推荐《丰收》，因为此篇的描写点最为广阔，在两万数千言中，它展开了农事的全场面，老农的落后意识，"谷贱伤农"以及地主的剥削，奇捐苛税的压迫，这是一篇精心结构的佳作。①

这里，一如茅盾在"五四"时期的文学批评一样，是以十分鲜明的态度，褒举作品中所提供的新东西，以及思想上所闪发的光辉。这批评如果和鲁迅为叶紫的《丰收》写下的序言对照起来，就不难发现这批评的中肯和切实之处了。

　　可以看出，茅盾这时期所写下的批评文字，在思想上是愈来愈深刻了。把阶级的分析，渗透在艺术的具体阐述中。他的批评文字，诚然有煌煌巨论，人块文章；然而也有类乎介绍性的小议论。这些不拘一格的文字，并非四平八稳之作，而是有所为而发的。文学是战斗的，文学批评更需要具有战斗的特点。作为一个革命的文艺批评家，他的评论不断地抨击旧物，为新的进步文艺的健康发展开拓前路。一九三三年臧克家的第一本诗集《烙印》出版，茅盾曾以《一个青年诗人的〈烙印〉》为题评价说：

　　　　全部二十二首诗没有一首诗描写女人的"酥胸玉腿"，甚至

---

① 　《文学》1933 年 1 卷 3 号。

> 没有一首诗歌颂恋爱。甚至也没有所谓"玄妙的哲理"以及什么
> "珠圆玉润"的词藻!《烙印》的二十二首诗,只是用了素朴的字
> 句写出了平凡的老百姓的生活。①

文章对于《烙印》的评论并不是孤立的。这时期,在国民党反动派所钦定的文坛上,新月派、象征派、现代派的资产阶级诗人,正以香艳、缥缈、古奥之作戕害群众,因此提倡充实的生活内容、深刻的思想的文艺,成为革命文艺家的战斗使命。正是从三十年代诗坛的实际出发,才能看出《烙印》的意义。诚如恩格斯所说:"任何一个人在文学上的价值都不是由他自己决定的,而只是同整体的比较当中决定的。"②对于一个作家的评价如此,一部作品的评价也需要如此。

自然,文学批评总是根据作品所提供的事实而发挥的。像车尔尼雪夫斯基所说过的:批评的见解是从文学创作所呈现的一些预兆或萌芽中引申出来的。过分的赞誉或批评,不切实际的放言高论都会有损于创作。这对于文学青年的作品就更为重要。茅盾在对青年作者写下的评论中,有着热情的肯定,也有着恳切的批评。对创作中呈现的预兆或萌芽状态的征象,他也从自己的创作甘苦中指出来。比如,对于臧克家的诗作的评论,对于他之所长,茅盾是大力肯定的。他指出这位诗人是在"时时严肃的注视'现实',时时准备担负'现实'将要给予他的更多的痛苦,而不一皱眉毛,这样的生活态度,是可贵的"③,但同时也指出诗人对现实的认识和愿望依然没有表现出来,只是冷静地反映现实是不够的;对于沙汀的小说的批评也是如此。当沙汀的《法律外的航线》出版后,茅盾在《文学月报》上著文,肯定"作者用了写实的手法,很精细的描写出社会现象真

---

① 《文学》1933 年 1 卷 5 号。
② 《马克思恩格斯全集》1 卷,523—524 页。
③ 茅盾:《一个青年诗人的〈烙印〉》,《文学》1933 年 1 卷 5 号。

实的生活的图画"，从而使得作品的真实景象，如同你亲自经历过一样。但是茅盾在不只一篇文章中，都曾指出这位新作者可能滋长的不好倾向。例如说，对沙汀初期作品中所流露的"印象的写法"，茅盾说他是不喜欢的。沙汀后来回忆说，有件"小事"，对自己的影响却很大：

> 这件事的发生在我开始学习写作的时候……一九三一年的夏天，我寄了三篇小说给《文学月报》。半月以后，编者答应把《在码头上》一篇先刊出来，而且给我看了一篇土纸上茅盾先生随意写下的几句评语。大意是说，东西还写得可以，只是他不怎样喜欢那种印象式的写法……当时我只重视先生的奖掖，忽略了他的微辞。……不到一年，我忽然得到了一个反省；茅盾先生他不喜欢我的印象式的写法，为什么一般人反说它是我的特点，如何的新，如何的了不得呢？接着，我更考虑到创作上的若干基本问题。于是我丧气了，觉得自己该重新来过。而《老人》、《丁坡公》这几篇东西，正是我改换作风的起点。①

这篇题为《感谢之辞》的回忆里，沙汀深切地感谢茅盾的"诱导之功"。充分肯定茅盾"既不抹煞不合自己吃的东西"，也"不闭起眼睛吹嘘"的批评态度。

四、文艺思想的变化与发展

在现实的革命斗争和文化战线的斗争中，茅盾的思想也在不断地向革命方向转化着。这变化是和整个左联时期的革命者和无产阶级的革命文学运动联系在一起的。

这时期，在许多文章中，茅盾对文艺家的社会使命是很重视的。他不断地提出"立在时代阵头的作家应该负荷起时代所放在他

---

① 转引自《解放日报》1945 年 7 月 9 日第 4 版。

肩头的使命"①；他说"文学是表现时代，解释时代，而且摇动时代的武器"②。在帝国主义加紧侵略祖国和民族的危难日益深重的时候，他彻底否定那些自命风雅、清高的文人，肯定那些懂得"你不管政治，政治却要管你"的好见解。他指出，只有关心当时政治的腐败、社会的混乱，以及文学也有商品化的危险的作家，才会走上前进的路。

诚然，关于文艺家应负荷起时代的使命，早在"五四"时期，就已经为茅盾所提出来了；但这时期的见解，不仅标志着内容的充实，同时反映了在思想上的质的变化。这时期，茅盾抓住了时代的主要矛盾，是从最广大的人民大众的利益出发来看待文艺家所负荷的社会使命和时代使命的。所以他一再强调"必须艺术的表现出一般民众反对帝国主义斗争的勇猛；必须指出无论在东北事件，在上海事件中，各帝国主义者朋比为奸向中国侵略"③。他提出，文艺家应该揭穿帝国主义的国际阴谋，唤起民众间更深一层的反帝国主义的民族革命运动。

针对当时的文艺实际，茅盾提出，无产阶级的革命文艺必须面向生活，不断地扩大题材的范围，把农工大众的斗争生活反映出来。这时期的文坛上，一方面流布着那些颓废的没落的艺术；一方面在革命的进步的文艺家的创作中，仍然存在着生活圈子狭窄，乃至于脱离生活实际的概念化的倾向。茅盾指出："在这时候，鸳鸯蝴蝶也许仍在双双戏舞，可是没有人看；唯美主义的大旗将要挂在书房里，感伤的诗人琴弦将要迸断，公子哥儿将要再没有闲心情沉醉在妹妹风月。朋友！在那时候，只有生活的悲壮的史诗能够引起

---

① 茅盾：《我们所必须创造的文艺作品》，《北斗》1932年2卷2期。
② 茅盾：《文学家可为而不可为》，《话匣子》，良友图书公司1934年版，111页。
③ 茅盾：《我们所必须创造的文艺作品》，《北斗》1932年2卷2期。

看客他们的倾听，震动他们的心弦！"①因此，对于革命的文艺家和青年学徒来说，"生活本身是他们的老师，看客大众是他们的不容情的评判员"，这样"虚心的艰苦的学习，是必需的"。

然而，当时的情况是怎样呢？茅盾在他的文章中描述说：

> ……我们有很多坐在咖啡杯旁的消费者的描写，但是站在机器旁边流汗的劳动者的姿态却描写得太少；我们有很多的失业知识分子坐在亭子间里发牢骚的描写，但是我们太少了劳动者在生产关系中被剥削到只剩一张皮的描写。②

茅盾主张，我们的作家应该向时代学习、向生活学习。要从狭小艺术天地中冲出来，使得大时代的广泛社会生活得到表现、得到反映。他认为都市生活可以写，农村生活也可以写。可以反映"那操纵机械造成失业的制度"；也可以描写农村的破产过程。可以从苏维埃区域（指中央革命根据地）汲取题材，也可以表现统治阶级的崩溃。凡此种种，都可以作为革命文学的题材。他号召说："时代给了我们的伟大的题材，我们必须无负于这样的题材！"③

茅盾指出，文艺创作必须执着于现实生活，但是真正健壮美丽的文艺将是"创造"的。是"从生活本身，创造了斗争的热情，丰富的内容，和活的强力形式；转而又推进着创造着生活"④。在《我们所必须创造的文艺作品》和《蚂蚁爬石像》中他道：

> 文艺家的任务不仅在分析现实，描写现实，而尤重在于分析现实描写现实中指示了未来的途径。所以文艺作品不仅是一

---

① 《茅盾文集》9卷，60页。
② 《茅盾文集》9卷，67页。
③ 茅盾：《中国苏维埃革命与普罗文学之建设》，发表于《前哨·文学导报》1卷8期，署名施华洛。据阿英在《1931年文坛之回顾》中说，施华洛即茅盾。
④ 《茅盾文集》9卷，61页。

面镜子——反映生活，而须是一把斧头——创造生活。①

　　文艺作品是要反映"真实的人生的"。然而一篇文艺作品只能把片段的人生描写了进去。这片段的"人生"或者代表了"全体"，那就是社会生活全体的缩影；这样的作品就可说是"真实人生"的反映。②

我们比较详细地引录了上面的材料，目的在于和茅盾在"五四"以及大革命时期的文艺思想，加以比较和对照。如果说"比较是认识事物通常的，也是有效的一种办法"；那么，我们从发展中可以看出茅盾所走过的道路了。从空泛的为人生的艺术到描写工人大众的人生；从执着写所谓社会黑暗，到要求"分析现实指示了未来的途径"，这个变化无疑是巨大的。自然，这时期的一些见解，也许还不是完整的，也许还只是就某些问题的论述中闪出的宝贵的思想光辉，但是这个发展和变化是无疑的。

　　还可以看出，茅盾在左联时期的一些文艺论述中，已经逐步明确地认识到世界观对于创作的重要指导作用。他不止一处地强调着，必须"研究社会科学"，才可能分析现实，从而把动乱的社会人生反映出来，并且把握到它的伟大时代意义。

　　一九三一年，在一封给青年的信里，就提出了这个问题：

　　……如果问题不在所谓技术的成熟不成熟，（我绝对不相信问题是在这里！）那么，问题就在于作家的宇宙观和人生观了。

　　如果一位青年作家尚怀抱着没落的布尔乔亚的宇宙观和人生观，那他就不能认识动乱的现时代的伟大性，那他就不能够从周围的动乱人生中抉取伟大的时代意义的题材，而加以正确

① 《北斗》1932 年 2 卷 2 期。
② 《话匣子》，良友图书公司 1934 年版，142—143 页。

的表现。——这结果自然而然会使他们的作品内容空虚，情感脆弱，意识迷乱。①

到了一九三二年，在《我的回顾》一文中，茅盾又从自身的创作经验中，提出了这个问题：

> 一个做小说的人不但须有广博的生活经验，亦必须有一个训练过的头脑，能够分析那复杂的社会现象。尤其是我们这转变中的社会，非得认真研究过社会科学的人每每不能把它分析得正确。而社会对于我们的作家的迫切要求，也就是那社会现象的正确而有为的反映！②

这里所说的"社会科学"和"训练过的头脑"来分析复杂的社会现象，指的就是用马克思主义武装头脑，才可能正确而有力地反映现实。这就可以看出，茅盾是以丰富的创作经验参加无产阶级的革命文学运动的。其间，自然有着苦闷和错误，但在马克思主义的学习中，逐渐地使得思想明确起来，承认了马克思主义对世界现实的重要指导作用，并且愿意接受马克思主义的世界，以此来观察世界，从事创作活动。

在文艺实践中，茅盾也努力用批判的精神，总结过去的经验，走向未来。在《我们这文坛》中，他毫不隐讳地认为真正的社会壮健的文艺是"批判"的。这种批判是"在唯物辩证法的显微镜下，敌人、友军，乃至'革命自身'，都要受到严密的分析，严格的批判"③。事实正是这样。这时期，在茅盾一系列锋芒锐利的对敌斗争的论著中，也包含着对于自己思想的不断批判精神。对于民族主义文学的斗争便是一例。在《"民族主义文艺"现形》一文中，为了揭穿敌人对于戴纳（泰纳）理论的剽窃，曾毫不含混地重新谈起他对泰纳的看法。他说：

---

① 答"创作不振之原因及其出路"给编者的信，《北斗》1932 年 2 卷 1 期。
② 茅盾：《我的回顾》，《创作的经验》。
③ 《茅盾文集》9 卷，61 页。

戴纳在他的艺术哲学和英国文学史的叙言中以为文艺产生的三个因素是种族、环境和时机。这在一八六四年当时诚然不失为惊人的议论，可是自从马克司（思）主义文艺理论发展以后，戴纳这理论早已被驳得体无完肤。……

一般地说来，在被压迫民族的革命运动中，以民族为中心的民族主义文学，也还有相当的革命的作用；然而世界上没有单纯的社会组织，所以被压迫民族本身内也一定包含着至少两个在斗争的阶级——统治阶级与被压迫的工农大众。在这状况上，民族主义文学就往往变成了统治阶级欺骗工农的手段。什么革命意义都没有了。这是一般的说法。至于在中国，则封建军阀、豪绅地主、官僚买办阶级、资产阶级联立的统治阶级早已勾结帝国主义加紧向工农剥削，所以民族文学的口号完完全全是反动的口号。①

这篇论文深刻地揭露了民族主义文学的本质，掘了它的祖坟；同时，也可以说是对作家自己过去某些观点的清算。如果说，作家早期在《文学与人生》等文章中，曾受过泰纳思想的某些影响（例如关于"人种"、"环境"、"时代"的观点），那么这时则完全以清醒的态度予以摒弃了。这正是茅盾所提倡的"自身革命"的严格批判精神的体现。

这里还有必要引录茅盾在一九三四年的《答"国际文学社"问》的话。这篇文章，当时在国内并未发表。但它在简要的文字中，概括地总结了茅盾的文学创作的道路。他说：

大概是一九二〇年罢，我开始叩"文学"的门。那时候，伟大的"十月革命"已经建立了世界上第一个无产阶级的国家，可是我们中国方面对于这件创造人类历史纪元的大事业的真相，

---

① 发表于《前哨·文学导报》1931年1卷4期，署名石萌。

知道得很少，特别是关于文化方面。

　　然而对于俄国文学的热情普遍地提起了：那时候，我们还没有和"十月革命"以后的苏俄文学接触，我们还只阅读着托尔斯泰，屠格涅夫，高尔基。

　　我自己在那时候是一个"自然主义"与旧写实主义的倾向者。

　　一九二七年中国大革命失败以后，我开始写小说。对于布尔乔亚的文学理论，我曾经有过相当的研究，可是我知道这些旧理论不能指导我的工作，我竭力想从"十月革命"及其文学收获中学习；我困苦地然而坚决地要脱下我的旧外套。……

这"困苦地然而坚决地要脱下我的旧外套"，道出了茅盾在生活和创作道路上前进的实际情况。我们可以肯定茅盾在左联时期思想的变化是很大的。他努力学习马克思主义理论，并力图以它作为观察现实、从事文艺实践的武器。自然，这种思想、感情和立场的革命转化是有一个过程的。有时在理念上接受了，但在创作实践中完美的体现出来依然不是轻而易举的事。作品中的思想是作家对现实生活充满了感情的能动认识的结果，是借助于丰富的形象和动人的情节体现出来的。对此，茅盾也有他艰辛的探索的历程。《路》、《三人行》便是实例。《路》创作丁一九三〇年冬到一九三一年春，《三人行》完成于一九三一年。这时作者对过去的创作已"憬然猛省而深悔昨日之非"。但是茅盾认为不仅《路》"写得不好"，就是《三人行》也是失败的。《三人行》是在作者要补救过去错误的动机下写作的。作品企图以人物许、惠来陪衬正面人物云，但是由于缺乏对生活和人物的体验和观察，写起来"故事不现实，人物概念化，构思过程也不是胸有成竹，一气呵成，而是零星补缀"①，结果是《三人行》而无

---

① 《茅盾文集》2 卷，498—499 页。

我师焉。作者后来说："徒有革命的立场而缺乏斗争的生活，不能有成功的作品：这一个道理，在《三人行》的失败的教训中，我算是初步的体会到了。"①

然而，这些"迂回而再进"的经验，毕竟是有益的。它也许使我们感到才干来自于奋勉、实践出真知等许多道理。正是通过社会实践、艺术实践的冶炼过程，茅盾逐渐走上无产阶级的社会主义写实主义的道路。这时期，他连续地完成了反映二次国内革命战争时期城市或乡村深广的社会现象的许多作品。长篇《子夜》和农村三部曲《春蚕》、《秋收》、《残冬》等优秀短篇，都是这时期完成的。这些作品题材的范围扩大了，思想内容更加丰富而深刻。它描写了"子夜"的都市生活，展示了"丰收成灾"农村破产的景象，也有力地展示了工人和农民群众日益觉醒的革命斗争。这些作品充分地体现了作家思想和艺术上的进展，显示了无产阶级革命文学发展的业绩。

第二节　长篇《子夜》

一、关于《子夜》的创作

《子夜》是茅盾深刻广泛地反映三十年代初中国社会状貌的长篇小说。这部作品的完成，不仅有力地证实了茅盾在现实主义创作道路上所做的坚实努力，也是"五四"以来新文学发展历程中的重要收获。

这部长篇小说，开写于一九三一年十月，到一九三二年十二月脱稿。就写作时间来说，并不算长（其间时作时辍，总计仅六个多月），但是从生活的体察到创作的孕育准备，是付出了艰辛劳动的

---

① 《茅盾文集》2卷，498—499页。

过程。茅盾告诉我们，这是一九三〇年春天的事，他从日本归来，住在上海。这个时候：

> 正是汪精卫在北平筹备召开扩大会议，南北大战方酣的时候，同时也正是上海等各大都市的工人运动高涨的时候。……
>
> 当时在上海的实际工作者，正为了大规模的革命运动而很忙。在各条战线上展开了激烈的斗争。……
>
> 一九三〇年春世界经济恐慌波及到上海。中国民族资本家，在外资的压迫下，在世界经济恐慌的威迫下，为了转嫁本身的危机，更加紧了对工人阶级的剥削，增加工作时间，减低工资，大批开除工人。引起了强烈的工人的反抗。经济斗争爆发了。而每一经济斗争很快转变为政治斗争，民众运动在当时的客观条件是很好的。①

对于这样的时代和社会特点，茅盾是从丰富的社会生活的各个侧面，从各阶级、阶层的人与人的关系中体会认识的。他说，这时期由于疾病的因由，不能读书作文，于是每天只好访亲问友，在一些忙人中间消磨时光。"我在上海的社会关系，本来很复杂的。朋友中间有实际工作的革命党，也有自由主义者，同乡故旧中间有企业家、有公务员、有商人、有银行家，那时我既有闲，便和他们常常来往。从他们那里，我听了很多。向来对社会现象，仅看一个轮廓的我，现在看的更清楚一点了。当时我便打算用这些材料写一本小说"②。这时"正是中国社会性质论战进行得激烈的时候"③，"把我观察得到的材料和他们的理论一对照更增加了我写小说的兴趣"④。

可见长篇的创作是植根于深厚的生活土壤之中的，是与现实的

---

①②④　茅盾：《茅盾论创作》，上海文艺出版社 1980 年版，58 页。

③　在三十年代，托洛茨基匪徒挑起关于中国社会性质的论战。他们歪曲中国社会发展的规律，胡说中国封建社会是所谓前资本主义社会；把当时的中国说成是资本主义社会，以此来反对中国共产党领导的反帝反封建的民主主义革命。

革命斗争密切关联着的。为了回击托派对中国社会性质挑起的论战，遵循着巧合革命现实主义的创作原则，茅盾对长篇的创作进行了严肃认真、缜密细致的工作。他不仅在构思上用过一番心思，对于生活的体察也是倍加用心的。例如，帝国主义对中国民族工业的侵吞，在作品中是借助活生生的形象体现的。但对这形象的概括，作家是从许多方面对生活进行过剖解的。这从他所写的《都市文学》、《"现代化"的话》中，便可得见一斑了。如：

> 两年前上海有一百零六家丝厂，现在开工的只有十来家。"五卅"那时候，据说上海工人总数三十万左右，现在据社会局的详细调查，也还是三十万挂点儿零。①

对于吴荪甫的形象塑造也是如此。据茅盾说，这人物的创造，并无固定的模特儿。他在同乡故旧之间奔走中，对许许多多的企业家、商人、银行家进行过观察。为此，他曾和经纪人去"观光"交易所的"盛况"。那"冲锋似的呐喊"、"空头"的大胆、"多头"的魄力、经纪人的"本事"，在完成长篇后，仍在许多文章中描述过。这些情况，会使我们想起高尔基在《我怎样学习和写作》中的话来："我并不承认自己是个巨匠，能够创造出和奥布洛摩夫、罗亭、梁桑诺夫等典型与性格在艺术上具有同等价值的性格的典型。但是为了写《福玛·哥尔杰耶夫》一本小说，我不得不观察了几十个对自己的父亲的生活与工作不满意的商人的儿子……"②茅盾的创作过程也大抵如此。离开了对生活的深切体察，离开对一切人、一切生动的生活形式和斗争形式的分析研究，不仅写不出吴荪甫、朱吟秋和杜竹斋来，《子夜》也是难于成功的。

自然，像许多优秀的作品一样，《子夜》的创作绝非作家直感的

---

① 《茅盾文集》9卷，67页。

② 高尔基著，戈宝权译：《我怎样学习和写作》，读书出版社1946年版，65页。其中谈到的梁桑诺夫是指斯莱普错夫的《苦难时代》中创造的平民知识分子的典型。

"材料的表象"，而是充满了感情，能动概括生活所凝铸成的艺术结晶。显然文学创作离不开具体的形象描写，但具体的描写是为了概括。毛泽东同志说："感觉到了的东西，我们不能立刻理解它，只有理解了的东西才更深刻地感觉它。"①茅盾在创作中，也有类似的体会。因此他"从来不把一眼看见的题材，'带热地'使用"，而是"要多看些，多咀嚼一会儿。要等到消化了，这才拿出来应用"②。为了写好这部长篇，消化感性的材料，茅盾曾不断地拟制、修改他的写作提纲。到写作时，整个细纲都条理分明了，这就可见其用心。而在生活素材的综合、概括、改造的过程中，对于复杂现象的开掘，深刻的社会本质的把握，是与作家思想的高度、洞察分析事物的能力分不开的。《子夜》是茅盾参加左翼作家联盟后，在革命文学运动深入发展的形势下进行创作的。这时期，茅盾在较长时期的思想和艺术的探索道路上，已逐渐成熟起来，已经明确认识到"非得认真研究过社会科学的人"，才能正确分析复杂的社会现象。因此，在不断的实践中，他不但可以驾驭宏大的题材，同时能够真切地揭示出三十年代初中国社会关系和阶级关系，反映出那个时期历史某些本质方面来。

　　一个真正的艺术家，总是属于时代的，是和人民革命密切呼应的。正如罗丹所说，"艺术家和思想家好比十分精美、响亮的琴——每个时代的情境在琴上发出颤动的声音，扩展到所有其他的人"③。《子夜》的创作表明，这是一部自觉的以艺术的形式，揭示社会本质回击敌人的书，是一部非常合时的书。这就赋予作品以鲜明的战斗意义。

　　《子夜》出版于一九三三年一月。这时期在文化战线上，形形色

---

　　①　《实践论》，《毛泽东选集》1卷，263页。
　　②　茅盾：《我的回顾》，《创作的经验》。
　　③　《罗丹艺术论》，人民美术出版社 1978 年版，128 页。

色的敌人一面叫嚷不要左翼文学，"我们要看货色"（新月派）；一面
叫嚷要创造所谓脱离政治，超时代的"永久文学"、"伟大的作品"
（"第三种人"、"自由人"）。正是在这一斗争中，茅盾以自己的创作
显示了无产阶级领导的革命文学的实绩，粉碎了敌人诬蔑左翼作家
"左而不作"等等谬论。《子夜》出版后，鲁迅指出："我们在两三年
前，就看见刊物上说某诗人到西湖吟诗去了，某文豪在做五十万字
的小说了，但直到现在，除了并未预告的一部《子夜》而外，别的大
作都没有出现。"①

二、长篇所反映的社会现实

如前所述，茅盾的创作是以深广的社会生活的概括、清晰的时
代轮廓的描写而引人入胜的。时代的风云，错综复杂的社会矛盾，
在他宏伟的艺术构思中，借助人物的活动一幕幕地展现出来。如果
说，把《霜叶红似二月花》、《虹》、《蚀》等作品联系起来，到剧本
《清明前后》的创作，可以看出从辛亥革命到抗战后期历史发展的某
些侧面；那么《子夜》则以艺术的笔触，为我们提供了三十年代初期
社会生活的宏伟画面。

长篇《子夜》的情节，是在一九三〇年五月到七月，首尾将及两
个月的历史背景上展开的。但是它视野开阔，布局宏伟，按照作者
的意图，要努力以巨大的社会容量，反映出"子夜"的社会状貌。作
品反映了在"工业的金融的上海"社会里，买办金融资本家、反动工
业资本家及革命工作者、工人群众，不同的社会集团和阶级的人
们，构成尖锐复杂的矛盾搏战的图画。在集中揭示城市生活的同
时，小说描绘的画面也转向了农村，那里日趋土崩瓦解的封建地主
势力依然凶残地抗拒着风起云涌的农民斗争。在金融市场、工业厂

---

① 鲁迅：《文人无文》，《伪自由书》，人民文学出版社 1981 年版，79 页。

区、农村生活三个方面的概括中，作家提出了中国社会性质的重大课题。作品揭示"子夜"的中国社会，在帝国主义经济的横暴侵袭、军阀战乱和国民党的反动统治下，国家日益陷于危难、民族工业日益沦为破产的境地。作者说，这部长篇所要回答的只是一个问题，"即是回答了托派：中国并没有走向资本主义发展的道路，中国在帝国主义的压迫下，是更加殖民地化了"①。

在《子夜》众多的人物画廊中，对于吴荪甫、朱吟秋、王和甫等民族资产阶级的刻画有着深刻的意义。借助形象的力量，作品揭示了二次国内革命战争时期民族资产阶级的历史处境：他们和帝国主义、买办资产阶级有着矛盾；同时又依附敌人，残酷地压榨工人，从而与工人阶级构成尖锐的矛盾。吴荪甫的典型意义，正在于他鲜明地表现了民族资产阶级的反动性和软弱的特质，以及他们背叛了人民，依附地主资产阶级走上反动道路的历史悲剧。

从最初几章起就展开了在公债交易所和企业上，吴荪甫和赵伯韬之间互相角斗、"在血肉相搏的噩梦中呻吟"的景象。代表着美国银团托拉斯和南京政权势力的金融买办赵伯韬一开始就以进攻性的威力，笼络、控制着周围的人们，制约着吴荪甫的行动。他放纵而高傲地说：

> 中国人办工业没有外国人帮助都是虎头蛇尾。……哈，哈！吴荪甫会打算，就可惜还有我赵伯韬要故意同他开玩笑，等他爬到半路就扯住他的腿：三个月后再看罢！也许三个月不到！

从这狂妄的言词间，不仅透露出他依赖于帝国主义势力侵吞中国民族工业的野心，而且也揭示着他在幕后的一连串的阴谋活动。这种野蛮的行径和吴荪甫等人从民族资产阶级的意欲出发，企图使自己

---

① 茅盾：《〈子夜〉是怎样写成的》。

工厂的产品"走遍中国的穷乡僻壤"的幻梦，自然是矛盾的。这种矛盾虽然具体地反映为公债证券交易所间"多头"与"空头"①的斗法。但是它的背景显然要远为复杂、剧烈得多。这使奔走于两巨头之间的李玉亭也不能不承认，"赵伯韬和吴荪甫的纠纷不是单纯的商业性质"。可以理解，民族资产阶级这个时期虽然依附于蒋介石的反动政权，但是并未获得这个阶级所期望的出路。由于国民党反动派更加露骨地投降帝国主义，由于国际资本主义势力在中国的竞争和侵袭，以及军阀战乱的结果，使吴荪甫等日益生产停顿、滞销，资金周转不灵，虽力图与赵伯韬斗争，但终于陷入无力自拔的境地。因此，这个不是"在商言商"的人物吴荪甫，当双桥镇被农民武装攻陷后，便不能不从"双桥镇的治安负责者，联想到一县一省以至全国最高负责者，他的感情和情绪便更加复杂了"。他一面依附于国民党反动派，同时也寄希望于汪派军阀身上，这就加剧了吴荪甫和军政界有联络的赵伯韬的斗法的复杂性。正形同于裕华丝厂黄色工会中钱葆生和桂长林的矛盾，雷参谋和军人黄奋的矛盾一样，不单纯是个人利害的冲突，而是和当时军阀间的派系斗争曲折地关联着的。

作品反映中国内部各派军阀的矛盾和斗争，幕后都是在帝国主义操纵下进行的。贯穿作品整个背景的是以美帝国主义为后盾的蒋介石集团，和以日本帝国主义为后盾的阎锡山、冯玉祥之间的战争——蒋、阎、冯的中原大战，正是这种复杂矛盾关系尖锐、对立的表面化。这些复杂的矛盾，在作品中或者正面或者侧面，都得到不同程度的反映。

恩格斯曾指出，资本家在贪得无厌和利欲熏心的情况下，竞争是不可避免的。这互相吞并、你死我活的竞争，不仅在国际资本主

---

① 空头，在公债市场上抛出（卖出）证券；多头，买进证券。

义与民族资产阶级间进行，"在社会各个阶级之间进行，而且也在这些阶级的各个成员之间进行；一个人挡着另一个人的路，因而每一个人都力图挤掉其余的人并占有他们的位置"[①]。这种状况在二十世纪三十年代的中国社会中也大体如此。《子夜》在一定程度上提供了这方面的认识价值。吴荪甫为了在竞争中吞并同业，逃脱自己不能自拔的境地，其结果是"吴荪甫扼住朱吟秋的咽喉，赵伯韬又从后面抓住吴荪甫的头发，他们拼命角斗"。吴荪甫像狼一样地吞并了许多工厂，最后他的裕华丝厂也不得不出盘。作品深刻地揭示了这个阶级的本质和历史命运。

为了转嫁自身的危机，吴荪甫这个反动的工业资本家更苛酷残暴地压榨工人：延长工时，减低工资，收买工贼。依靠反动军警、流氓镇压工人运动，于是资本家和工人阶级之间的矛盾愈加尖锐地反映出来。工人阶级求生存、争取解放的吼声和抗争的巨流，冲破了裕华丝厂的牢门，也不断地冲击着"子夜"的黑暗社会。作品中上海的工人罢工、"五卅"纪念日的游行示威和农村中万千农民武装攻占双桥镇，活捉曾扒皮的情节，以及侧面反映的红军革命的胜利发展形势，都不同程度地显示了日益深入发展的革命力量。这斗争反映了人民大众和帝国主义、官僚资本主义、封建主义的根本矛盾。长篇《子夜》对这方面的反映，虽然有着缺欠，但作家的态度是明朗的。在许多情节、细节的延展中，贯注着作家革命的激情和对反动黑暗势力的批判、鞭挞的力量。例如，小说第四章在描写双桥镇农民运动时，真切地揭示了趁火打劫、杀人行凶者恰恰是曾家驹之流的行径。借助杜学诗的嘴，对那个拿第二十三号国民党党证的野狗似的人物骂道："见鬼！中国都是被你们这班人弄糟了的！"这是多么痛快淋漓的笔墨！无怪国民党的"检查老爷"，给它加以"鼓吹阶

---

① 《马克思恩格斯全集》2卷，359页。

级斗争"、"讥刺本党"的罪名。按照茅盾的创作构思,这部长篇的原名为《夕阳》。在现存的手稿上,在《夕阳》的标题旁,便横书着英文 *The Twilight：A Romance of China in 1930* 的字样,大意就是暮,夕阳,一九三〇年发生在中国的一个故事。小说的第一章在《小说月报》发表时,仍题为《夕阳》,在全书正式出版时改为《子夜》。这"子夜"的概括就更为准确而深刻了。"子夜"是黑暗的时刻,但这正是黎明前的黑暗,对于中国人民即将冲破子夜的社会黑暗走向黎明的确信,构成了《子夜》的重要思想内容。

长篇《子夜》的内容是深刻的,也是十分丰富的。《子夜》反映政治、经济领域中的斗争,引起了当时经济、历史研究者的兴趣,在他们的专著中曾郑重地推荐《子夜》,认为这是对于了解旧中国的经济特点有很大帮助的书;《子夜》同时对社会生活的许多方面,也进行了典型的概括。作品反映出在"子夜"上海这个"冒险家的乐园"中人们之间毫无忌惮地以金钱为中心的利害关系。在这冷酷的"现金交易"世界里,贪婪、倾轧、伪善,一切道德、伦理、家庭等人们现存的关系都在崩溃,而代之以用各种手段追逐金钱和奢侈、享乐的堕落行为。在作品中,我们看到吴老太爷和吴荪甫之间的父子关系,不过是既成的形式上的名义而已。"悲痛"的吴老太爷的丧事,给吴荪甫带来的是贪婪无厌的对利润追获的机会和投机钻营的兴致。同样的,吴荪甫和杜竹斋的亲戚、伦理关系也只是一种虚伪的标记,真正左右他们的只能是金钱。因此,当吴荪甫在公债市场上与赵伯韬在胜败关键的厮杀斗法中,为了个人的利害迅速帮助赵伯韬战败吴荪甫的正是杜竹斋。这关系在封建地主冯云卿身上则表现得更为鲜明和露骨:为了捞回在公债市场上沉下去的血本,梦想着从穷光蛋一跃而变成百万富翁,他甚至教唆自己的女儿——冯眉卿去献美人计,从大块头赵伯韬那儿钻营、骗取消息,在这糜烂的气息中,铜臭欲剥落了伦理、道德的假面,使人们之间的利害关系原形毕现。追逐、诱惑、利用、暗算，一切都是为了"快快发财"，而社会道德被"人对人是狼"这个残酷的公式侵吞着。

作品反映出在"子夜"的社会里，所谓"圣洁"的爱情也同样逃不开金钱的魔爪。正是由于这个因由，使得杜竹斋反对杜学诗与林佩珊结婚。像杜姑太太说的："都是你（指杜竹斋）嫌他们林家没钱。"另一个经济学教授李玉亭对张素素的爱情追求，也很快就冷淡和失望了。对此，吴芝生和范博文的一段对话是揭露得很深刻的：

吴："……你还不知道李教授对于素素也感到失望呢!"

范："什么! 灰色的教授也配——"

吴："也有他很配的，例如在铜钱银子上的打算。"

范："哦——又是和金钱有关系?"

吴："怎么不是呢! 因为李教授打听出素素的父亲差不多快把一份家产花完，所以他也失望了。"

这表现是深入肌理的，就其实质说，这种婚姻和爱情是和像物件一样被赵伯韬所玩弄的刘玉英没什么差异的。文学作品的情节和细节是展示思想的手段，从诸关系的映现中，作家深切地揭示出了资产阶级的爱情和婚姻等等商品化的特质。

至于那些挂着诗人、教授、律师招牌的人，不过是"依赖钱袋，依赖收买和依赖豢养"①的寄生虫而已。作品中的经济学教授李玉亭、律师秋隼，不正是这类角色吗? 当吴荪甫在鼎盛的时候，他们是吴公馆的知己、上客，终日为吴府奔忙；当吴荪甫日暮途穷、不能自拔时，这些挂着各种招牌的人物，便又嚷嚷笑笑地簇拥着那个身材高大的汉子——赵伯韬去了。

诚如马克思、恩格斯所说："资产阶级抹去了一切向来受人尊崇和令人敬畏的职业的灵光。它把医生、律师、教士、诗人和学者

---

① 《党的组织和党的文学》，《列宁选集》1卷，650页。

变成了它出钱招雇的雇佣劳动者."①在这里，"金钱代替了刀剑，成为社会权力的第一杠杆"②。

综上所述，可以看出长篇《子夜》的思想内容是异常丰富的。它在许多方面揭示出三十年代初社会生活中错综复杂的矛盾，表现出在帝国主义的横暴侵袭和国民党反动派的统治下，国家日益危难、民族工业日益破产的景象；与此同时，也对上层社会的道德、伦理等现存关系的许多侧面进行了揭露和抨击。它揭示了旧中国的社会性质，把许多黑暗现象集中"典型地突现出来"，从而有力地否定了国民党统治下的现存秩序，回击了敌人。对于日益发展的革命形势的描写，虽欠完美，而且在当时的情况下，有些描写"不得不用暗示和侧面的衬托"的方法加以表现，但无疑仍是作品的重要组成部分。这就使长篇《子夜》以明显的政治倾向而发挥着战斗作用。

文艺作品总是借助形象而生发思想光辉的。在长篇《子夜》的艺术形象画廊中，塑造出一系列的具有生命力的艺术典型。自然，这些品评也许是太社会化、道德化了，但是艺术的生命总是和时代密切关联着的。如果想到三十年代的革命风云，左翼作家所追索的理念，便可以理解这艺术的运作是与时代的风潮相依存的。无怪《子夜》出版后，鲁迅和瞿秋白的褒举品评了。

三、吴荪甫的形象

长篇《子夜》的主人公吴荪甫是第二次国内革命战争时期民族工业家的典型。这个人物在作品中是一切事件和人物联结的核心、矛盾的焦点，在纷纭复杂的客观情势中，作品丰满地显示出他的性格特点和无法摆脱的历史悲剧。

---

① 《共产党宣言》，《马克思恩格斯选集》1卷，253 页。
② 恩格斯：《反杜林论》第 3 编"社会主义"，《马克思恩格斯全集》20 卷，282 页。

吴荪甫是有他自己的生活经历的。凭借他游历欧美所获得的见识和同业中过人的智谋和手腕，在实业界中他往往以胜利者自居，从而在社会上取得了举足轻重的地位。作品描写他不仅在家庭中是威严的化身；也不仅使"戴生昌轮船局"的小职员们肃然起敬，大呼"三爷"的人物；就是在同业界中，只要他的"调度"讲出来，大家便会异口同声地说："三爷的划算决不会错到哪里去的！"无疑的，这种地位和经历形成了他的敢作敢为、刚愎的气质和狂妄的自信和野心。他认为，"中国官办民办的实业跑到洋商那去了，这是因为那些人不会经营的结果"。他有着宏大的资本主义王国的梦幻，憧憬着有一天"高大的烟囱如林，在吐黑烟；轮船在乘风破浪，汽车在驰过原野"，而他自己就是这王国的主宰者。在这种野心和欲望支配下，他"一只眼睛瞅着政治，那另一只眼睛，却总是朝着企业上的利害关系"。他想依靠自己的"铁腕"，组织益中信托公司为大本营，不仅吞掉一些小厂，同时在金融界中也想取得优势，然后使他工厂的货物走遍中国的穷乡僻壤。这就促使他和美国银团势力的买办、掮客赵伯韬发生矛盾冲突。在这方面我们看到他和"又狠又笨"的朱吟秋和买办性十足的周仲伟截然不同的性格，看到他刚愎的作为和"事业"（即恩格斯说的"快快发财"）的雄心。这时候，他俨然像是"真老虎"了。所以茅盾说，这是当时民族资产阶级中间比较有"事业心"的人们的典型。

可见，吴荪甫的形象是作家以革命的现实主义创作准则能动地概括生活的结晶。由于从时代、社会生活的泥土中来塑造这个人物，因此使吴荪甫的性格具有可信度；同时深刻的观察不仅揭示了客观世界的矛盾，而且也使得事物间的细微差异显露出来，这样才能形成吴荪甫、杜竹斋、朱吟秋、周仲伟等资本家不同的性格，使他们各以自己的声态举止活在作品中间。

列宁说："个别一定与一般相联而存在。一般只能在个别中存在，只能通过个别而存在。任何个别（不论怎样）都是一般。"①艺术上的典型是个别与一般的统一，是通过个别体现着一般的。吴荪甫的事业雄心和刚愎作为，是建立在贪婪无厌的利润追获上的，资产阶级的残暴、凶狠的特质，渗透在他每一根血管里。为了获得利润、实现他的幻梦，吴荪甫不仅蚕食鲸吞、排挤同业，更绞尽脑汁，用软硬兼施的手段压榨和剥削工人：延长工时，减低工资，收买工贼，开除工人。在这方面他和反动政府沆瀣一气，依赖着国民党反动军警、牢狱，来镇压工人和农民的革命斗争。他恶毒地诬蔑农民革命为"匪祸"、"土匪"。他咬牙切齿地说，要给"那些穷得只剩一张要饱吃的嘴"的工人一点颜色看看。甚至当他惨败时还顽固地说："我正想去看看那红军是怎样的三头六臂了不起！光景也不过是匪。"这正是三十年代反动工业家的阶级本质的充分暴露。

但是吴荪甫的精神力量和行动毕竟是软弱的。这种软弱的本质和他的刚愎毒辣融合在一起，矛盾着、对立着而又统一在他身上。他和赵伯韬有矛盾，但是现金和白银的链条又使他和买办赵伯韬、封建余孽尚仲礼在开头时勾勾搭搭，图谋买通军阀，钻营利润；他对军阀战乱是不满的，可是公债市场上的投机又使他盼望着军阀战争不要马上停下来；他不满封建势力，却又不能与之割断千丝万缕的联系。为了扩展资本，他把一只脚伸向农村，进行高利贷、钱庄、当铺之类的剥削。这一切在他身上都是那么真实，自然地显示着中国民族工业家的特点。

至于在工人、农民的革命力量面前，他的虚软本质就更暴露无遗了。他虽极度表现得很镇静，"从来不让人家看见也有……苦闷沮丧的时候，就是少奶奶也没有机会看到。他一向用这方法来造成人们对于他的信仰和崇拜"。但每当雷震一样的工人、农民运动的

①　《列宁全集》38 卷，409 页。

消息钻进他的耳鼓，那"一种铁青色的苦闷和失望"就会立刻"在他酱紫色脸皮上泛出来"，甚至坐在备有钢板和新式防弹玻璃，并有带枪的保镖护守的汽车里，心也在"卜、卜"地跳着。吴荪甫终于从他反动阶级的视角看到一种趋势，他对屠维岳说：

> 维岳！你虽然能干，可是还有些地方你见不到呀！那不是捉得完的！那好比黄梅天皮货里会生蛀虫一样自然而然生出来！你今天捉完了，明天又生出来！除非等过了黄梅天！可是我们这会儿正遇着那黄梅天，很长，很长，不知道到什么时候完的黄梅天！

这自然是一派反面的道理，但却真切地从反面揭示了历史发展的必然趋势。这种逼人的革命形势，使吴荪甫从内心深处产生惶恐和不安。这时候他就不得不露出"纸老虎"的面貌。

吴荪甫最后失败了。这个富于冒险精神而且不肯"妄自菲薄"的人，愈来愈感到夹在"三条火线"中，"简直是打仗的生活！脚底下全是雷，随时会爆发起来，把你炸得粉碎"。吴荪甫的悲剧深刻地揭示着民族工业家这个阶级背叛人民追随国民党反动派的必然的历史命运。茅盾说："中国民族资产阶级中虽有些如法兰西资产阶级性格的人，但是因为一九三〇年半殖民地的中国不同于十八世纪的法国，因此中国资产阶级的前途是非常暗淡的。"①这就说明，决定吴荪甫命运的不是他的算盘和手腕，而是外资的铁掌。所以在赵伯韬的强烈侵袭下，他的一切希望和努力都宣告破产。这现实又逐渐地影响决定着他的精神状态。随着现实的变化，吴荪甫的魄力和果断也动摇起来。平日的冷静、微笑时时转化成震怒，酱紫色的方脸变得苍白而又灰颓，魁梧的身材陷于瘫软无力。这时候，资产阶级特征性的糜烂生活，更加露骨地表现出来。甚至在众叛亲离、百感

---

① 茅盾：《〈子夜〉是怎样写成的》。

交集时，"他蓦地一声狞笑，跳起来抢到书桌边，一手拉开抽屉，抓出一支手枪来，就把枪口对准了自己的胸口。他的脸色黑里透紫，他的眼珠就要爆出来似的"。——这和故事开端时的吴荪甫几乎判若两人，但在这一情势下复杂的心理状态，却真切而又自然。

由此可见，《子夜》借助具有鲜明性格的人物，在吴荪甫这个社会典型的塑造中，有力地揭示了中国民族工业家的意欲和挣扎，他们的软弱性和反动本质以及这个阶级无法逃脱的历史悲剧。周扬同志当时在一篇文章中说，"《子夜》里面的吴荪甫是一个具有刚毅果敢性格的人物。这个人在那以软弱、无能、屈服为共同特色的中国民族资产者群里，不能不说是特殊的，但在他的性格的发展、矛盾和最后的悲剧里，我们却读出了中国民族资产者的共同命运"①。

四、赵伯韬的形象

长篇《子夜》中赵伯韬的形象也是深具典型意义的。在这个人物身上揭示出买办资产阶级的野蛮、狡猾以及精神空虚的腐朽特质。赵伯韬异常放纵、高傲，他的每句话后面都显示着像得到主人娇宠的鹰犬似的狂妄、卑劣的气质。他说："中国人办工业没有外国人帮助都是虎头蛇尾。"所以他是那样心悦诚服地做了美国金融资本的买办捐客。他成了公债市场上的魔王，拉拢收买一些喽啰操纵交易市场，进一步控制民族工业，代行主子的意图。

靠着这种"得天独厚"的地位，以及和"军政界有联络"，在"子夜"的上海社会里赵伯韬练就了一套狡诈的手段。他老奸巨猾，流氓成性。派头大、手脚长，惯会制造谣言、兴风作浪。他可以买通军阀，也可以运用"国内公债维持会"的名义，借政治的压力控制公债市场。所以多疑的杜竹斋早就感到他是一个"神通广大，最会放

---

① 周扬：《典型与个性》。

空气，又和军政界有联络"的人。因此，在和吴荪甫的斗法中，赵伯韬始终掌握着进退的"把柄"，他骄傲、轻妄地对吴荪甫说："老实说，朱吟秋押款那回事，我不过同你开玩笑……你们疑心我到处用手段，破坏益中；哈哈，我用过一点手段，只不过一点，并未'到处'用手段。"这种得意忘形的谈吐，十足地表现出这个老奸巨猾的人物在胜利时的精神状态以及他狡诈的心机。

在揭示赵伯韬的性格时，对他荒淫无耻的生活面的解剖也获得了一定的社会意义。资本主义势力侵袭下的上海社会是"冒险家的乐园"。随着以金钱为转移的社会关系的深化，必然造成一些人精神生活的空虚，把正常的健康的生活现象转化成罪恶的兽性的东西。因此，生活上的荒淫与无耻和赵伯韬在公债、金融市场上骄横和贪婪一样，同时显现在他的身上。他不仅扒进各项公债也扒进各式各样的女人。开旅馆、进舞厅、看跑狗、逛堂子、上夜总会、弄轮盘赌，成为他空虚的精神生活的寄托。他无耻地说："人家说我姓赵的爱玩，不错，我喜欢这调门儿。"这种把社会生活视为动物性本能的最卑劣的表现是买办掮客赵伯韬最腐朽的世界观的体现。

赵伯韬的形象，在很多方面是从和吴荪甫的斗法中表现出来的。作家有力地暴露这些黑暗社会的代表人物，揭示其丑恶的思想和灵魂予以鞭挞，是具有深刻的认识作用的。但是与吴荪甫的形象比较起来，赵伯韬的形象刻画似乎显得单薄了一些。同样作为一个买办洋奴，固然有其放纵、狡诈，"狗的英雄主义"的一面，但其在主子面前俯首帖耳的奴颜媚骨、狗性十足的一面也是有其特征性的，而这在"子夜"的上海社会，也是较为重要的。对于这个方面的揭示，作家似乎在作品中还未能加以有力反映。

五、屠维岳的形象

吴荪甫相信自己，同时也不止一次地想着："外国企业家果然有高掌远跖的气魄和铁一样的手腕，却也有忠实而能干的部下，这样才能应付自如，所向必利。"这个为寻找得力部下颇为焦虑的资本家终于在丝厂的账房间办庶务的人员中，找到了自己得心应手的奴仆，这便是屠维岳。

屠维岳是吴荪甫赏识的人。这个人物的性格和吴荪甫在许多地方有相像之处。如果从某种意义上说，赵伯韬的形象和吴荪甫的形象塑造是相反相成的；那么不妨说屠维岳和吴荪甫则是在相辅相成中加以表现的。吴荪甫有着刚愎狠毒的特质，屠维岳则是"性子刚强"、"机警"干练，有胆量而又诡诈的人。他的每一句确定不移的回话都会引起吴荪甫的赞许。他的脸上可以抵挡住吴荪甫在盛怒咆哮时尖利狞视的目光。如此，吴荪甫镇压工人运动时，信赖屠维岳所说的"工潮不久就可以结束"，这就是为什么屠维岳能从一个每月二十元薪水的小职员，被提升、重用为调度全厂人事总管的道理。

列宁在《奴才气》一文中指出："奴才的地位使奴才必须把一点点爱人民的行为结合起来，这必然使作为社会典型的奴才是虚伪的。"[①]这个经典的论断可以帮助我们理解屠维岳的形象。按照主人的意旨，屠维岳一面以"小军师"的阴险手段，密布网罗，跟踪盯梢并企图借反动军警的武力，强迫工人复工、平息工人运动；一面则装得正正经经，假仁假义用甜腻腻的话语，来模糊工人的意识，从思想上分裂和瓦解工人的斗争力量。险恶的用心和强暴的手段都是屠维岳的"拿手戏"。这一切都是为了消灭工潮，为"三先生"干得更好。

屠维岳的行动也揭示着敌人内部的矛盾。作品反映当时社会上权势搏斗，利害冲突的反动派别争端，在丝厂中也得到曲折复杂的体现。在黄色工会中，我们不但看到汪派势力的桂长林、王金贞；

---

① 《列宁全集》29卷，495页。

也看到了属于蒋派势力的钱葆生、薛宝珠等工贼的活动。屠维岳正是运用借刀杀人、收买心腹的种种手腕巩固自己权势的。屠维岳及其周围人物的描写体现了"子夜"社会中权势相争、尔虞我诈的许多特征。

六、地主阶级的群像

在深广地反映"子夜"的社会生活时，对地主阶级的各种典型人物的描绘，作品也给予很大的注意。吴老太爷、冯云卿、曾沧海这些不同性格的封建地主，在作品中都获得了自己的生命。

吴老太爷——这个虔奉《太上感应篇》的封建"古老僵尸"，一到工业的、金融的上海马上就死去了。作品不仅借助这形象展开了全部故事，而更为主要的是企图以吴老太爷的形象来表现（象征）封建古老旧社会的崩溃和瓦解。作品借助范博文的嘴指出："老太爷在乡下已经是'古老僵尸'，但乡下实际就等于幽暗的'坟墓'，僵尸在坟墓里是不会'风化'的。现在既到了现代大都市的上海，自然立刻就要'风化'。"

作者似乎也感到上述理念的东西，转化成活生生的形象在短短的篇幅中表现出来是很不容易的事，所以尽力在寻求吴老太爷自己的生活规律。作品写道："老太爷在乡下是多么寂静，他那二十多年足不窥户的生活简直是不折不扣的坟墓生活！他那书斋，依我看来，就是一座坟！今天突然到了上海，看见的，听到的，嗅到的，哪一样不带有强烈的太强烈的刺激性？依他那样的身体，又上了年纪，若不患脑充血，那就当真是怪事一桩！"

如果说，作家力图表现封建的"古老僵尸"的吴老太爷到上海后就必然会"风化"，就是在乡下也是逐步地"风化"着，那么在笑面虎冯云卿身上，则又看到他自己的"生机"。这个精通"长线放远鹞"的盘剥者利用孙传芳军队过境的机会，挤上了家乡的"政治舞台"，过起饱暖荒淫的生活；做了"海上寓公"后也在交易所的风风雨雨中做起手脚来。茅盾在《"现代化"的话》中说，"这中间的'冲锋'，'呐喊'，都叫乡下土财主瞪大了眼睛莫明其妙"①。这使冯云卿"一跤跌得厉害"，但却没有"风化"。碰壁打开了他的眼界，更露骨地发展了他为达到发财的目的不择手段的本性，撕毁了这"有面子地主，诗礼传家"的封建观念和"羞耻心"。如此，姨太太成为他保证生活上"太平无事"的"特殊势力"人物，而女儿则成为他公债市场上捞本的工具。

这就可见，在冯云卿身上既反映了资本主义势力对封建宗法关系和道德信念赤裸裸的破坏，也反映了封建地主阶级在"子夜"社会的相适应性。旧中国"子夜"的上海社会，本来就是光怪陆离的大杂烩。买办金融家、民族工业家以及封建的地主都寓集其间。冯云卿初到上海虽跌过跤，但终于找到了生机，可想而知，如果他获得了尚仲礼的经历、地位，同样会和赵伯韬更紧密地勾结起来而兴妖作怪；和封建"古老僵尸"吴老太爷相比却愈来愈不同了。他们虽然都是封建社会秩序的支柱，但不同的经历培植了不同的性格。

在老地头蛇曾沧海的形象里，长篇《子夜》则正面地勾画出一个恶毒、世故地骑在农民头上的吸血鬼。曾沧海自称为"识途老马"，实际上他所识的是屠杀、欺诈和盘剥农民之"途"。暴动的农民抓住他时说："哈，看来你又是国民党？"他说："不是，不是，我最恨国民党，孙传芳时代我帮助他捉过许多国民党，枪毙过许多。"这不打自招的供状，全盘托出他血债累累的反革命的历史。就是在这条路上，他以包揽诉讼的刀笔，勾结地痞流氓贪婪刻薄地剥削农民、霸占民妻，成为双桥镇上的土皇帝。所以农民抓住他时，愤怒地控诉："老剥皮放印子钱，老剥皮强夺我们的田地！""老狗强占了我的

---

① 《茅盾文集》9 卷，169 页。

老婆！叫警察打我！"

　　作品深刻地揭示出曾沧海性格中恶毒而又世故的特征。这个地主阶级世代"经验"所培植起来的人物，在国民党"新贵"的统治下，是有些感到"人老不值钱"了。不过这些微小的矛盾，并没有也不会使他收敛看风使舵的心机，所以当他看到那野马似的儿子，拿出黑色的"第二十三号"国民党证时，立刻就感到钻进"新贵"之门的机会到了，他连声郑重嘱咐："收藏好了，收藏好了！"于是他倒出了满腹的"经纶"：镇上的私烟灯有多少，几家暗娼，前街的三姑娘接几个客人，卡子上一个月漏进多少私货。更其郑重地说："阿狗！我探得了一个重要消息(指农民暴动)，正想上公安局去报告，现在就派你去罢！你刚进了党……办一件大事，挂一个头功！——哈，机会也真凑巧，今天是双喜临门了！"这是多么渊博的"学识"呵！作为一个老地头蛇、包揽诉讼的老手、"识途老马"的土皇帝，除了收截以人民的血去接近"新贵"的"消息"外，也只能大量的贮备一些发霉的"垃圾"，作为他投机钻营、敲诈勒索的法宝，以充塞他那丑恶的灵魂。在这深刻的写照中，作品把典型的个性和共性有机地统一起来，使曾沧海成为封建地主阶级中活生生的"这一个"。

七、其他人物的描绘

　　按照茅盾原来的构思，这部"大规模地描写中国社会现实"的书，是要把一九三〇年的《新儒林外史》的部分写进去的。现在虽然在结构上紧缩了，但以吴府为中心仍然广泛地提供了一些上层社会的各种妇女和知识分子的形象。他们各具不同的精神面貌，同时又不同程度地显示出"子夜"的社会对他们的制约和影响来。

　　在群体女性中间，林佩瑶是在"五四"社会思潮的启迪下成长起来的女性。她读过许多外国古典的文学作品，满脑子是"俊伟英武的骑士和王子的影像"，但这美妙的憧憬不能不受现实的制约。因此，她终于变成了二十世纪纺织工业"王子"的主妇。资产阶级华丽的客厅——"壁上的大幅油画，梁上的古玩，瓶里的鲜花，名贵的玩具，还有，笼里的鹦鹉"，虽然投合她的心理使她满意，但只顾往手中扒钱扩张实业的丈夫是不能满足这种资产阶级女性的多方面的需要的。她感到生活"缺少了什么似的"，忧郁而苦闷，可是她并没有力量和勇气冲破这种生活的樊篱，所以只能抱着那朵枯萎的白玫瑰和《少年维特之烦恼》过着两重性生活，成为"金丝笼中的金丝鸟"。在林佩瑶的形象描写中，也许会使我们想起列宁关于"饱食终日"、"百无聊赖"的"贵妇人"的话罢！作品对在资本主义观念制约下生活的极端贫乏和空虚的某些特点，是揭示得很深刻的。

林佩瑶觉得林佩珊与自己有些相近，像她"自己未嫁前的影子"，但这个尚未失去天真稚气的女性，却早为资产阶级思想所侵袭。她不仅习惯于那种无志向的空泛的生活，而且在恋爱观上也自然地认为谁都可爱又都不可爱。她觉得"老和一个人在一处多么单调"：她和范博文好过，后来又和杜新箨好起来。可是她依然觉得"要和小杜结婚，我一定心里还要想念别人"。显然，颓废的享乐的资产阶级恋爱观、道德观，已经腐蚀了她的心灵，以致使她失去了健康的生活准则。

和林家姐妹不同，四小姐蕙芳是吴老太爷扶持长大的"玉女"。到了上海后，她从封建的道德观念所筑起的深闺中，突然生活在赤裸裸的资产阶级环境里，便引起剧烈的"心灵上的变化和感情上的冲突"。她觉得林佩珊和杜新箨谈笑戏谑很惬意，但自己却和这生活隔着厚厚的障壁，感到自己的心里有一根不知什么时候生根而又无法拔去的线，总牵着她使她不能自由地和男人说笑。她孤独、苦闷，终至产生一种变态心理，想以《太上感应篇》的法宝来"清心寡欲"。可是这个法宝在"子夜"的社会里，显得多么无用，是无法帮助她逃避现实的。她虽然"眼观鼻，鼻观心，刻意地念诵那《感应篇》的经文”，无奈那唪唪的汽车叫、男子的皮鞋声、悠扬婉妙的钢琴声以及男女混杂的热闹的笑，都像刺一样钻进她的耳朵，使她流泪、悲叹，以至要自尽、吞金或者投缳！作者不仅揭示了这种种矛盾，同时也反映出人们的思想、性格在一定的社会环境、教养下形成，也在一定社会环境的影响、制约下转化着。四小姐终于经过尖锐的矛盾过程，在张素素的帮助下抛弃了《太上感应篇》，逃出家庭。这个过程倒使我们想到资本主义的生活方式和思想对封建道德观念的冲击力量。

在吴府周围的女性中，张素素似乎比较清醒些，她口头上还不时讲出资产阶级生活是“堕落”之类的话，在“五卅”游行的时节我们还看到她的身影。不过，那依然是革命的胆怯的旁观者的样子。至于刘玉英、徐曼丽等人物，无疑是属于“子夜”社会里寄生的商品化了的人物。

其次，长篇《子夜》中对知识分子群像的描绘，也是各具特点的。其中经济学教授李玉亭和律师秋隼是有些相近的人物。他们虽然职业不同，但都是资产阶级金钱世界的奴仆。李玉亭的经济学理论是：“无论如何，资本家非有利润不可。不赚钱的生意根本就不能成立。”秋隼的理论更为明显，他开口就是“劳资双方是契约关系，谁也不能勉强谁的”。他们极力用自己的谎言使资本家的剥削合理化，而求得资本家的豢养。因此，他们也和其主子一样畏惧并敌视革命。

在杜家叔侄——杜学诗和杜新箨的形象里，作品显示了“子夜”社会中统治阶级所培植起来的后裔工科大学生杜学诗，对国家、工业的展望是倾心仰慕着独裁专制的。他说：“国家的舵，应该放在刚毅的铁掌里……任何人不能反对这管理国家的铁掌。”至于杜新箨，“中国是怎样复杂一个社会，他是向来了解的；也许就为的这一点了解，所以在法国的三五年中，他进了十几个学校。他试过各项学科：园艺、养蜂、采矿、河海工程、纺织、造船，甚至军用化学、政治经济、哲学、文学、艺术、医学、应用化学，一切一切，他都热心学过几个星期或几天"。因此才得"万能博士"的雅号。显然，具有如此广博的"专长"，在半封建半殖民地的中国是为国际资本主义所欢迎的"人才"，是适合做一个洋奴买办的。事实上杜新箨在思想上早已投靠了帝国主义。他认为"中国这样的国家根本就没有办法"，而人民的革命运动则是所谓没有教育的冲动罢了。——在他看来，这自然不会出乱子，因为他"信任外国人的维持秩序的能力"。可以想见，这种论调是和赵伯韬的"中国人办工业没有外国人帮助都是虎头蛇尾"，是相像而又合拍的。

不仅如此，这人物在道德观上也同样是腐朽、颓废的。他认为人生是游戏。因此，过一天算一天，"沉醉在美酒里，销魂在温软的拥抱里"，他也正是以这样的态度对待生活的。如果说杜学诗倾慕的是独裁专制的法西斯政治，那么杜新箨的未来自然可以步赵伯韬的后尘了。

在知识分子中，作品也提供了一个颓废的诗人范博文的形象。他说："诗是我的眼泪，也是愈伤心，我的诗愈精彩！"他把自己的钱存在钱庄里，却满口"布尔乔亚的庸俗的洋房，到处沾污了淡雅的西子"。结果，钱庄倒闭了，他的诗神也跟着金钱一块逃得无影无踪。范博文也是一个怯懦者，他会说俏皮话，以自己的小聪明，博得女人欢心，但在行动中却害着"软骨症"，软弱得因爱情的追逐达不到目的就想自杀，想用自己所谓美丽的尸体博得多情少女的同情，实际上连自杀的勇气也没有。

八、《子夜》的艺术

长篇《子夜》的成就和感人的力量，仅仅从内容方面来探讨和理解是不够的。真正的艺术作品总是内容和形式的完美和统一。《子夜》的成就反映着作家思想的进展，也标志着艺术上的逐渐成熟。正是如此，才能有效地运用革命的现实主义方法丰满地展现出这幅复杂尖锐的社会斗争、生活斗争的图画。

文艺作品中的情节和结构是展示作品思想和表现人物性格的重要手段。《子夜》在结构、情节的配置上是缜密的。作品中结构和情节的曲折复杂的特点，正是错综复杂的现实生活在艺术上的体现。在纷纭复杂的社会现象的概括中，借助吴老太爷盛大的丧仪，展开了故事。这不仅集中地介绍了各阶级、阶层的社会人物，并且把矛盾的中心引向了吴荪甫的身上。于是围绕着这个人物，展开了工厂、农村、公债市场三条火线的斗争。就此来说，长篇《子夜》的情节是既复杂而又统一的，它仿佛是吴荪甫"事业"的兴衰史或性格的发展史；与此同时，作品也生动地描写了知识分子、妇女、政客、军人等社会生活许多侧面的人物，通过这种穿插丰富了作品的内容，多方面地揭示了"子夜"社会的面貌。在复杂的情节中，也明晰地反映出时代发展的轮廓。许多重大的政治斗争、革命斗争都严格地以现实主义的艺术方法，或正面或侧面地反映在作品中。它不仅在整个背景中表现了蒋、阎、冯各派军阀的战乱并且把工农红军革命力量的发展，曲折地呈现在作品中。茅盾说，"为了使这本书能公开出版，有些地方不得不用暗示和侧面的衬托了"，这在三十年代白色恐怖下进行创作是可以理解的，但作者的用心仍然分明可见。

按照茅盾原来的计划，这部书的结构仍然"要大许多"。由于写作中的紧缩不能不有所改动，这就使得有些情节的安排没有充分展开。例如，第四章对双桥镇农村生活的描写便受到影响，从长篇的整个布局来说，它是一个重要的方面，但却给人以孤立、游离之感。

鲁迅在《看书琐记》中，记载了"高尔基很惊服巴尔扎克小说里写对话的巧妙，以为并不描写人物的模样，却能使读者看了对话，便好像目睹了说话的那些人"。这确实道出了成功的语言艺术的妙处。《子夜》的人物语言，也是花费许多功夫的。作品在不同程度上比较准确地揭示出人物的思想、情感、教养、心理状态。吴荪甫的语言是斩钉截铁的。在谈话中常常是不肯容人地用肯定、强硬或命令式的语句。"立刻"、"一定"、"要"之类的副词或助动词经常出现在他的语言中。他对屠维岳说："维岳，'不一定'我不要听，我要的是'一定'！"不仅对他的"部下"如此，就是与杜竹斋等人的谈吐中也时时呈现这种言词和语气。为了吃住朱吟秋的茧子，他几次说："不行——竹斋！不能那么消极！""竹斋，一定不能消极！"无疑的，这些强硬、狠毒的言词都是他的性格、地位和心理状态在具体情势下的真切反映。因而，随着性格的发展变化，他的语言也在变化着。最后，在夜总会与赵伯韬谈判时，他虽然说连五十万元的借款也用不到，并且加上了"当真"的字样，接着却发出"哦——"这种含糊无力的声音了。

赵伯韬的话不仅时时传出那种狂妄、高傲的调子，而且充分体现出他那粗鄙下流的气质。"人家说我姓赵的爱玩，不错，我喜欢这调门儿"等谈吐，成为他日常的或"客厅"中的言词。杜新箨虽然比赵伯韬年轻些，但从他汉语里掺杂着法语、现代汉语中配上点颓废的旧诗词中，已经可见那种封建买办思想的洋腔旧调。至于老封建地头蛇、刀笔劣绅曾沧海，这是个"满腹经纶"的人物。什么"识途老马"、"圣谕庭训"、"虎门无犬子"之类的词语，经常为他所运用也是颇性格化的。曾沧海和费晓生一样，经常用曲折和隐约的言词，在恭维的笑脸后面藏着利剑和对方搏斗。这从他和费小胡子讨索银钱的那段对话中，便可得见双方进进退退、互不示弱、异常世故而又狡诈的玄机。因此，赵伯韬、曾沧海等人的语言中所出现的江湖上惯用的流氓性十足的语言和陈旧、僵死的言词，不仅不足为怪，反而有力地揭示着他们的性格。

　　长篇《子夜》叙述描写人物的语言艺术也是高超的。在这方面，作家更加成熟地发展了早期作品中细腻的心理刻画的本领。他把特定环境下人物的心理状貌和详密的评断性的分析往往结合起来，在人物和读者中间架起一道桥梁，把读者带到体验的深处，表现出作家深刻地体验生活并驾驭人物的才能。如从林佩瑶的回忆中，对她空虚的两重性精神生活的剖析；对四小姐惠芳随着生活的变化而引起的心灵上的变化和感情上冲突的描写，以及李玉亭夹在吴荪甫和赵伯韬中间，脚踏两只船的心理刻画，都是栩栩如生的。试看对吴荪甫在三条火线下的心理剖析：

　　　　……吴荪甫闷闷地松一口气，就吩咐侍者拿白兰地，发狠似的连呷了几口。他夹在三条火线中，这是事实；而他既已绞尽心力去对付，也是事实；在胜负未决定的时候，去悬想胜后如何进攻罢，那就不免太玄空，去筹划败后如何退守，或准备反攻罢，他目前的心情又不许，况且还没知道究竟败到如何程度，则将来的计划也觉无从下手；因此他现在只能姑且喝几口酒。他的心情有些像待决的囚犯了。

从叙述中可见，叙述人是和人物的思绪融合起来的。仿佛自问自答，一步步把思路延伸、扩展，经过多方细腻的探索作出判断性的解释，从而加强了人们对人物心理状貌的理解。

　　不仅如此，在许多情节的叙述中，作家并不是冷静的旁观者，而是明显地传达着褒贬情绪。比方叙述工贼们逼着工人上工时写道：“这是决战的最后五分钟了！这一班劳苦功高的‘英雄’手颤颤地举着‘胜利之杯’，心头还不免有些怔忡不定。”同样的情绪，在对曾沧海及其儿子的叙述中，也是分明可见的。如：“这位五十多岁的老乡绅，在本地是有名的‘土皇帝’。自从四十岁上，他生了一位宝贝儿子以后，他那种贪财吝啬更加刻薄的天性就特别发挥。可惜他这位儿子虽名为家驹,实在远比不上一条'家狗'."——从这人物的介绍中,我们会体会到叙述人那种讽刺、嘲弄乃至深切憎恶的感情。与此相反,在叙述工人运动的场面时则抑制不住自己的热情,从而和运动呼应起来。如果说全篇人物生活的气氛是阴郁而又混浊的,那么在工人群众革命斗争瞬间的叙述中则充满了斗争的活力。

俗话说,"人心不同,各如其面"。这话就某种意来说不无道理。一般说来,人们的思想和性格,在行动中、在社会斗争生活中,可以鲜明地体察到;在细微的举止乃至肖像上,也会留下各种痕迹。这就给艺术创造提供了可以认识及表现的基础。长篇《子夜》在人物肖像的描绘上,也是颇为用心的。作者在勾画人物肖像时,经常抓住部分的特征加以强调,从而揭示他们的社会心理。吴荪甫是"酱紫色的一张方脸,浓眉毛,圆眼睛,脸上有许多小疱",这与这个工业巨头的刚愎的性格是相适应的。随着生活的变化,吴荪甫每一次精神的波动都在肖像上有所反映。如:他"脸色发白,眼睛消失了勇悍尖利的光彩";"他的眼光……愈来愈严厉,像两道剑";他生起气来"脸上的紫疱好像一个个都冒出热气来";最后当他众叛亲离失败时,则"脸色黑里透紫,他的眼珠就像要暴跳出来似的"。作品中的赵伯韬则不同了,这是"四十多岁,中等身材,一张三角脸,深陷的黑眼睛炯炯有光……"的人物。这肖像就会使人联想到他那狡诈的心机,以及荒淫无耻的生活所造成的印迹。其他如杜竹斋、范博文等人肖像的刻画都是具有特征的。

为了写好一部长篇,自然要调动一切笔墨。借助自然环境、社会环境渲染,使人感受到"子夜"中的上海光怪陆离的景象。长篇《子夜》开端的描写便仿佛展示了全篇的基调,反映出工业的、金融的上海子夜的气氛。混杂的声浪、五光十色的光焰和高耸的钢架、怪兽似的洋房,交织错杂地烘托出资本主义侵吞下上海的图画。

九、长篇《子夜》的成就和意义

这是《子夜》出版不久的事：鲁迅受到外国友人的委托要为《子夜》英译本的序言提供一些资料。在他转托别人的信里，曾拟下了茅盾在现代文学史上的地位、风格、影响等一系列问题的纲目。[①]这就可以看出《子夜》的出版所产生的实际影响。鲁迅认为："茅盾的《子夜》写得很好。"[②]

列宁说，"在分析任何一个社会问题时，马克思主义理论的绝对要求，就是要把问题提到一定的历史范围之内"[③]。"五四"以来的现代文学历史，是以鲁迅为光辉旗手的同时代同方向的作家所开拓的。鲁迅不仅以他的创作奠定了新文学的基础，而且标志着现代文学发展的方向。就小说创作来说，《狂人日记》、《阿Q正传》以及后来完成的《故事新编》的部分都是历史发展的丰碑。在这个历史进程中，《子夜》的成就和作用是不可泯灭的。它是在新的历史阶段上左翼革命文学运动的重大收获。

《子夜》在三十年代出现，不仅题材广阔、规模巨大，而且内容丰富。它的艺术思想力量，首先在于它和时代、社会生活的密切联系。它以较大的容量，真切地描绘了三十年代初的社会现实，反映了错综复杂的社会关系和阶级关系，揭示了当时社会中尖锐的矛盾和斗争。列宁说："如果我们看到的是一位真正伟大的艺术家，那末他就一定会在自己的作品中至少反映出革命的某些本质方面。"[④]长篇《子夜》真实地以革命现实主义准则，再现了帝国主义和国民党

---

①　《鲁迅书信集》下卷，932 页。
②　陈广：《记鲁迅先生的一次讲话》，《回忆伟大的鲁迅》，上海新文艺出版社 1958 年版，191 页。
③　《论民族自决权》，《列宁选集》2 卷，512 页。
④　《列夫·托尔斯泰是俄国革命的镜子》，《列宁论文学与艺术》一，人民文学出版社 1960 年版，281 页。

新军阀统治下旧中国的腐朽和危难的社会景象，使人们认定这个旧中国日益走上殖民地的道路；而在"子夜"的社会底层，是震撼上海社会人们心灵的革命力量，他冲击着旧的基础，威逼着正在波澜壮阔地发展起来。对此，虽然当时还未能"太明显"地反映出来，但这力量在震荡着整个旧的世界；"子夜"是黑暗的时刻，但必然走向黎明的主题思想，在整个作品中是异常分明的。作品较为深刻地展示了历史的发展趋势，这部作品虽然主要笔墨放在上海社会，但这典型的"子夜"正足以揭示旧中国的本质，这就使它具有重大的认识作用和美学价值。正是基于这种原因，不仅使当时的敌人感到不安，给以种种罪名；时至今日，我国的"学者"仍然心有余悸地力图贬低它的意义。他们说：

> 《子夜》所揭示的，是遗老的死亡和封建地主的破灭，在城市要激起反帝思想，在农村要鼓动农民暴动。而且，民族资本家，是必然要没落了的，如果坚持着干下去，就必须"国家像个国家，政府像个政府"。以这样的论调挑拨着反政府和不满现实社会的情绪。这样的一部政治小说，对当时的社会确是发生过很大影响，但文坛的反应并不好。一是文人不该有浓厚的政治色彩，二是这部作品的创作过程为识者所不齿。……①

鲁迅曾经指出，看人生因作者而不同，读作品因读者而各异。这并非说作品可以没有客观的标准，恰恰说明不同阶级思想、意识和审美准则的人会对同一作品得出完全相反的结论来。上述的评论正是如此。但即便如此，我们仍然可以看出作品的实际作用。他们之所谓"挑拨反政府和不满现实社会的情绪"，不正是这部长篇借助完整的形象所展示的思想力量吗！

不仅如此，在长篇《子夜》中更成功地塑造了一些具有历史意义

---

① 周锦：《中国新文学史》，台北长歌出版社 1977 年版，438—439 页。

的典型形象，例如吴荪甫、赵伯韬及其周围的一些人物。作家从他们鲜明的个性中，展示了他们的阶级本质、揭示了他们的历史命运及其真切的状貌。有人说，在现代文学的画廊中要寻找自一九二七年至抗日战争以前这一时期民族资产阶级和买办资产阶级的形象，除了《子夜》外依然不能在别的作品中找到。这评价客观地道出了《子夜》在形象创造上的独特贡献和历史意义。列宁曾经告诉我们，历史的功绩不按历史人物和现代要求比较时未曾作出的贡献来衡量，而是按他和其他先驱者比较时所作出的一些新的贡献来衡量。① 据此，我们可以说，茅盾对于民族资产阶级和买办资产阶级形象的塑造是同时代其他作家所不曾提供的，或者没有达到这样的成功地步。这便是《子夜》为中国现代文学历史所作出的新的贡献之一。

《子夜》是作家参加"左联"，在革命文学理论和社会主义写实主义艺术方法的探讨中产生的。它与其他重要的创作表明：无产阶级文学不仅在理论上不断地击溃敌人的反革命文化"围剿"，并且以创作的实绩显示了无产阶级领导的左翼文学的力量。所以鲁迅在一封信里说：

> 国内文坛，除我们仍受压迫及反对者趁势活动外，亦无甚新局。但我们这面……茅盾作一小说曰《子夜》，计三十余万字，是他们所不及的。②

可见，鲁迅是从敌我力量的对比中，把《子夜》作为无产阶级领导的左翼文学的重要收获加以肯定的。事实上，《子夜》的成就使得敌视它的人也不得不承认："这是一部政治小说……使当时的左翼文坛增加了声势。"③《子夜》的创作和资产阶级的为艺术而艺术的东西不

---

① 转引自许幸之：《达·芬奇》的《序言》。
② 《鲁迅书信集》上卷，352 页。
③ 周锦：《中国新文学史》，438 页。

同，同时也和革命文学运动中的一些标语口号式的创作区别开来，它以丰满的形象、成功的艺术手段为文学服务于现实的革命斗争提供了良好榜样。

综上所述，我们可以肯定，长篇《子夜》的创作，标志着作家已经走上了新的里程，《子夜》基本是属于社会主义的现实主义最初的创作范例的。瞿秋白同志当时就指出："一九三三年在将来的文学史上，没有疑问的要记录《子夜》的出版……这是中国第一部写实主义的成功的长篇小说。"①当然，长篇《子夜》也还有许多不足之处。例如，作家企图对当时城市革命工作中的左倾冒险主义路线给以批判，这当然可以成为作品的重要内容，但其结果却不够深入；对于整个革命形势的反映，也欠完整；企图透过第四章表现农村革命，这一计划未能很好地完成，并在结构上形成游离状态；对于某些生活面的描写也还存在着概念化和自然主义的倾向。在赵伯韬身上对于荒淫生活的揭示，本来具有一定的社会、阶级的典型意义，但在其他人物身上也同样加以描写，就不能不削弱了作品的真实性和思想力量。这些地方实际上反映了作家对于生活缺乏深切的体察和表现上的一些缺欠。纵然如此，作品的成就依然是主要的，它的历史作用是不可泯灭的。

《子夜》出版于一九三三年。正式出版前，某些章节便曾以《夕阳》(第一章)、《火山上》(第二章)、《骚动》(第四章)为题，在杂志上发表了。②《子夜》的陆续发表和出版立刻在读者中引起强烈的反响。初版于一月发行后迅即售完，二月便行再版。许多报刊竞相介绍：《文学》杂志一则"文坛消息"说，这部大规模地描写中国社会生

① 《〈子夜〉和国货年》，《瞿秋白文集》1卷，人民文学出版社1953年版，438页。
② 上述二、四两章分别发表于《文学月报》创刊号、1卷2期。第一章曾以《夕阳》命题，于1932年曾以逃墨馆主的笔名发表于《小说月报》23卷新年号，该期未及发行，便遭敌机炸毁。

活的巨著销路是空前的；《北平晨报》的消息记述，"某书店曾于一日内售出至一百余册之多"。该文说，"以此推测，则《子夜》读者之广大与热烈，不难想象云"。这情况，不能不引起国民党反动派的注意。一九三四年二月，《子夜》和其他一百四十余种书籍一起以"共产党及左倾作家之作品"、"内容鼓吹阶级斗争"为由，而被查禁。后来几经书店老板请求，《子夜》才列入"应行删改"一类准予发行。"检查老爷"在这部名著下批道："二十万言长篇创作，描写帝国主义者以重量资本操纵我国金融之情形。P. 97 至 P. 124 讥刺本党，应删去。十五章描写工潮，应删改。"①这里所指的 97 页至 124 页，便是第四章。如此，《子夜》便遭肉刑而残缺不全地发行了。我们从读者的热烈反响和敌人的绞杀禁令中，不难看出这部长篇的实际战斗作用。

敌人的森严文网，难于阻挡住人民群众的意志。与敌人的禁锢、破坏相对立，真正的尊崇文艺，为"保存这成绩"而出的翻印版本又出现了。在《翻印版序言》中说：

《子夜》是中国现代一部最伟大的作品。

《子夜》的作者，不仅想描写中国现社会的真相，而且也确能把这个社会的某几个方面忠实反映出来。

《子夜》之伟大处在此，《子夜》不免触时忌，也正因此。

它出版不久，即被删去精彩的两章（第四章及第十五章）；这样，一经割裂，精华尽失，已非复瑰奇壮丽之旧观了！

本出版社有鉴于此，特搜求未遭删削的《子夜》原本，重新翻印，以飨读者。……

天才的作品，是人类的光荣成绩，我们为保存这个成绩而

---

① 转引自唐弢：《晦庵书话》，三联书店 1980 年版，68 页。

翻印本书，想为尊崇文艺、欲窥此书全豹的读者们所欢迎的罢。①

我们引录这篇序言，一则可见三十年代左翼文艺冲破文化"围剿"所进行的斗争；同时也可以看出读者对《子夜》的品评来。如此《子夜》不仅得以风行全国，以飨读者，也很快地介绍到国外去。在苏联、日本、波兰、英国等许多国家都有了译本，并获得了很高的评价。

真是无独有偶，在"四人帮"为害横行的日子里，为了架空鲁迅，腰斩文学的发展历史，《子夜》和其他进步的革命文艺一起又被打入了"冷宫"，这种历史现象的重演正足以说明历史上一切反动派与人民为敌的伎俩。现在，《子夜》及其他现代文学史上的优秀作品又重版了。我们重读《子夜》真是心潮波涌。"子夜"的时代，已经一去不复返了。但《子夜》作为旧中国的一面镜子，却永远葆有它的艺术生命。

第三节　短篇小说的创作

一、短篇小说的特点

在探索茅盾这时期的创作时，他的短篇小说创作占据着重要的地位。作者虽曾说，"我自己知道，我所写的短篇，严格说来，极大多数并不能做到短小精悍而意味深长"②，但在实际上作者为数众多的短篇小说，在群众中已经产生深远的影响。其中如《春蚕》、《林家铺子》等名篇，不仅在茅盾的创作上，就是在"五四"以来的艺术画廊中，仍可推为优秀的范例。

---

① 唐弢：《晦庵书话》，49 页。
② 《茅盾短篇小说选》的《后记》。

有人说，茅盾的短篇小说，"在丰富的生活内容上构成严谨的布局，寓精练于从容裕如之中，作者有他自己的特点"①，这见解是很好的。短篇小说，固然应该短小精悍，窥一斑而见全豹；但精练与充实的创作，似乎不一定仅仅以短小为度。鲁迅的小说，自然有《一件小事》、《孔乙己》等短小的名篇；也有像《祝福》、《伤逝》等从容不迫之作。两者都是严谨精练的艺术珍品。茅盾的短篇小说，借生活中的横断面，而揭示典型的社会现象是有的。如《喜剧》、《搬的喜剧》等篇便属于这类；然而也确有被作者称为"压缩了的中篇"的创作。如三部曲《春蚕》、《秋收》、《残冬》以及《林家铺子》等篇，却不能不说是寓严谨精练于裕如从容之中的。

就取材来说，作家的艺术天地是十分广阔的。如果和作者早期一些短篇比较，便不难看出作者思想的进展、内容的充实和对生活开掘的深远。这些短篇中，有的揭示小市民灰暗的人生，有的写劳动者被压榨的贫困，有的反映城镇经济的凋敝，有的暴露农村生活的破产。作者从繁杂的社会生活的各个角落看取生活，但是却借形象的画面，集中地概括了在帝国主义的侵略和买办官僚的统治下，人民的苦难生活和命运。就某一篇章来说，可能是一事一物、一个生活的断面，然而汇总起来，却可以看到时代、社会的面貌。茅盾在《短篇小说选》的《后记》中说："在横的方面，如果对于社会生活的各环节茫无所知，在纵的方面，如果对社会发展的方向看不清楚，那么，你就很少可能在繁复的社会现象中恰好地选取了最有代表性、典型性的，即是具有深刻的思想性的一事一物，作为短篇小说的题材。对于全面茫无所知，就不可能深入一角，这是我在短篇小说的写作方面所得到的一点经验。"这经验，在作家的艺术实践中是清晰可见的。他的短篇真切地透过某一生活断面，反映着社会的

① 唐弢：《晦庵书话》，52页。

整体；借助一事一物，却活画出时代的轮廓。

茅盾说，他的许多作品都"有点暴露和批判的意义"。这里分明地道出了作者当时的创作意图和思想力量。但是这时期作者对社会的暴露和批判，并不是茫然无告的图画；对于人民苦难生活的反映，也并非绝望和哀怜。在以严正的现实主义精神，暴露和批判帝国主义和国民党反动派统治所造成的病苦时，作者清晰地看到了在人民中间生发起来的对现实的愤懑情绪、自发的抗争乃至自觉的斗争的力量。作者以灌注的激情、分明的爱憎渗透在整个形象的画面中。在茅盾的短篇小说中，农村三部曲《春蚕》、《秋收》、《残冬》是深入人心的优秀作品。

二、《春蚕》《秋收》《残冬》

《春蚕》完成于一九三二年。《秋收》和《残冬》完成于一九三三年。这几年间，日益深重的农村破产，"丰收成灾"的悲惨景象，引起人们的极大关注。丰收而致成灾，这自然是那个"太平盛世"的奇闻；但是那时节年成虽好，使得劳动农民一年不如一年，负债、破产、鬻儿卖女乃至流离逃亡，却是无可辩驳的事实。这种触目惊心的灾难生活给革命作家提供了重大的题材。

据说，茅盾《春蚕》的创作是由当时看到了报纸上的一则消息引起的。那个消息大概意思是："浙东今年春蚕丰收，蚕农相继破产！"[1]这则消息激发了作家强烈的愤懑和创作冲动。茅盾在《我怎样写〈春蚕〉》中曾这样地告诉我们：

> ……先是看到了帝国主义的经济侵略以及国内政治的混乱造成了那时的农村破产，而在这中间的浙江蚕丝业的破产和以春蚕为主要生产的农民的贫困。则又有其特殊原因——就是中

---

[1] 转引李准：《真人真事与艺术加工》，《文学知识》1954 年 4 月版。

国"厂经"在纽约和里昂受了日本丝的压迫而陷于破产(日本丝的外销是受本国政府扶助津贴的,中国丝不但没有受到扶助津贴,且受苛杂捐税之困)丝厂主和茧商(二者是一体的)为要苟延残喘便加倍剥削蚕农,以为补偿,事实上,在春蚕上簇的时候,茧商们的托拉斯组织已经定下了茧价,注定了蚕农的亏本,而在中间又有"叶行"(它和茧行也常常是一体)操纵叶价。加重剥削,结果是春蚕愈熟,蚕农愈困顿。

> 从这一认识出发,算是《春蚕》的主题已经有了,其次便是处理人物,构造故事。①

这段关于《春蚕》构思的认识,对于我们进入作品的艺术天地,理解作品的思想内涵是很重要的。它使我们懂得一个作家对于社会生活的各个方面乃至发展的趋向茫无所知,就难于把握"深入一角"的意义。诚然,有的创作,看来似乎是被一件偶然的事物所激发的;但是许多作家的创作实践证明,尽管作家被偶然的事件所激发,尽管写的是生活中的片断,但同样也要"调兵遣将",甚而用一生的阅历去培植它。《春蚕》的创作也大抵如此。茅盾说:"写《春蚕》只花了几天时间。南方的小镇和农村是连在一起的,我二十岁以前常住家乡,天天接触到农民,但没有目的地去体验生活,《春蚕》等表现农村生活的短篇写作时,我早已定居在上海,其中细节描写、人物形象是凭过去的一点体验。"②事实上,为了熟悉农村的生活,反映农村的真实景象,茅盾这时也曾经回到过自己的故乡——乌镇。他把静观默察的印象,写在命名为《故乡杂记》的一束散文里。③ 茅盾在这些散文中已深深地感到经济破产的黑影沉重压在这个市镇。谈到农民的生活,他说,从前乡下人就怕年成不好,现在则年成好了更

---

①② 《短篇创作三题》,《人民文学》1963 年 10 月号。
③ 《茅盾文集》9 卷。

恐慌。江浙一带养蚕的农民，也十家有九家是同一命运。在经久的观察中，使得茅盾感到，"我能看到他们的心，并从他们口里知道了农村一般农民的所思所感与所痛"。在这个基础上，才可能借助比较熟悉的若干个别农民的影像，生发、概括，才可能完成《春蚕》的创作。由此可见，《春蚕》的创作虽只花了几天工夫，依然是经久的生活积累和能动地认识生活的艺术结晶。

如果从茅盾整个创作考察，我们可以说，努力反映农村生活的愿望久已萌芽生长了。在《子夜》的构思过程，作者便决定要反映"农村的经济情形，小市镇居民的意识形态"①，从而大规模地描写中国社会。在《春蚕》中作者虽然把题材扩展到一个新的生活领域，但依然延续着《子夜》中的基本观念：借助形象的特殊思想形式，揭示在帝国主义侵袭和买办官僚的统治下城乡经济的破产、人民群众的苦难生活和命运。《春蚕》揭示出劳动农民在艰辛的劳动中，经历过无数的惴惴不安、兴奋的紧张的日夜，然而"人们做梦也不会想到'蚕花'好了，他们的日子却比往年更加困难"。"因为春蚕熟，老通宝一村的人都增加了债"这种"丰收成灾"的景象，正是冷酷的社会现实带给劳动农民可怕的结局！

"真正世界变了！"这是老通宝直感地从生活中得出的结语。这里面甚而也包容着"老通宝式"的谬想；然而，在他那尽管被歪曲了的感受中却曲折地反映了现实的真切变化。这变化是由于那具有社会特征的"柴油引擎的小轮船已威严地沿着血管似的官河驶进了宁静的乡村，它的威势所及，逼使得"乡下'赤膊船'赶快拢岸，船上人揪住了泥岸上的茅草，船和人都好像在那里打秋千。轧轧轧的械轮声和洋油臭，飞散在这和平的田野"。而那蹲在塘路边的灰色的楼房茧厂，正和这小火轮相映照。这现实，决定着农村的命运、主

---

① 《子夜》的《后记》。

宰着农民的生活。因而老通宝已经愈来愈感到：自从镇上有了洋纱、洋布、洋油一类洋货，而且河里驶来了小火轮以后，他自己田里生产出来的东西就一天天不值钱，而镇上的东西却一天天昂贵起来。①

作品借助形象的描绘，精深地反映了帝国主义、资本主义的经济已经沿着官河——这样的输血管深入到穷乡僻壤，进行着横暴侵袭。这侵袭正如小火轮威逼着赤膊船似的景象一样，使得人们在生活上像"打秋千"一样波荡不安，用尽心力想攫取一些东西，哪管是棵"茅草"解救自己，然而却难以摆脱这种悲惨的命运。

作品反映这变化也是由于"五年前""朝代又改了，新朝代是要打倒洋鬼子的"②，然而老通宝不相信，他想来这伙青年人一定私通洋鬼子却故意来骗乡下人。后来果然就不喊"打倒洋鬼子"了，而且镇上的东西更加一天天昂贵起来。正因为如此，去年秋收虽然还好，可是地主、债主、杂税、苛捐一层层地袭来；春蚕虽然丰收，但"没来半个收茧人，却换来了债主和催粮的差役。请债主们收了茧子吧，债主们板起面孔不理"。

这样，在三十年代的社会中，茅盾敏感地选取了这个重大题材，并且给以深切的表现。"丰收成灾"是相反而实相成的两个矛盾方面的对立统一。唯其使现实生活的矛盾，经过艺术的概括更加典型化了，才能更为本质地揭示出社会、时代的病象，揭示出蚕农的悲惨命运。这种命运，不是老通宝所一再顾忌的"天命"、"菩萨"使焉，不是"大蒜头"的预示或者荷花的偷蚕所致，而是帝国主义的侵略，官僚资本、地主以及高利贷盘剥者重重榨取掠夺的结果。如果

①　茅盾在《故乡杂记》、《当铺前》、《霜叶红似二月花》等许多篇章中都借小火轮的描绘，形象地反映资本主义经济已经深入到农村的各个角落。

②　五年前的新时代，指的是 1927 年国民党反动派叛变革命所建立起来的国民党新军阀的反动政权。

说在《子夜》中可以看到帝国主义经济的侵袭使得中国民族工业纷纷倒闭的景象，那么在《春蚕》中则看到这种深重的灾难已遍及穷乡僻壤，使得人民生活处于悲惨的境地。

自然，在现代文学中揭示农民苦难生活的主题，在鲁迅的作品中便深刻地提出来了。就这一思想来说，茅盾的作品无疑是鲁迅传统的继续；同时，由于革命的发展、作家思想的变化，茅盾已经在农民的苦难生活中看到他们前进的力量。他的作品明晰地反映出人民群众走向斗争的趋势。茅盾说："为了自己的利益，他们能够斗争，而且斗争得颇为顽强的。"①《秋收》、《残冬》则是"穷则思变，变则通"，从自发的经济斗争走上武装的斗争过程，这自然在老通宝的眼里也是"世界变了"的一种"变"吧，但这种变化是水到渠成的、一触即发的态势。鲁迅说："地火在地下运行，奔突；熔岩一旦喷出，将烧尽一切野草，以及乔木。……"②茅盾的农村三部曲，便揭示了这种局面：

> 现在"抢米囤"的风潮到处勃发了。周围二百里内的十多个小乡镇上，几乎天天有饥饿的农民"聚众滋扰"。……
>
> "抢米囤"的行动继续扩大，而不复是百来人，而且是五六百，上千了！而且不复限于就近的乡镇，却是用了"远征军"的形式，向城市里来了！

正如对农民贫困破产的社会根源的深刻挖掘一样，作者对于农民抗争的反映也同样是深刻的。根据茅盾的体察，在江浙一带的农民觉悟是颇为惊人的。一九三〇年顷，这一带的农民运动便曾经有过一个时期的高潮，而且这种农民的革命斗争，即使在老一代还没有觉悟起来的农民的头脑中，也已经生根发芽！尽管他们的观察可能是

---

① 茅盾：《我怎样写〈春蚕〉》。
② 鲁迅：《野草·题辞》。

被歪曲了的。你看，在老通宝的眼里多多头的行径不是就像个"长毛"吗！而且，"老通宝猛又记起四五年前闹着什么，'打倒土豪劣绅'的时候，那多多头不是常把家里藏着的那把'长毛刀'拿出来玩么？……现在，那阿多和这刀就像夙世有缘似的！"

像鲁迅说的，革命的火种在地下运行、奔突。多多头和数以千百计的农民的斗争就是在这种历史的根基和现实革命的基础上发展起来的。自然，这影响可能并非来自于书本的，有些或许是口耳相传的，有些或许是直感的存留在记忆中的。但是当他们祸难当头、走投无路的时候会自然地想到"铤而走险"。在农村三部曲中，他们的口号还不过是"有饭大家吃"，可是有了"抢米囤"的风潮才进而会有《残冬》中武装斗争的行动。作品中的抗争自始至终也许还属于原始性的，还只是多多头、陆福庆、李老虎几个人。然而正如"抢米囤"开始时一样，我们会看到那蓬勃的发展趋势。作品从《春蚕》到《残冬》正是现实主义地反映了这种发展趋势。

应该指出，作为一个革命作家，茅盾虽然把创作扩展到农村生活领域，但是并非以农民的观点来反映农村生活、塑造农民形象的。这时期，茅盾在农村生活的体察中深感到农民的生活并不那么简单。于是在农村三部曲中，借助各种形象反映了农民较为复杂的性格和思想状态。作家发掘、歌颂他们身上那种革命的反叛因素，也在许多情节中批判他们身上那种落后、陈腐的观念。

试从具有典型性的老通宝和多多头的形象塑造中认识作品的思想艺术力量吧！在老通宝一家中，老通宝和多多头的矛盾是很分明的。这自然不是空泛的所谓父与子的矛盾，而是复杂的社会生活在家庭中的反映，从而在作家笔下熔铸起不同的思想和性格的矛盾冲突。

老通宝的形象是深具典型意义的。在这个人物身上，无疑地可以看出老一代劳动农民的许多特点。他辛勤地劳动，安分守己、善良而又淳朴，有着不竭的生活毅力，这都是从劳动中培养起来的素质；但农民小生产者落后的生活方式和传统思想的束缚和影响，又使他形成一些保守、陈腐的观念。他终于不能不感到这世界变了。他对这种"变"，自然糊糊涂涂地意识不清，还只能以"老通宝式的目光"来看世界。他反对洋鬼子、反对洋货，甚至把洋水车也视为怪物。尽管如此，在现实面前又不能不感到这"洋"东西的威力。他愤懑于家庭的日渐破落，但他权衡一切的法规是他"发家"的旧账，是向陈老爷看齐的经验，还有那数不尽说不清的媚神的迷信戒条。

不消说，老通宝的处境和他一家所付出的劳动是极不相称的。可是他却反对许多人的"逆举"。在抢米吃大户的斗争风潮已经席卷了老通宝的村坊，除了老通宝和黄道士外，人们都兴奋地议论着、行动着的时候，老通宝依然不断地教训着自己的儿子："要杀头呢！满门抄斩，我见过得多！"显然，在老通宝的眼里闹斗争毋宁是"造反"，而造反按照他的旧例，只能招来"满门抄斩"的杀身之祸，因此只有循规蹈矩才是"正路"。尽管这条路已经是山穷水尽了。这样，在老通宝的形象中深刻地概括了三十年代旧式农民的许多特征，反映了统治阶级的统治在他们的头脑中打下的烙印。他带着沉重的生活枷锁，走着和全村坊的人们相异的路。

作品以严峻的现实主义精神指出了老通宝的路是行不通的。不要说老通宝那个野马似的多多头，就是那老实、勤快的阿四，爽朗的四大娘在他眼里也不对"路数"了。四大娘终于愤然地说："老糊涂断送了一家的性命。"事实上，老通宝一家是在帝国主义和官僚资本势力侵压下，迅速地从中农破落下来陷于走投无路的境地。"春蚕的惨痛经验作成了老通宝一场大病，现在这秋收的惨痛经验便送了他一条命"。老通宝的悲剧是三十年代旧式的劳动农民的共同命运。作品意味深长地叙述说，老通宝"断气的时候，舌头已经僵硬得不能说话，眼睛却还是明朗朗的，他的眼睛看着多多头似乎说：

"真想不到你是对的！真奇怪！"

老通宝的形象是丰满的也是深刻的。作家活画出老通宝作为生活中的"这一个"的性格，也使人信服地感受到制约着形成他的性格的客观现实。对于老通宝的悲剧命运作者寄予了同情和爱怜，然而在无情的现实生活的描写中，作者又有力地批判否定了他那保守、陈腐的观念，否定了他那安分守己的道路。

和老通宝不同，多多头是在农村经济破产的充满了矛盾斗争中成长起来的一代青年。破落的生活景象给予他的不是伤感和对过去"发家"的留恋（他自然也没有这种经历），而是对现存生活秩序愈来愈多的怀疑和反叛的情绪。他的眼界比老通宝开阔得多了，容易接受新的事物。他认为："单靠勤俭工作，即便到脊骨折断也不能翻身。"他比较清醒、求实。那些数不尽的迷信观念是和他格格不入的。他从老一代手中继承下劳动的习惯，也乐于用那过人的力量帮助别人。在荷花偷蚕等利害攸关的纠葛中，不仅表现了他宽大的胸怀且能较深远思索着，"人和人中间有什么地方是永远弄不对的。可是他不能明白想出来是什么地方，或是为什么"。这样，在《春蚕》中，作者就在这个乐观、求实、较为清醒、具有反叛情绪的青年农民身上，揭示了年轻一代农民性格的成长，显示出在压迫深重的苦痛生活中，农民群众日益觉醒、不安现状的许多征象。

在农村三部曲中，茅盾是怀着农民能够走向斗争的确信来反映生活的。多多头便在生活中合乎逻辑地体现了这种思想。按照作品的表现，多多头在《秋收》中已经是本村坊里斗争风潮的骨干。用老通宝的眼光看来，他不仅混在像阵头风似的卷来的人群中，而且是他敲锣！老通宝劈面就骂，教训儿子说：

"畜生！杀头胚！……"

"杀头是一个死。没有饭吃也是一个死！去罢！阿四呢？还有阿嫂？一伙全去！"多多头笑嘻嘻地回答。

坚定、开朗，多多头的性格在情节中愈益完满地表现出来。他从实际出发，一语道出了无数走投无路的农民的生活意向。他说服了阿四、阿嫂，人们嚷嚷闹闹地走向了斗争。这自然也使老通宝觉得"当真这世界变了，变到他想来想去想不通，而多多头他们耀武扬威"。到了《残冬》里，作品反映这个最初具有反叛的不安现状情绪的青年，在抢米风潮后已经从经济斗争走向了武装斗争。作品用多多头等人冲进庙里胜利地和"三甲联合队"进行斗争结束了全篇，这使得多多头的形象更加充满了思想力量。

如上所述，农村三部曲的创作是成功的。在艺术上，清楚地显示着作家的革命现实主义的特征。这些作品是充满了严峻的暴露和批判力量的。它以苦难生活的真实描写，揭示了丰收而致成灾的社会本质，从而达到对国民党统治下的社会秩序的根本否定。但与旧的现实主义不同，作家笔下的现实并不是一幅乡间生死的惨暗无告的图画，而是充满了苦痛、挣扎、呼号、抗争乃至战斗的生活景象。作家在这里，是怀着人民会走向斗争的确信看取生活的，并恰当地反映了人民群众觉醒起来走向斗争的转化过程。

农村三部曲和《子夜》一样，反映了作家洞察现实的深刻和善于借典型事物进行艺术概括的才能。展开《春蚕》的艺术画面，那深具社会、时代特征的环境描写，立刻闪出思想的光彩。那呜呜叫着的小火轮、那蹲在"塘路"边的灰白色的茧厂，足以使人想到三十年代农民生活的境域！作品的环境描写，从来就是塑造人物、揭示主题的手段。农村三部曲中的景物，都是和老通宝及其村坊的生活密切关联着的，和时代的特征密切关联着的。在农村三部曲中，作家似乎并没有着意正面地刻画敌对阶级的人物形象。但正如有了小陈老爷的存在，就会寻取到老通宝"驯良思想"的根基一样。那些盘踞镇上的官绅、下乡来的"洋水车"的商人、高利贷的盘剥者以及地主武装"三甲联合队"的出现，便深刻地构成了森严的网罗，揭示出了农村的破败，不是天灾而是人患的根源。

在农村三部曲中，可以感受到作家对江浙一带农村生活是熟知的。有了深厚的生活积累，创造比现实更高、更为丰满的人物，展示作品的思想才有了驰骋的天地。在这里，作者借着时代的风景画、风俗画和劳动生活景象，多方面地展现出农村的生活。那充满了泥土气息的农事、富于情趣的生活细节，栩栩如生地出现在作品中，渲染了生活，加深了地方色彩，给予作品以感人的力量。例如，多多头风趣盎然的劳动、荷花怀着复杂心理的偷蚕、四大娘的"窝种"，乃至老通宝的一些"鬼禁忌"，经过作者的创造都直接或间接地活画出人物的性格、丰富了作品的内容。你看：

> 小伙子阿多也不开口，走过来拿起五六只"团扁"，湿漉漉地顶在头上，却空着一双手，划桨似的荡着，就走了。……那些女人们看着他戴了那特别大箬帽似的一叠"扁"，袅着腰，学镇上女人的样子走着，又都笑起来了。老通宝家紧邻的李根生的老婆荷花一边笑，一边叫道：
>
> "喂，多多头！回来！也替我带一点去！"
>
> "叫我一声好听的，我就给你拿。"……

这是多么生动的充满情趣的生活景象。在这里，人们即或没有通览全篇，单从这段风趣横生的画面中，借助丰富多彩的语言，也会在头脑中浮现出一个年轻、乐观，充满了活力的小伙子的影像。这些描写像细胞一样活在农村三部曲的作品中，显露着作品的艺术生命力。

在农村三部曲中，也可以看出作者善于在波澜迭起的情节中，从容不迫地塑造形象。不论是老通宝还是多多头，他们的形象都是随情节的延展映现出来的。整个三部曲可以说是他们的性格发展史。在情节发展中，作者深切注意着人物的内心世界的变化。例如，在抢米的风潮中，作者不仅着意反映了老通宝、多多头的心理状态，而且连阿四、四大娘的心理状态也跃然纸上。这可谓"一石三鸟"的功力。记得列宁在他给印涅萨·阿尔曼德的信中曾强调说，"在小说里，全部的关键在于个别的环节、在于分析这些典型性格和心理"①。读过三部曲，不能不感到茅盾在这个方面所取得的成绩。

"比较，是最好的事情"②。在谈到人物塑造时，鲁迅主张："优良的人物，有时候是要靠别人来比较衬托的，例如上等与下等，好与坏，雅与俗，小气与大度之类。没有别人，即无以显出这一面之优，所谓'相反而实相成'者，就是这。"③在创作中，茅盾也十分注意运用生活中所固有的对立、对比的方式，揭示人们之间的关系、展示人物性格。老通宝和多多头在作品中始终是互相对照、映衬的形象。借助老通宝的父与子的性格对比、冲突，相反而实相成地塑造了人物，反映了社会、时代的矛盾。

三部曲的创作，是在一九三二、三三年之间。它以深刻的思想与社会生活密切呼应的主题，给予同时期反映农村生活的作品以有力的影响。一个杂志的编者说："近来以农村经济破产的题材的创作，自从茅盾先生的《春蚕》发表以来，屡见不鲜，以去年丰收成灾为描写重心的，更特别的多，在许多文艺刊物上常见发表。"叶圣陶的《多收三五斗》、叶紫的《丰收》、夏征农的《禾场上》以及洪深的《农村三部曲》等，都是继《春蚕》之后各具特色的艺术体现。

不消说，茅盾的农村三部曲以其突出的思想倾向出现在文坛上，不能不引起敌人的注意。国民党的"检查老爷"曾以《秋收》"有描写抢米风潮之处"；《残冬》"诋毁当局"等罪名，禁止它的发行。然而，在一九三四年《春蚕》却又被改编成电影与观众见面了。于是

---

① 《列宁论文学与艺术》（二），711页。

② 鲁迅：《关于新文学》，《且介亭杂文》。

③ 鲁迅：《论俗人应避雅人》，《且介亭杂文》。

在恐慌中，国民党的一些御用文人便匆促地撰文对影片及原著加以诋毁。他们说：

> 就《春蚕》的原作而论，这是一篇短篇小说，一篇平凡的小说……把一个乡村描写得干燥无味，结构和布局也散得无从收拾。文学的干涩已经达到了催眠的程度。……像这样一篇一二万字的小说，居然给明星的当局看中，不能不算近年文坛的奇迹。茅盾先生诚然似乎可以扬眉吐气，傲视文坛的一般穷小子了。①

从引录的文字中，不只可以帮助我们看到在三十年代围绕着农村三部曲所进行的斗争，更可以理解不同的阶级对于文艺批评标准的迥异。"资产阶级对于无产阶级的文学艺术作品，不管其艺术成就怎样高，总是排斥的"②。这只看引文中的辱骂的字眼就一清二楚了。然而，作品的好与坏自有依归。敌人禁忌也好、辱骂诋毁也好，都难于减弱它的思想力量。随着时间的推移，农村三部曲的成就日益在群众中肯定下来，而成为现代文学历史上革命现实主义的优秀篇章。如今，在社会主义革命和建设的日子里，读起这些篇章来，新旧世界两相对照就会更加理解到它的思想意义。

三、《林家铺子》

在探讨茅盾的短篇时，《林家铺子》是被大家经常谈论的作品之一。

《林家铺子》的题材，似乎是和《春蚕》同时获得的。我们从《故乡杂记》中，就可以看出茅盾已感受到市镇的小商人也难于逃脱破产的命运。他说：

---

① 簧嘉谟：《〈春蚕〉的检讨》。
② 《毛泽东论文艺》。

　　我想：要是今年秋收不好，那么，这镇上的小商人将怎么办哪？他们是时代转变中的不幸者……虽然他们身受军阀的剥削，钱庄老板的压迫，可是他们惟一的希望就是把身受的剥削都如数转嫁到农民身上。……然而时代的轮子以不可阻挡的力量向前转，乡镇小商人的破产是不能以年计，只能以月计了！①

《林家铺子》便是在这个感受的基础上概括写成的。这篇作品完成于一九三二年六月。作品描写的是"一·二八"事变前后，江南一个小镇的故事。仿佛是举国动荡不安的缩影一样，作品着重揭示出民族危难惶惶逼人的景象；揭露和鞭挞了国民党反动派借民族危难，对于人民"强盗"似的敲诈和掠夺。作品中的林老板以及那些孤苦无依的穷苦人的命运，便是那罪恶世界逼真的写照。

　　作品反映林老板是个谙熟生意经的地地道道的商人。他从父亲手里接过这个小小的铺子，做生意更是那么巴结、认真，"手段高明"。他是那么善于看取时机，兜揽生意。甚至朱三阿太来讨三个月的利息，林老板为了顾及铺店的门面，不得不将大洋、小洋、铜子都交付朱三阿太时，也"异想天开地打算拉回几文"。他勉强地笑着说："三阿太，你这蓝布手巾太旧了，买一块老牌纱白手帕去罢？"

　　但是在这"乱世年头"却难于支撑门面了。时代、社会的矛盾，在林家铺子的盛衰史上刻下了深深的印迹。林老板虽然仍得打起精神做生意，"脸上笑容不断，心里却像有几根线牵着"。凄凉的年关、销路的停滞、同业的中伤、钱庄的逼压、"吃倒账"等等，足使林老板踌躇万分，对于随时找讹头生事、借题敲诈的"强盗"，更使得这个旧社会的所谓"规矩人"难以应付。"捐款派饷是逃了的，'敲

---

① 《茅盾文集》9卷，161—162页。

诈'尤其无法躲避"。林老板虽然有些唉声叹气、有些愤然，但是这个将本图利的小商人，便只好用银子"去斋济那些闲神野鬼"。甚至在万分拮据的日子里，用亏本放盘、剜肉补疮的办法，饮鸩止渴支撑门面时，也难于逃脱被勒索被捕捉的厄运。局长不仅需要"点缀"，而且对自己的女儿已经"中意"了；至于"党老爷"则借保护穷人的"美名"，大肆掠夺。终至小店倒闭，林老板逃去。这便是作者讲述的故事。

由此可见，从这个小镇商人的生活中作者在着重揭示：这个时代、社会的残暴势力，如何毫无例外的，从农村（如农村三部曲所见）到市镇，逼使一切被压迫的阶级、阶层急剧的破产，人们被敲骨吸髓、弄得精光，处于生死攸关的境地。作品说林先生"不毁才是作怪：党老爷们敲诈他，钱庄压迫他，同业又中伤他，而又吃倒账。凭谁也受不了这样重重的折磨吗"。这样，林老板、老通宝，虽然阶级地位、生活方式不同、性格各异，但作者强调在那个年代他们都不同程度地承受着悲惨的历史命运。这篇故事借助一个铺店的衰败破产、一个家庭的生活遭遇，揭示了整个社会的病象。

有的评论者认为，作品对林老板这个人物的同情过多了，对于小商人的残忍性揭露不足，这见解一般说来自然不无道理。但是正确的结论，自然还需要从作品产生的时代以及作者创作的意向中加以探讨。列宁说："在分析任何一个社会问题时，马克思主义理论的绝对要求，就是要把问题提到一定的历史范围之内。"[1]显然，这篇作品中所强调的是民族危难的宏旨，是对国民党统治的根本否定和无情的鞭挞。这个时期，小商人在革命中的地位如何呢？毛泽东同志在《中国革命和中国共产党》中说：

　　……小商人。他们一般不雇店员，或者只雇少数店员，开

---

① 《列宁全集》20 卷，401 页。

设小规模的商店。帝国主义、大资产阶级和高利贷者的剥削，使他们处在破产的威胁中。

依据小资产阶级的经济地位，毛泽东同志指出他们是"革命的动力之一，是无产阶级的可靠的同盟者。这些小资产阶级也只有在无产阶级领导之下，才能得到解放"。据此，我们可以理解，像林老板这样的人物，诚然有其损人利己、投机钻营的方面，但在当时的历史条件下，他们毕竟难于摆脱"党老爷"、卜局长之流的魔掌，也是被迫害被榨取的对象。因此，适当地处理林老板的性格，在国民党的压迫和高利贷者的盘剥中着意刻画他无法逃脱的破产的命运，自然是时代需要的革命课题而无可非议的。文学创作总是要通过人物形象及其相互关系的描绘表现一定思想内容的。在短篇小说中，就更要求集中概括，鲜明有力。就此说来，《林家铺子》的艺术处理是和茅盾当时的创作意图协调统一的。同时，细心的读者也会从林老板的将本图利、巴结做生意、猜忌竞争等一系列的情节中，感受到这个小商人损人利己、唯利是图的习性。可见作者并没有离开这个人物的阶级属性，而美化他的"个性"。

应该指出，在茅盾的《林家铺子》中思想的深刻性和艺术表现的丰富性是统一的。作品围绕着林家铺子的盛衰，展现的是三十年代民族矛盾和阶级矛盾日益深重的社会。在许多情节中，作者突出地反映了国民党反动派和人民的根本对立，以及他们乘民族的危难大肆搜刮，对人民进行强盗似的掠夺的景象。

作品中的黑麻子委员、卜局长便是小镇中统治阶级的代表人物。他们声称"抵制日货"，却借此榨取民财；在学校里满口堂皇的讲演，骨子里却别有用心地在物色"对象"；虽姨太太几个了，仍不能满足其淫欲，而到处寻讨小老婆；表面上挂着"保护穷人"的招牌，在群众告状明理时，却是公然指使警察开枪的刽子手。由此可见，在国难当头惶惶逼人的景象中，作者深刻地暴露了国民党反动派的真实面貌：打着冠冕堂皇的旗号，布下暗无天日的魔阵；满口仁义道德，肚子里男盗女娼，敲诈、勒索、屠杀。在血腥的统治中过着荒淫无耻的生活，这便是那些"党老爷"的真实面目。

《林家铺子》以革命的现实主义精神，唤起人们对帝国主义侵略下现实的认识，激发了人们对国民党反动统治的愤恨和抗争。作品合情顺理地在不同人物身上，揭示了他们的某些不屈辱的素质乃至觉悟起来进行抗争的思想。林老板本来是个将本图利、庸庸碌碌的商人，对于"坑害他到这地步的，究竟是谁"，虽然认识不清，但是终于不能不感到自家的命运和残酷动荡的现实之间的矛盾。林大娘虽然以拜菩萨祈祷为日常的功课，但从疼爱女儿出发，"宁愿粗食布衣为人妻，不愿锦衣玉食作人妾"①的做法，以及林小姐对黑麻子之类人物的憎恶，都可以说是从这些人物的性格和社会地位出发所产生的不屈辱、不顺应的表现。

至于桥头的陈老七、朱三阿太和张寡妇等孤苦的老人和妇女，作品揭示他们才是"大鱼吃小鱼，小鱼吃虾米"的冷酷现实真正的受害者。作品的结尾，这个"并不存心骗人"的林老板，终于骗了许多人，关门闭店逃之夭夭。那些无告的穷苦人呼天唤地，咒骂打杀她丈夫的强盗兵、咒骂着断子绝孙的林老板、咒骂着那恶狗似的警察。他们声嘶力竭地企图到国民党老爷那里去告状了。其结果是：

> 快到了目的地时，望见那门前排立着四个警察，都拿着棍子，远远地就吆喝道："滚开！不准过来！"
>
> "我们是来告状的。林家铺子倒了，我们存在那里的钱都拿不到——"
>
> 陈老七走在最前排，也高声的说。可是从警察背后突然跳

---

① 茅盾：《与读者讨论〈林家铺子〉的一封信》。

出一个黑麻子来，怒声喝打。……黑麻子怒叫道："不识好歹

的贼狗！我们这里管你们那些事么？再不走，就开枪了！"

作品余韵深长地使人一步步认识到，正是黑麻子之类大叫"保护穷

人"，并以此为遁词逼得林老板关门逃债的人，才是真正的冤头

债主！

就是这样，使得陈老七挨了棍子，朱三阿太在大乱的人群中跌

倒，张寡妇连滚带爬地从人群丛中躲过来，才觉得自己的孩子没有

了。她的孩子就在这时节遭到枪杀的横祸。"啊哟！我的宝贝！我

的心肝！强盗杀人了……""这种人比强盗还狠心"，这种发自许多

被迫害者口中的直感的声音，无疑地是对国民党血腥统治的强烈

控诉！

综上所述，可以看出左联时期在茅盾的创作历程中，是十分重

要的一个阶段。随着无产阶级革命文学运动的发展和作家思想的变

化、阅历的加深，这时期完成了《子夜》、农村三部曲、《林家铺子》

等一系列优秀的作品。这些创作标志着作家在思想和艺术上已经成

熟起来，他和鲁迅等左翼作家的创作多方面地反映了现实生活和

斗争，发挥了重大的战斗作用，显示了无产阶级的革命文学的

业绩。

这时期，茅盾的创作不仅题材的范围扩大了，而且深刻地反映

了当代社会的重大课题，揭示了某些本质方面。如果我们把作家的

许多创作汇集起来，便不难看出一个中心引线：作品对于中国社会

和民族命运的关切和深刻的剖析，使人从丰富的艺术画面中，触目

惊心地感到在国民党反动派统治下的中国社会日益殖民地化，人民

的生活已濒于灾难深重的境地。作品以坚定的革命信念展示："地

火在运行"，革命抗争的风潮，不论在城镇或乡村都处于星火燎原

之势。在这个方面，作者所表现的或许并不丰满，但是深刻的用心

是在作品中清晰可见的。这些创作表明，作家是不断地呼应革命是

要奋力前进的。时代的革命斗争赋予茅盾以深刻的思想，而作家的辛勤劳动又丰富着革命文学创作。在三十年代的创作中，茅盾以宏大的规模、众多的人物塑造和艺术上的独特风格，为革命的历史提供了某些方面的画卷。

第四章　抗战和解放战争时期的创作

第一节　为民族和人民大众的解放事业而奋斗

一、抗战爆发后的活动

一九三七年，伟大的民族抗日战争爆发。中国共产党在七月七日卢沟桥事变的第二天，便向全国发表了宣言，号召"全中国人民、政府、军队团结起来，筑成民族统一战线的坚固长城，抵抗日寇的侵略"①。党的坚决抗日的方针和抗日民族统一战线的政策，得到了全国人民的援助和热烈的响应。迫于全国人民的压力，国民党政府接受了中国共产党联合抗日建立民族统一战线的倡议，于是展开了伟大的抗日民族自卫解放战争。

抗战爆发后，茅盾和广大的进步文艺工作者一起投身于抗日战争。

"八一三"上海抗战后，他主编《呐喊》(《烽火》)周刊。② 八月二十四日《救亡日报》创刊，茅盾、巴金、邹韬奋等为该刊编委。上海

---

① 《毛泽东选集》2卷，300页。
② 系《文学》、《中流》、《文丛》、《译文》四杂志社联合刊物。

沦陷后，茅盾"带着一颗沉重的心"离开上海，辗转于香港、长沙、武汉、广州等地从事革命文艺活动。一九三八年三月二十七日，适应着新的形势和革命需要，在党的民族统一战线的政策指引下，成立了"中华全国文艺界抗敌协会"，茅盾当选为理事。在抗敌协会的《发起旨趣》中，茅盾等倡言："像前线将士用他们的枪一样，用我们的笔来发动民众，捍卫祖国，粉碎寇敌，争取胜利。"①

同年四月，茅盾主编的《文艺阵地》在广州创刊。在这个刊物的《发刊辞》中，明确表明："这阵地上，立一面大旗，大书'拥护抗战到底，巩固抗战的统一战线！'"茅盾以坚定的革命信念说："敌人的一把火烧得了我们的庐舍和厂房，却烧不了我们举国一致的抗战力量，不，敌人这一把火，将我们万万千千颗心熔成一个至大无比的铁心了。……在炮火的洗礼中，中国民族就更生了，让不断的炮火洗净我们民族数千年来专制政治下所造成的缺点，也让不断的炮火洗净我们民族百年来所受帝国主义的侮辱。"

在《文艺阵地》和《救亡日报》上，茅盾以敏锐的感受关怀抗战初期文艺的发展，热情地鼓励和推荐抗战的新文艺。他时时以短评等快捷的形式提出文艺运动中出现的新问题。与此同时，他又应邀为香港复刊的《立报》主编副刊《言林》。② 茅盾献给抗战的长篇《第一阶段的故事》便是陆续在《言林》上发表的。

《第一阶段的故事》（最初题为《你往那里跑》）是在上海战争的广阔时代背景下展开故事的。作者在全书的《楔子》里说，这里是在写他的人物"从抗战开始以后受过的那许多血淋淋的教训，耳闻目睹的无数可歌可泣的故事，乃至英雄儿女、文人政客、城狐社鼠，种种世相"③。作品倾向分明地反映了抗战初期社会各阶级、阶层人物

---

① 见《中华全国文艺界抗敌协会发起旨趣》，发表于《自由中国》创刊号。
② 详见《茅盾文集》4 卷，379—380 页；10 卷，428 页。
③ 《茅盾文集》4 卷，383 页。

的精神状貌和动态。对于乘"国难"而投机钻营、操纵金融界的巨商潘梅成，由激进的主战派到宣扬悲观主义、失败主义，实际上重复着国民党反动派的不抵抗主义老调的大学教授朱怀义，以及借抗战为名而大肆贪污搜刮的国民党反动派，都做了深刻地揭露。

作品有所鞭挞和暴露，也有所颂赞。在揭示抗战黑暗面的同时，在全民的抗日热潮中也表现了坚定勇敢的进步力量。按照作者的意图，这部作品原想题名为《何去何从》的。"因为一九三七年后，这个'何去何从'的问题不但关系到我们国家民族的命运，也关系到每个中国人的命运"①。作品中的青年仲文、何家庆便是抗战中的进步力量。他们在积极的抗敌斗争中寻找着正确的道路。上海撤退后，他们并没有消沉而是意志坚定地走向了陕北。作家力图表现："唯有走上了中国共产党所指示的道路，这才中国民族能够解放，而个人也有出路。"②只是这个主题未能完满地展示出来。"何去何从"的主题刚刚点出，而书就结束了。作为一部长篇，未能最后完成。

值得注意的是，作品中又塑造了一个民族资本家何耀先的形象。这个人物和《子夜》中的吴荪甫有着某些相近的经历。现实生活迫使他的"营业天秤，是在往下落"，销路萎缩到几乎没有。从他自己的生活和"事业"看来，他都不希望战争；抗战爆发后，在现实的影响下，使他产生了这样的信念："在抗战救国的目标下，各人做各人本分的事。"何耀先的形象揭示了民族资本家在民族矛盾中的转化以及他们的某些民族观念。

《第一阶段的故事》是应《言林》的需要，一面写一面发表的。针对着当时香港的读者为武侠神怪色情的文化所麻醉，作者给自己这部长篇提出了要顾及读者水准而又能提高读者的任务。所以要"形

①② 《茅盾文集》4卷，383页。

式上可以尽量从俗，内容上切不能让步"①。然而，作品陆续发表后并未能使作者满意。茅盾说："我得坦白自承：写到一半时，我已经完全明白，我是写失败了。失败在内容，也在形式。内容失败在那里？在于书中只写了上海战争的若干形形色色，而这些又只是一个个画面似的，而全书则缺乏结构；在于书中虽亦提到过若干问题，而这些问题是既未深入，又且发展得不够的；最后，在于书中人物几乎是'没有下落'的。……至于形式方面失败，更为显著，这里也不必多说。"②

这是作者抗战初期的革命和文学活动状况。不久，政治形势逆转。武汉撤离后，国民党反动派由被迫抗战到假抗日，真正反共反人民的面目日益清楚地暴露出来。于是抗战初期一度发展的文艺运动便陷于重重的限制和压迫之中。茅盾记述说："武汉撤退以后，政治形势逆转，文艺运动在各方面遭到阻碍和迫害，文艺工作连和人民表面接触的可能也没有了，写作不自由，演出不自由……结果是蓬勃一时的文艺运动消沉下去了，作家们局促于二三后方都市，呻吟于生活重压之下，思有所写而动辄触犯禁忌，思欲深入社会以充实生活，则障壁重重，处处遇鬼打墙。"③在这种政治形势恶化、战争的患难中、进步的革命的作家团结在中国共产党的周围，依然坚持着原则、采取各种方式为民族和人民大众的解放事业而艰苦奋斗着。

二、从新疆到延安

一九三八年十二月，应友人的邀请茅盾去新疆从事文化教育活动。三月抵新疆，在新疆学院任教。后来在一篇短文中，茅盾说：

---

①②　《茅盾文集》4 卷，381 页。
③　茅盾：《一九四三年试笔》。

"在这样的大时代中，个人的生活变迁，实无足道，但我们既生活在这个时代，亦可以以个人的遭遇中看出时代的几分之几的历程。"①事实确是如此，整个抗战时期茅盾的生活始终是在辗转奔波的忧患之中度过的。到迪化后并未能使茅盾的生活安顿下来。在一封书信中他记述说："在此'打杂'之忙，甚于在港。"在那里茅盾兼职新成立的"全疆文化协会"工作，但终因棘手而难于开展。他说："此间民族即甚复杂，而社会情形亦颇复杂，新来者茫无头绪，此等工作，其实非弟所宜，今惟在编书方面（小学教科书），略尽力耳。"至于在新疆学院任教的情况，则是"担任功课，每周十七小时，而大半功课与文艺无关"。更为严重的是新疆军阀盛世才这时所谓"亲俄联共"的假面已经丢开，实行残酷的特务统治，大肆捕杀进步的革命人士。茅盾说，在盛世才统治下的新疆是"中世纪的专制、黑暗、卑劣的典型代表"。于是茅盾不得不在一九四〇年五月初被迫离开新疆。

不过，在新疆期间茅盾对那里的风土人情、经济文化的体察还是很广泛的。后来他以圆熟的文字把这些感受记述在《新疆风土杂忆》中。在这篇散文中，作家时时盛赞各族劳动人民的创造以及丰富的文化实践。例如，谈及维吾尔族时，茅盾介绍说："在文艺美术方面，维族人具有天才，土风歌舞，颇具特色，此不赘言。尝观一出由民间故事改编之短剧，幽默而意味深长，实为佳作。"②

五月初，茅盾离开杀机四伏的新疆，经兰州抵西安。在这里遇到了从前线归来的朱德同志，于是一同在五月二十六日抵延安。到达延安后，茅盾等受到革命群众的热烈欢迎。下午在南门外举行了临时欢迎会。二十七日晚延安各界复于中央大礼堂举行了欢迎朱总

---

①　茅盾：《一九四三年试笔》。
②　《茅盾文集》9卷，423页。

司令和茅盾等的晚会。二十八日延安文化界又在文化俱乐部举行了欢迎座谈会。到会有吴玉章、艾思奇、丁玲、李初梨、张庚等，畅谈新民主主义文化的许多问题。到延安后，茅盾最初住在交际处，过了几天，毛泽东同志曾亲自到这里来看望他并请茅盾吃了饭。不久，茅盾便住到鲁迅艺术学院去了。

在延安期间，茅盾比较广泛地参加了社会活动，特别是群众性的文艺活动。在这个过程中，对于解放区的群众文化生活进行了细致地考察。这里应该谈到的是延安文协的工作。陕甘宁边区的文化协会是在一九三七年抗战开始后成立的。一九四〇年一月，随着革命形势的发展召开了边区文协第一次代表大会。这时茅盾还远在新疆，但在边区文协的代表大会上，被推选为名誉主席之一。文协大会闭幕后工作迅速开展起来，在文协领导下组成了许多文艺小组。这时茅盾等作家相继到了延安，于是便被聘请为文艺顾问委员会委员或文艺专题的报告人。据《新中华报》消息：

> 文协领导之文艺小组工作，自文协大会后，有极大开展，现组员已达三百人，遍及边区各地。文协为了更积极地帮助各个组员，最近拟组织有系统的文艺报告，聘茅盾、周扬、艾思奇、丁玲等为报告人。①

这期间，茅盾除在"鲁艺"讲学外，也参加了上述的群众性的学术报告活动。例如发表在《中国文化》一卷五期上的《论如何学习文学的民族形式》便是在报告基础上发表的论文。此外，茅盾和林伯渠、吴玉章、徐特立同志发起成立了陕甘宁边区新文字协会，并且发表了《鲁迅文化基金募捐缘起》。这就可见他的活动是多方面的。据有的同志回忆，这时茅盾不时地骑着马从"鲁艺"出来去参加各种会议。

在延安期间，茅盾写下的东西也是十分可观的。据初步统计，

---

① 《新中华报》1940 年 7 月 12 日，详见附录著译年表部分。

从六月十八日发表在《新中华报》上的《纪念高尔基杂感》起，至同年十二月发表在《中国工人》上的《喜悦和希望》止（这时茅盾虽离开延安，但文章仍继续发表），共计写下了十四五篇文章。[①] 其中一部分是纪念鲁迅、学习鲁迅的；一部分是讨论民族形式、大众化问题的；还有一部分是参加现实社会活动写下的。在这些文章中，他一面指导文艺创作，一面号召广大的革命群众和文艺工作者坚持进步，为民族解放战争而贡献自己的力量。茅盾在延安的生活是短暂的，但给予作家以深远的难忘的印象。后来，他以炽烈的情怀熔铸成优美的散文来讴歌解放区的斗争生活。其中《风景谈》、《白杨礼赞》等篇便属于这方面脍炙人口的佳作。

茅盾这次到延安本来是想长住下去的，想落下户来。可是基于革命斗争的需要，到了十月，由于周恩来同志的电示，他只得离开了延安转道去国统区。这次他把两个孩子留下来。女儿沈霞送入中国女子大学学习，儿子沈霜留在陕北公学学习。一九四〇年十月他与董必武同志一起走上了新的革命历程。同年十二月八日在《新华日报》上有一则消息：《全国文协茶会，欢迎来渝作家》，略谓：

> 全国文协昨日下午三时假中法比瑞文化协会举行茶会，欢迎来渝作家茅盾、巴金、冰心、老舍、郭沫若、田汉、艾青等七十余人，周恩来同志亦莅临参加。

这时期，国民党反动派在日寇的政治诱降和军事进攻的威胁下，更加凶恶地暴露出其反共反人民的真面目。一九三九年国民党中央秘密颁布了《限制异党活动办法》，规定严密地限制共产党和一切进步分子的思想、言论和行动。接着在一九三九年至一九四三年间，连续地发动了三次反共高潮，而反共高潮的策动正是为了投降日寇而清除障碍。诚如中共中央所指出的，这时期"投降是时局最

---

① 《毛泽东选集》2卷，750页。

大的危险，反共是投降的准备步骤"①。与此同时，国民党的官吏贪污成风、廉耻扫地。茅盾谈到自己的感受说，到了大后方嗅不到火药味：一方面是"纸醉金迷"、一方面是广大的人民群众挣扎于饥饿线上，"纸醉金迷"者歌、挣扎于饥饿线上者泣。在这种情况下，国民党反动派为了维护其反动统治，便残酷地施行法西斯专政，提出所谓"全国党化"的口号，推行"全党特务化"统治，于是整个大后方变成一个庞大的集中营。茅盾描述其情况是："贪污满街，谬论盈庭。民众运动，备受摧残，思想统制，言论检查，无微不至，法令繁多，小民动辄得咎。而神奸巨猾则借为护符，一切罪恶都成合法。"②在这种情况下，文艺界自然难于幸免。在反动的检查制度禁锢下，举凡触及现实问题的作品就难能出版或上演。进步的文艺作家在白色恐怖政策下，随时有被捕入集中营的危险。真是"搏天鹰隼困藩溷，拜月狐狸戴冕旒"③。这时，茅盾的著作不仅连续遭到查禁，就是他所主编过的《文艺阵地》也于一九四〇年七月以"触犯审查标准"为名被查禁。

　　反动的政治迫害、恶劣的社会环境使得作家不能不在颠沛奔波中生活、迂回曲折中作战。他时而大后方，时而撤离重庆在香港"开辟第二战场"。正如作者在《渝桂道中口占》一诗中所抒写的："存亡关头逆流多，森严文网欲如何？驱车我走天南道，万里江山一放歌。"④在皖南事变后，茅盾完成的长篇《腐蚀》，便是在香港出版的《大众生活》（邹韬奋主编）上连续发表的。这部作品彻底地暴露了国民党的反动统治，在群众中激起了强烈的政治反响。一九四〇年九月，茅盾在香港主编的《笔谈》半月刊出版。在这个刊物上，茅盾以许多笔名写下了大量的杂感、随笔、书评等文章，在当时产生

①　《毛泽东选集》2卷，750页。
②　茅盾：《现在要开始检讨》。
③④　《茅盾文集》10卷，429页。

了良好的影响。不久，太平洋战争爆发，香港陷落，在党的帮助下，又把许多文艺工作者护送到后方。后来茅盾写的《虚惊》、《过封锁线》、《脱险杂记》、《太平凡的故事》等篇，都是以亲身的经历记述这段生活的。

一九四二年，茅盾在桂林的一间奇小的房子里住下来，开始写他的长篇小说《霜叶红似二月花》。这部作品按照作者最初的构想，结构也是宏大的。想反映的是"从'五四'到一九二七年这一时期的政治、社会和思想的大变动，想在总的方面指出这时期虽遇挫折，反革命虽占了上风，但革命必然取得最后的胜利"①。看来，作者似乎想纠正早期作品的某些错误，对革命的历史作出真实的正确的艺术评价。只是这愿望未能如所期许。就现在的第一部来说，作品着重展示的是"五四"前夕资本主义势力的曲折复杂的矛盾，以及他们对于劳动民众的残害。围绕着这方面的思想，作家细腻地描绘了社会生活的许多侧面，较为深广地揭示了历史面貌。

一九四三年，茅盾开始写长篇《走上岗位》，并陆续在《文艺先锋》(三卷二期起)上发表。这部长篇虽然最终未能完成，但就其最初的章节来看，有些和《第一阶段的故事》相近，作品的情节是在"八一三"上海抗战的背景下展开的。这部新的长篇仍然以民族工业家的活动为中心线索展开生活画面的。其中爱国的实业家阮仲平和强民工厂的老板朱竟甫，便构成鲜明的对照。前者爱国抗敌，后者营私利己甚至伺机通敌，这两个对立的人物反映着大敌当前民族工业家的分化和动向。围绕着上述人物，作品展示了时代的风云对各个社会阶层的影响。如果说，《子夜》中的一些年轻人，对时代、社会认识还很模糊，还被个人的网罗束缚着，那么在《走上岗位》中，像阮仲平的弟弟季奠、女儿洁修以及苏辛佳等，则积极地站在大时

---

① 《茅盾文集》6卷，258页。

代的前面从事着社会活动。甚至阮家的少奶奶何梦英也挣扎着从家庭中走出来。这部作品未能完成，作品的脉络和人物的变化自然很难作出最后的结论来，但作者在宏大的社会背景下，努力揭示抗战的积极力量的用心是清晰可见的。

三、抗战胜利后的斗争生活

一九四五年，伟大的抗日战争胜利结束了。抗战的胜利是人民流血牺牲赢得的，抗战的胜利果实应属于人民。然而，地主大资产阶级的代表蒋介石反革命集团，这个积极反共反人民的"绊脚石"，却要来夺取抗战胜利的果实了。一九四六年七月，国民党反动派在美帝国主义的指使下全面发动了反共反人民的内战，企图使中国沦为美国殖民地，使人民变为奴隶。在这种情况下，中国共产党领导全国人民为保卫国家的独立和人民的民主权利，为建立独立、和平、民主的新中国而进行斗争。

在国统区，由于国民党反动派取消人民的一切自由、民主权利，压迫一切民主运动、绞杀进步文艺、封闭报馆、查禁书刊、迫害作家，甚至暗杀绑架，无所不用其极，于是掀起了愈为广泛、强烈的人民革命斗争。毛泽东同志说："中国事变的发展，比人们预料的要快些。一方面是人民解放军的胜利，一方面是蒋管区人民斗争的前进，其速度都是很快的。为了建立和平的、民主的、独立的新中国，中国人民应当迅速地准备一切必要的条件。"[①]

抗战胜利后，茅盾由重庆经广州、香港，再次抵达上海。在辗转活动中，他始终不渝地积极致力于民主革命事业。他利用一切机会和条件，争取人民民主，为人民解放事业而奋斗着。仅以一九四六年为例。一月，茅盾和郭沫若等发表了《中国作家致美国作家

① 《毛泽东选集》4 卷。1226 页。

书》、《重庆文艺界慰唁昆明教授学生电》①，并作《写在政治协商会议的前夕》；五月，茅盾等发表《陪都文艺界致政治协商会议各会员书》；六月，发表《十五天后能和平吗?》；七月，发表《请问这就是"反美"么?》；八月，发表《〈周报〉何罪》；十月，与沈钧儒等三十九人签名发表《我们要求政府切实保障言论自由》、《一年间的认识》等，这都是直接从事政治斗争的文章。一九四六年，在纪念高尔基逝世十周年的时候，茅盾指出："现在中国人民正处在有史以来最严重的一个关头。中国将前进呢，抑是倒退? 向民主的光明大道呢，还是停留在专制独裁的深渊? 和平建设呢，还是内战破坏? 全中国人民正为了争取民主、和平、建设而奋斗。中国的新文艺工作者在这伟大的斗争中是认清了自己的使命，坚定地站在自己的岗位上的。"②在另一篇题为《一年间的认识》的文章中，茅盾以分明的态度与美帝国主义、国民党反动派展开斗争。他说：

> ……中国人民在达一年间认识了一些重要事实：中国的法西斯分子是决不让中国人民过太平日子，决心不让中国走上和平民主的大路，决心要把中国变作美国军阀征服世界的战略基地之一……
>
> 中国人民在这一年，也认识了美国对华政策的真面目，美国对华政策是一只手作调停姿态，而另一只手则把军火和物资大量送给中国内战的一方面，而美其名曰"援助中国复原"；美国的军队驻在中国的重要港口和交通线，替中国内战的一方面守护这些港口和交通线，而强词夺理说这是为了"遣俘"为了"保护美国财产……③

---

① 慰唁 1945 年 12 月 1 日昆明西南联大、云南大学等学校的教授、学生集会，惨遭国民党反动派袭击造成惨案。

② 《茅盾文集》10 卷，111—112 页。

③ 《文萃》1946 年第 1 期。

文章从军事、政治、经济各方面揭露了国民党反动派、美帝国主义是制造中国内战的罪魁祸首，并且严正地指出法西斯分子及帝国主义者"决定要使人民流血的话，人民的血终必将淹死了法西斯分子及帝国主义者"。

四、为文学的大众化方向而努力

在抗战和解放战争的日子里，茅盾在文学战线上的工作是多方面的。

在文艺运动中，茅盾始终坚持着"深入社会，面向民众"的原则，促进新文艺向大众化方向前进。众所周知，文艺大众化问题是"五四"以来的新文艺发展的根本趋向。"左联"时期，曾进行过讨论，但并未能得到很好的解决。"在抗日战争一开始后，文艺大众化虽成为一般关心的问题，但当时人们所关心的多半只限于文艺形式问题。好像抗日的内容既已确定，则作家的立场观点态度等都已毫无问题了"①。事实上，对于作家的思想改造与群众相结合的问题，不是认识不足便是全无认识。针对这种情况，茅盾在许多文章中展开认真地讨论。他说："文艺必须配合整个民主潮流'深入社会，面向民众'，表现人民的喜怒爱憎，说人民心坎里的话。文艺工作者的对象不能不从城市读者群众的小天地扩展开去，这是为了扩大影响，同时也是为了充实自己。"②在茅盾看来，在大时代中的文艺工作者，要面向民众为民主运动服务，便应着意改造自己、虚心向群众学习。在《为诗人们打气》中，他以恳切的态度指出：

最后再说一句：充实自己，改造自己，清滤小资产阶级知

---

① 茅盾：《在反动派压迫下斗争和发展的革命文艺》。
② 茅盾：《文艺节的感想》，《时间的记录》。

识分子的意识情绪，而求与大众共呼吸，同喜憎哀乐，这是作家们今天的急务，诗人们当然也不是例外。①

文艺是社会生活的真切反映。政治战线和思想战线的斗争必然在文艺战线上得到反映。要坚持文艺为抗战服务、为民主运动服务的原则，便不能不和一切敌对的、谬误的思想进行斗争。

这时期围绕着政治与文艺的关系问题，茅盾不仅时时揭露国民党反动派"禁忌太多，统治太严"，窒息文艺发展的反动措施，对所谓"不合抗战要求"的鬼禁忌和公开宣称"与抗战无关"论进行不懈地斗争；同时也与形形色色的使艺术与政治、艺术性与政治性脱离的倾向进行斗争。他们之中，或以抽象的人性论取消艺术的政治性，或以艺术虽不能排斥政治，但是政治效果是长远的；或以为政治性虽不能没有，但是我们的文艺不是太少而是太多了。有人认为由于缺乏高度的艺术性和艺术技巧，所以不能产生伟大作品，于是便单纯醉心于艺术技巧的提高等等。② 针对上述情况，在论争中茅盾总是努力从实际出发，既重视艺术的特殊性，同时又强调指出文艺毕竟是以特殊的方式服务于政治的。

在许多文章中，茅盾肯定抗战以来文艺的成就，首先在于"步步接近大众化"。诗人和作家歌颂了全民族的悲壮斗争，把"个人的感情已溶化于民族的伟大斗争情感之中"，这些文艺并不注意技巧而技巧自在其中；而在历史的发展中，经验告诉我们：新诗歌因为种种技巧的限制，为"风靡一时之技巧第一主义论者所误"，因而陷于纤巧的境地，乃至有形式而无内容。③ 所以茅盾认为：

> 作品光有思想而无技巧，当然不行。然而提高技巧只在下列的条件下方为进步的合理的：新的思想内容已经产生了新的

---

① 《茅盾文集》10 卷，169 页。
② 茅盾：《在反动派压迫下斗争和发展的革命文艺》。
③ 《茅盾文集》10 卷，121—122 页。

形式，为求内容与形式的一致的完善，于是要求技巧的提高。
贫血的女人不能乞灵于脂粉。贫血的乃至抽筋拔骨的作品如果
想从技巧方面取得补救，一定也是徒劳的。①

这样，在史实和理论的阐述中，茅盾堵塞了单纯醉心于技巧提高的
道路。他指出，任何脱离文艺的思想性而强调艺术性和艺术技巧都
会把文艺引导到离开人民、脱离现实的死路。

自然，为了求得"政治和艺术的统一，内容和形式的统一。革
命的政治内容和尽可能完美的艺术形式统一"②，艺术形式也是不
容忽视的。在文艺上奢谈艺术技巧或避而不谈都是没有好处的。特
别对于青年文艺战士就更应给予正确的指导和帮助。对此，茅盾在
《谈描写的技巧》、《杂谈思想与技巧、学力与经验》等一系列文章
中，以自己的创作实践经验提出切实的见解。他认为，创作应该重
视技巧的学习，然而归根到底技巧来自于生活，因而没有深广的人
生经验就难于从中摄取技巧。他说："以一般的写作经验来看，技
巧之获得，第一步是读前人的作品而得启发，又进而融会贯通……
而开辟一新境界。……可知在学习前人，尽取前人之所有而外，尤
必有新的因素加了进去了。这新的因素是什么？不是什么神秘的东
西，便是一个人的生活经验。"③

歌颂和暴露的问题，也是在国统区的文艺工作者时时遇到的问
题之一。敌人对于革命的文艺工作者，不但施行政治迫害、限制反
映现实的作品出版，并且通过他们的宣传机器和御用走卒极力制造
言论、混淆视听。他们宣扬只要歌颂、不许暴露，自谓这是"隐恶
扬善"的方法。说如果有所暴露便会打击"民心士气，就是失败主义
和悲观"。在这种论调下，一些粉饰黑暗、麻醉人心的"奉命文学"

---

① 《茅盾文集》10 卷，160 页。
② 《毛泽东论文艺》。
③ 《茅盾文集》10 卷，150 页。

出现了。鼓励奸诈、混淆黑白的作品不仅公然流行，乃至颂扬卖国投敌的特务文学如《野玫瑰》等也大受反动派的推崇和赞扬。这便给革命文艺家提出了严峻的斗争任务。茅盾的一些有关歌颂和暴露的文章就是对此而发的。他在《谈歌颂光明》、《如何击退颓风》等文章中指出，"伪装把戏，现在是层出不穷，指鹿为马的伎俩，早已司空见惯；颠倒是非，混淆黑白，说尽漂亮话，做尽丧心害理的事——这是今天最普遍的现象。主张歌颂光明者并不愿意人家歌颂真正的光明，而只愿人家歌颂他之所谓光明。而不许暴露者，倒是他的真正见不得人的隐疾。在这样的情形之下，暴露就成为头等重要的工作了"①。

茅盾指出，写光明和写黑暗、歌颂和暴露是一个"老问题"，问题的关键在于"作者站在哪一种立场上去歌颂或暴露，去理解那光明面或黑暗面"。他说："今天作家们的共同立场是坚持民主，坚持反法西斯战争以求建立独立自由的民主国家。""歌颂的对象是坚持民主，为民主而牺牲私利己见的，是能增加反法西斯战争的力量及能促进政治的民主的；反之，凡对抗战怠工，消耗自己的力量以及违反民主的行动，都是暴露的对象。同样的，凡对抗战有利对民主的实现有助的，就是光明面，反之，就是黑暗面。"②茅盾不仅在理论上揭露敌人的种种伪善的假面，揭示其言论的反动实质，同时更以创作实践体现自己的理论见解。从延安回到国统区后，他写下许多优美的散文歌颂中国共产党领导下的解放区、歌颂人民群众的精神力量；同时也以严正的态度写下了暴露国民党反动派的长篇《腐蚀》等著作，他以鲜明的革命立场为无产阶级革命事业而献身。

一九四六年底，茅盾应苏联对外文化协会的邀请赴苏访问，归

---

① 《茅盾文集》10 卷，195 页。
② 《茅盾文集》10 卷，175 页。

国后曾写下了《苏联见闻录》、《杂谈苏联》等书。不久，迫于蒋介石的反革命统治，再度去香港。一九四八年顷，曾参加了《小说月刊》的编辑工作，并且在这期间开始写反映抗战时期生活的长篇小说《锻炼》，曾先后在香港的《文汇报》上连载（未完）。一九四八年底应中国共产党的邀请从香港经大连抵京。

一九四九年，在全国第一次文代大会上，茅盾总结在国统区斗争发展的革命文艺时说："从斗争的总目标上看，国统区和解放区的文艺是一致的；从文艺思想发展的道路上看，双方在基本上也是一致的；而就国统区的革命文艺运动的主流来说，最近八年来也是遵循着毛主席的方向而前进，企图同人民靠拢的。"①这段历史的总结，实际上也概括了茅盾自己的实践历程。特别是在毛泽东同志的《在延安文艺座谈会上的讲话》的精神指引下，他的行动更是坚定而有力的。

据有些同志回忆，《在延安文艺座谈会上的讲话》这个伟大文献，一九四三年发表后传到重庆是一九四四年的事情。当时，重庆新华日报社冲破了反动派的种种检查和扣押等办法，是以"化整为零"的战术于一九四四年元旦发表的②，从此《讲话》像灯塔一样也照亮了国统区文艺工作者前进的道路。茅盾说，他是在抗日战争刚刚胜利的时候读到了这个文献的全文。他后来回忆自己的感受说："真像是在又疲倦又热又渴的时候喝了甘冽的泉水一样，精神陡然振发起来。"③于是在毛泽东文艺思想的光辉照耀下，更为自觉地从事革命文艺活动。从上述的思想和斗争实践中可以看出，在抗战胜利后他所写下的一篇又一篇的论文，都是结合国统区的实际，努力贯彻党的文艺方针、努力坚持文艺为工农大众服务的方向而奋斗的。

---

① 茅盾：《在反动派压迫下斗争和发展的革命文艺》。

② 《在延安文艺座谈会上的讲话》最初是在重庆《新华日报》第 6 版《新华副刊》上发表的，标题是《毛泽东同志对文艺问题的意见》。全文化作三篇文章，即：《文艺上的为群众和如何为群众的问题》、《文艺的普及和提高》、《文艺和政治》。

③ 茅盾：《学然后知不足》，《人民文学》1962 年 5 月号。

第二节　长篇《腐蚀》

一、《腐蚀》的严峻现实主义

毛泽东同志说："一切危害人民群众的黑暗势力必须暴露之，一切人民群众的革命斗争必须歌颂之，这就是革命文艺家的基本任务。"①在国统区的文艺实践中，茅盾不仅在理论上勇于冲破重重障碍，坚定地站在革命立场上揭露国民党的黑暗统治，使抗战的光明面不断扩大，为民族民主事业进行不懈的斗争；同时更以严峻的革命现实主义作品暴露敌人的罪行。他的一些作品仿佛是一面光照现实的镜子，使得丑恶的现象更加集中典型地显现出来。《腐蚀》便是其中影响较大的长篇之一，它是作者继《子夜》之后又一有力的作品。

这部长篇写于一九四一年的孟夏，是在香港出版的《大众生活》上连载的。作品反映的年代是从一九四〇年九月到一九四一年二月——这个时期，正是国民党反动派猖獗地发动二次反共高潮，企图为其卖国投敌肃清道路的时候。反动派一面和日寇勾结合作，公开地或隐蔽地酝酿投降；一面则以法西斯的特务统治和军事武装反共反人民，摧残和迫害抗战的进步、革命力量。中共中央指出：这时期"空前的投降危机和空前的抗战困难已经到来了"②。

茅盾创作长篇《腐蚀》时充分地认识到自己的艺术使命。他与当时的艺术脱离政治的思想倾向相对立，迅速地反映了当时的政治事件，严正地体现了革命作家的彻底暴露精神。《腐蚀》是在文网森

---

① 《毛泽东论文艺》。
② 中共中央 1940 年 7 月 7 日宣言，转引《毛泽东选集》2 卷，750 页。

严、动辄得咎的情况下完成的，也是在时代、社会迫切的需求中完成的。这部日记体的小说，"披露"的是国民党法西斯特务统治最残酷、最卑劣、最无耻的丑恶面目。在卷首，作者便义愤填膺地写道：

> 呜呼！尘海茫茫，狐鬼满路，青年男女为环境所迫，既未能不淫不屈，遂招致莫大的精神痛苦，然大都默然饮恨，无可申诉。我现在斗胆披露这一束不知谁氏的日记，无非想借此告诉关心青年幸福的社会人士，今天的青年们在生活压迫与知识饥荒之外，还有如此这般的难言之痛，请大家再多加注意罢了！①

显然，这里提出的"狐鬼"，便是国民党的特务及反动党徒的同义语。《腐蚀》"开宗明义"便指向了狐鬼当道、满布杀机的现实。作品反映在阴暗的"雾重庆"这个典型的牢狱里这群狐鬼横行无忌。他们仰遵其主子的鼻息到处张起血腥的罗网，像"各式各样的毒蚊，满身带着传染病菌的金头苍蝇，张网在暗陬的蜘蛛，伏在屋角的壁虎"②，混进一切群众场所、打入各种机关学校，密访暗探、威逼利诱，迫使一些无辜的青年陷入网罗，戕害腐蚀他们的心灵，或竟变成他们的爪牙。小说中赵惠明和 N 的遭遇，便是某些失足青年的写照。作者说，这部书题以"腐蚀"二字，"便聊以概括日记主人之遭遇云尔"。随着情节的进展，作者正面或侧面地描写了血泪斑斑的恐怖现实。在广大的进步人士、正直而有为的青年周围都会看到那些心怀鬼胎的"人面东西"的影子。他们跟踪盯梢、搜寻逮捕，"刑讯"、"开导"、"女色"，乃至秘密杀戮，软硬兼施，种种迫害，无不极尽其反动之能事。作品借小昭、K、萍等人物，表现了那些"不

---

① 《茅盾文集》5 卷，3 页。
② 本节凡未注出处者，均引自长篇《腐蚀》。

淫不屈"之士的积极斗争活动和可贵的精神境界，也更有力地鞭挞了"狐鬼"的罪行。

应该指出，作者对他所选取的题材，不只是十分熟悉的而且开掘是深广的。《腐蚀》历史地集中地揭示了特务的猖獗活动；但是却并不单薄，而是借助局部展示出社会整体的描写，使人看到这些"狐鬼"的行径并不是孤立的。它是和国民党反动派的整个反共反人民的策谋密切配合的，是和国民党反动派卖国投敌的罪行相连的，反共不过是他们对外投降的准备步骤。正如赵惠明在日记中所述："我们的奉命'加紧工作'，就是为了要使后方和前线配合起来。"作品以严峻的现实主义揭示，在苏北事件、皖南事变策动的同时，"雾重庆"到处弥漫着血腥的气氛。一位大员在给特务的训话中，三十分钟内就宣布五十多个"奸党"，并指令："宁可枉杀三千，决不使一人漏网。"于是，这群"狐鬼"便照例地耸起了耳朵、睁圆了眼睛、伸长了鼻子，猎犬似的一齐出动，大规模地"检举"，"光是 X 市，而一下就是两百多"。

与此同时，汪、蒋特务则亲昵无间、密切唱和，横行于雾都重庆之中。作品从两个系统交错地揭示出汪、蒋两个组织的特务活动：一方面是 R、陈胖子、G、小蓉、老俵、F、赵惠明和 N 等蒋记特务组织；另一方面是希强、松生和舜英夫妇以及 D 等汪记特务组织。他们的标志虽然不一，但正如故事中所交代的希强本系前蒋记的"政工人员"，松生是前蒋记省委员一样，在血缘上是同祖同宗。汪记不过是"蒋记分处"；蒋记只是汪记特务组织的"蒋记派出所"而已。国家和民族的危难，对于这些"狐鬼"说来，正是他们遵照主子的意旨谋求"合乎"（汪蒋合流）、投敌反共的时机，或就是共同唱和的结果。所以在人民抗战的艰苦阶段，汪记汉奸特务松生、舜英夫妇可以从敌占区上海到重庆来，以"要人风度"大肆活动。而蒋记党国要员何参议、陈胖子、周经理等人物表面上"咬牙切齿，义愤填胸的高唱爱国"，幕后则陪同着大阔特阔起来的一对汉奸特务夫妇讲买讲卖，大谈"分久必合"的卖国投敌密机。他们举杯共祝的是："快则半年，分久必合，咱们又可以泛舟秦淮，痛饮一番了。"这机密，在舜英的嘴里就更为明了、确切了。她对赵惠明说："方针是已经确定了，不过大人大马，总不好立刻打自己的嘴巴，防失人心，总还有几个过门。"就是在这种策谋下，演出了"皖南事变"的历史悲剧。

由此可见，这部长篇以彻底的暴露精神揭示了"雾重庆"黑暗残暴的社会景象，揭示出在这血腥的氛围中人们的"难言之痛"。在深刻地控诉和鞭挞这种"狐鬼"当道的罪恶时，不断地丰富了题材的内容，清晰地映现出时代、历史的重大事件，锋芒锐利地揭示出国民党官僚买办的法西斯政权的特征：对内残暴压迫，血腥统治；对外屈膝投降，认敌为友。他们策谋的一系列反共反人民的活动是与敌人举杯唱和并行的，是汪、蒋、日合流的准备步骤。小说有力地提供了这部分血的史实，成为这群"狐鬼"历史的艺术的"罪行录"。

应该说，茅盾这部长篇的艺术构思和描写中心是一个特殊的生活领域。或者说，它勇敢地揭示了当时社会生活中最反动、最黑暗也是最为隐蔽的部分——国民党的特务活动。显然，在这部作品中，作家并没有着力描写正面人物，在卷首便表明要披露人们的"难言之痛"。但是与一些批判现实主义作品不同，作者严峻地揭露现实：它暴露了"狐鬼"的凶残和无耻，也裸露出他们的腐朽和虚弱的本质；它反映了特务政策的丑恶与反动，却不是自然主义的摹写。这一切在完整的艺术构思中形成了彻底否定的艺术画面。这一切表明作家的艺术创作天地是深广的。在特定的题材中，可以歌颂，也可以暴露，但是只有革命的作家才可能态度分明地对生活做深刻的体验，才可能入乎其内、出乎其外地揭示丑恶事物的本质，不为表象、假象所迷惑。这一切表明，揭露反面的黑暗的事物更加需要高尚的道德情操和革命的思想，只有如此，才能使丑恶的事物真正地丑恶起来。长篇《腐蚀》描写的否定的丑恶的形象，命意在暴露，但并未减弱作品的思想力量。可以说，在《腐蚀》中，作家是以公正的社会代表来揭露无以复加的黑暗现实的，是把人民群众对敌特的憎恶感情做了形象的概括和集中的反映，是以革命者的审美观念批判这些丑恶"狐鬼"的。正因为如此，才能使假的、丑的、恶的现象真正显现出来，从而深刻地"披露"，强烈控诉出广大群众"默然忍恨"的"难言之痛"。

像世界上一切事物一样，反动派也具有两重性。《腐蚀》所描写的"狐鬼"是穷凶极恶的，但同时在本质上也是十分腐朽和虚弱的。这就更为真实地增强了作品的否定、批判力量。作品反映了在第二次反共高潮中，敌人冒天下之大不韪敢于公开发动的"皖南事变"。同时在这猖獗至极的活动中也暴露出他们的惊恐不安。"日记"里，通过特务的感受这样描述着：

（一月十五日）纷纷传言，一桩严重的变故，发生在皖南。四五天前在"城里"嗅到的气味，现在也弥漫在此间。……

（一月十九日）……"然而形势还是严重。"F眼望着空中，手在下巴上摸来摸去，竭力模仿一些有地位的人物的功架。"军委会的命令，那奸报竟敢不登，而且胆敢违抗法令，擅自刊载了不法文字，——四句诗！""哦！想来给予停刊处分了？"我故意问，瞥一下我那床上的枕头。"倒也没有。只是城里的同志们忙透了。整整一天，满街兜拿，——抢的抢，抓的抓，撕的撕！然而，七星岗一个公共汽车站头的电线杆上。竟有人贴一张纸，征求这天的，肯给十元法币……""哈哈！"我忍不住笑了。"这买卖倒不差！可惜我……"但立刻觉得不应该这样忘形，就皱了眉头转口道："我不相信真有那样的人！""谁说没有！"F依然那样满面严重的表情。"一个小鬼不知怎样藏了十

多份，从一元一份卖起，直到八元的最高价，只剩最后一份
了，这才被我们的人发现。可是，哼，这小鬼真也够顽强，当
街不服，大叫大嚷，说是抢了他的'一件短衫'了，吸引一大堆
人来看热闹。那小鬼揪住了我们那个人不放。他说，有人肯给
十一元，可不是一身短衫的代价？看热闹的百几十人都帮他。
弄得我们那个人毫无办法，只好悄悄地溜了。"

......

F走后，我就跑到床前，取出N忘在那里的报纸来一看，
可不是，不出我之所料，正是人家肯花十块钱买的那话儿！两
幅挺大的锌版字，首先映进我的眼帘，一边是"为江南死难诸
烈士志哀"，又一边便是那四句："千古奇冤，江南一叶；同室
操戈，相煎何急！"①

这段绘影绘声的文字，虽然是通过"狐鬼"的嘴说出来的，有些地方
自然变成了反面的词语，然而全般情景真切动人。据一些同志的回
忆文字，重庆的《新华日报》在周恩来同志的直接领导下，在"皖南
事变"前后冲破敌人的种种束缚，进行胜利斗争的情况，大抵如此。
当一九四一年一月十七日周恩来同志写的"为江南死难者志哀"②和
诗在《新华日报》刊发后，确实像炸弹一样轰碎了反动派企图封锁消
息的妄想，于是在街头巷尾出现了一幕幕特务搜索、掠夺《新华日
报》，毒打报童的丑剧。这景象在小说中得到生动的反映，揭露了
敌人的血腥罪行，也为革命斗争的历史提供了形象的佐证。值得注
意的是，在这些情节中有力地表现了这群"狐鬼"及其主子，对于人
民力量的畏惧、对于公理和事实的惶恐不安。长篇中敌人的猖獗活
动和满街兜拿的部署，表面上虽气势汹汹，但也正是色厉而内荏、

---

① 《茅盾文集》5卷，247—257页。
② 发表在《新华日报》1941年1月18日第2版，与茅盾《腐蚀》中的字略有出入。

虚弱的本质的体现。这说明，对于"皖南事变"的反映，作家不仅直面现实而且洞察深微。

作品反映这群"狐鬼"之间是矛盾重重的。上下级之间的障壁、嫡系与非嫡系的倾轧、嫡系中的利害搏斗，以及蒋记与汪记特务的纠葛，构成勾心斗角、权势相争、防首畏尾、刻无宁日的局面。这一切表明，这群"狐鬼"已日趋分崩离析的境地。这些垂死挣扎的人物，愈是临近末日，贪赃枉法、淫乱威性等特征性的东西就愈益败露。从赵惠明口里得知，像陈胖子之类的特务，不仅"南岸有一个公馆，碚北又有一个"，这是公开的，还不知"在城里有几个"。而为了分赃不均，在一桩贪污事件上Ｆ虽"连碗边也没舔到"，却受到排斥、受到调职的"警告"。作品借助典型的细节，反映了这群丑类的凶残、虚弱和腐朽的特征。

二、赵惠明的形象

《腐蚀》的艺术构思是通过赵惠明的生活道路展示出来的。赵惠明的形象，在作品中具有深刻的意义。赵惠明的失足，她走上"狐鬼"之路的历程，无疑地暴露着法西斯的特务政策对于青年的压迫和迫害。她反映了当时的某种"不明大义"的青年，在魔障重重、逼迫诱惑之下，既然未能"不淫不屈"，只要有失于一念之差便陷入这个"万劫不复"的深渊里而难于自拔。

"这简直不是人住的世界！我们比鬼都不如！"——这自然是赵惠明的愤激之词，却也包含着暴露的力量。她变得"比鬼都不如"的境况，正是这个血腥的人间地狱的罪证。按照她的说法，在这里即使有血性而正直的人，也会消磨成为自私而狡猾的"狐鬼"。在这个圈子里，不是咬人，就得被人咬；愈不像人，才愈有办法。要没有灵魂、要卑鄙、要阴险，要像一只猎狗似的把噬得到的目的物赶快衔回来去贡献给主人，才能换得恶鬼的狞笑。一句话，这里是魔法重重，完全按照"狐鬼"的卑劣意旨和信条来腐蚀、戕害人的。

　　然而，作为一个革命的现实主义作家，并没有显示那种特务的魔法强加在一切人的身上，都会被腐蚀并发生作用。从赵惠明的意念中可以看出，在万千青年中她之所以走上这条"狐鬼"道路的根由及其堕落的过程，是因为赵惠明生长在一个封建官僚的家庭中。中学时代曾经有过正义的反对旧事物的要求，在一个"择师运动"中她是代表人物之一；但是爱虚荣、逞强，乃至奢侈放荡等致命弱点，逐渐形成了她的资产阶级个人主义思想，成为她堕落为"狐鬼"的温床，从事杀人职业的桥梁。看来，这个卑下的人物并不是没有机会走上健康的生活道路，过着正常生活的，但是在一个灵魂阴暗的人的眼睛里，美和丑的事物经常会混淆倒置。所以，赵惠明不能理解年轻有为的小昭对她的宽厚、容忍和纯真的感情，她反讥小昭是"没有男子气"；相对之下，"佛面蛇心"的前国民党"政工人员"希强倒是一个"伟丈夫"了?! 在这方面，作品写的虽较为简约，但是人们依然可以看到，赵惠明和小昭的矛盾绝不是抽象的"性格合不来"，而是思想乃至政治上的分歧。这固然反映赵惠明当初的幼稚，"不明大义"，但终究基于她的个人主义的劣根，所以在特务的诱逼下，她才会被腐蚀而走上"狐鬼"的道路。她逐渐地堕落下去，用勾心斗角、两面三刀、淫靡放荡的生活方式打发日子，遵循着主子的训导猎取"食物"。在这条血路上，她受过"表扬"，她自己也不能不承认她的手是不干净的，她已磨练成狡猾的"狐鬼"。

　　生活是充满了矛盾的。即使是"狐鬼"之间也并非铁板一块。就典型的创造来说，一般与个别是对立而又统一在一起的。在赵惠明的身上，自然可以看到她卑污的灵魂，看到她不干净的血手，看到一般的"狐鬼"的东西；同时也精微地展示出她与一般的"狐鬼"的差异来。她，毕竟在被腐蚀中还不是一个死心塌地的嫡系特务。她的处境和精神状态是复杂而充满了矛盾的。她在勾心斗角的境遇中，还不时地闪现出反击对手、憎恶现状的情绪。她和那些核心分子有矛盾，处于孤立的地位。她想在明枪暗箭中争取主动，但其结果每每又陷于被动，或竟成为牺牲者。用日记的语言来说，她是"一方面极端憎恶自己的环境而一方面又一天天鬼混着"。这种矛盾的精神状态，在她受命以色情软化被捕的小昭过程中有明显的发展。这便是由于她诅咒自己的处境，受排斥，因而深爱旧好，想营救小昭，但又无力自拔。后来小昭被害，赵惠明因"失职"受到调动的处分。小昭的被害是赵惠明生活的转折点。在惨痛的打击下她似乎更加清醒些，和特务组织有了更大的距离，在这个基础上她想自新并且毅然地救了 N。

不过，赵惠明和特务的矛盾、对于现状的憎恶，自始至终有她"质"的规定性。在这方面，茅盾处理得细致而又有分寸。作品表现了她的变化，表现了她和一般"狐鬼"的差别，但在许多方面依然是相同的。赵惠明的性格特点是与她所属的阶级性统一在一起的，这就给予她的活动天地以限制。比方说，她热爱小昭并且想真心营救他，她相信"事在人为"。但是想来算去，出于赵惠明"法典"中的安全上策，依然是劝小昭走妥协、屈辱的道路。她对 K 和萍不能说心怀杀机，但是当情势危严，迫及己身的安危时，也会出卖他们以保全自己的"安宁"。她和那些"狐鬼"，自然不失"短兵相接"之处，可是又每每在紧要的关头软下来，这根由在于她的矛盾、她的反抗始终是以个人的利害得失来权衡的。作品使人深信，赵惠明和 G、F、小蓉等"狐鬼"，自然是愈来愈有些不同了，但也依然有着相同之处。作者从个别与一般的对立统一中概括了赵惠明的形象。

作品用较多的笔墨写了赵惠明这个人物，但是我们却不能把它简单地归结为就是赵惠明这个人物的生活和命运的传记。应该说，借助主人公日记这个艺术的窗子，作家把读者引向了一个独特的世界。由此，我们通过赵惠明的行迹看到了"狐鬼"们秘密杀人的境地，看到了"狐鬼"当道对青年们的迫害和腐蚀。赵惠明的形象便是特务血腥政策下的一个被腐蚀者；同时也是从事迫害他人、腐蚀别人的杀人职业的爪牙。作者从这个人物的活动中集中地揭示了反动特务政策的罪行，并且从当时的情况出发，反映了特务内部的矛盾，揭示了某些协从者自新的可能性，这不仅是需要的也是相当真实的。这些都给予这个人物以深刻的认识价值。

三、《腐蚀》的艺术表现和处理

《腐蚀》在艺术上显示着茅盾始终不渝地遵循着革命的现实主义原则。

《腐蚀》是一部严正地暴露国民党特务统治的长篇小说。作者着意揭露的是反动、丑恶事物，描写的是否定的反面形象，但它依然体现了革命的思想力量。作品表明：作者是以分明的革命立场，先进的美学理想来揭露和鞭挞这些丑类的，因而它能使假的、丑的、恶的事物原形毕露，从而唤起人们强烈的愤懑。

自然，这一切并没有使它消融在抽象的"理想原则"中，而是表现为栩栩如生的现实主义的艺术。可以看出，在揭露这群"狐鬼"时，作者并没有选取那些离奇的古怪的情节或现象，而是严格地围绕着"皖南事变"这个时期的"雾重庆"，概括生活、结构故事的。按照茅盾的记述，这部作品原计划写到小昭被害就结束，由于读者和编者的要求才"拖"下来。情节"拖"下来了，作品却并不拖沓，而随着人物的发展思想愈益深化，这成功自然得力于艺术上的圆熟，但更为有力地证实了作者辛勤的创作和厚实的生活底蕴。由于作者是从丰富的实感中来结构艺术的，因而才可能从容不迫地驾驭这个题材，遵循真切与典型的准则，使这部政治小说获得了成功。

《腐蚀》的情节并不复杂，人物也只着重写几个，然而并不失之于单薄。许多地方可以说描写得细腻而精微，但又不失之于繁冗。

整个故事起落消长，脉络分明。随着人物的行踪，抗战最困难时代的黑暗征象、"狐鬼"们背后的阴谋都历历在目。这种寓繁于简，从特务活动最隐蔽的角落揭露国民党反动派的狰狞面目的艺术功力是颇为引人瞩目的。

现实主义的艺术图画，面对的是社会生活的整体。作者不仅借助汪、蒋、日合流的活动和"皖南事变"的反映，揭示二次反共高潮前后国民党反动派的特点。同时对于"雾重庆"的特定环境和社会生活氛围也给予艺术的概括。作品细致地写道："昨天到'城里'走了一趟，觉得空气中若隐若现有股特别的味儿。这是什么东西在腐烂的期间常常会发生的臭气，但又带着血腥的味儿；如果要找一个相当的名称，我以为应该是'尸臭'二字。"作品借助人物的嗅觉，逼真地传述了"雾重庆"的血腥、阴霾的社会气氛。在这里我们看到：人们不只是提心吊胆地躲着空袭；不单在经济的威逼、物价的暴涨、投机商的敲诈乃至盗贼的祸患中，打发一刻不宁的日子；同时更要以百倍的警惕提防着背后随时可能出现的"尾巴"，以及那些心怀鬼胎、登门"拜访"的"陌生客"。

至于各角落生活景象的揭示，就使得社会内容更为充实了。作者描绘了在"狐鬼"寓所中，那种"耳房中烟雾弥漫，客厅上竹战正酣"的场面。揭示出或公开、或隐蔽的狂欢纵欲的丑剧，也对照地写下了在血腥的牢狱里，夜半人静时时传来刺耳锥心、使人毛骨悚然的痛苦的呼号声。这是人间地狱的典型概括。在距离"城市"较远的"文化区"里，也并不好些。赵惠明记述说，人儿不是獐头鼠目、阴森可怕或者是蜂目而豺声、盛气凌人，便是愁眉苦脸，至少是没精打采、假颜强笑，像童养媳似的活着。如此，作品以逼真的写实的笔墨，描写出"雾重庆"的各个侧面的景象。这是"狐鬼"横行的境域，也是人们被腐蚀、残害的庞大的集中营。这种环境、气氛的描写都不是可有可无的附加物，而是人物活动的社会天地，是构成作品内容的一个组成部分。

　　小说中主人公赵惠明的语言是颇具性格特点的。赵惠明的谈吐不单符合她的"职业"特点，而且深深地反映着她的心理状态。赵惠明的言谈语气充满了愤激不平的调子，时时揭示着她那起起伏伏的思想状态。她忽东忽西、忽上忽下。忽而愤然地诅咒黑暗的境域，连同她自己在内；忽而现出颓败的、灰心丧气的心理。时而，在明枪暗箭的心理搏战中现出主动的"欣喜"；时而，又不能自恃、软弱无主。这状态自然是矛盾的，但是恰恰通过这样的语言典型地揭示出她的精神世界。

　　可以看出，为了使语言更加性格化，作者在刻画赵惠明所采用的语言中，不单常常出现一些反语、隐语以及一些双关的语汇，同时也夹杂着一些成语和文言的结构。有时她使用如"信口开河"、"开门见山"、"先发制人"、"壁垒森严"、"釜底抽薪"等成语；有时又现出文白夹杂的结构来。如："即使要制造若干材料，虚者实之，实者虚之，我也不至于手足无措！""他们竟知难而退？否，否！我不能自信我有那么厉害，尤其不能相信他们会那么'善良'，会轻易把祸心收藏起！""他的阴险部分却使人毛骨悚然，心中如焚如捣。"显然，这些特点和作为日记体的书写叙述形式有关，但是更为典型的在于它吻合赵惠明这个人的文化教养，符合她的复杂的社会经历。这特点是和她自辩自解嘲的矛盾错杂的心绪统一的，也是和她那种放荡、逞强的极端个人主义，以及勾心斗角"鬼也不如"的生活紧密关联的。语言是一定思想的外衣。赵惠明的语言合理地反映着她的性格特点，而成为性格化的艺术手段。

　　《腐蚀》这部长篇是以日记体、第一人称自我剖白的形式创作出来的。这种艺术形式，鲁迅的第一篇小说《狂人日记》运用过。就此说来，茅盾是有所借鉴的，甚至那短短的前言也有所相像，但是他们的人物思想却相去甚远了。在茅盾笔下，这种形式相当有力地增强了艺术的真实感，同时也发挥了揭示心理状态的作用。但由于日记体的主人公便是书中描写的"狐鬼"之一，作品除了短短的前言作为叙述人的正面剖白外，整篇的思想内容都是通过赵惠明的视觉，通过她的认识、理解，通过她的性格体现出来的，这便给作品的艺术思想的表现带来一定的困难。尤其是赵惠明许多自讼、自辩、自解嘲的地方，更难于为读者正确地把握和理解，从而也在一定程度上削弱了它应有的作用。

也许基于上述的因由，有人认为："这样一个满手血污的特务（尽管是小特务），不该给她以自新之路。"认为"如此处理会使读者对赵惠明抱同情，也就是对于特务抱同情，即松懈了对于特务的警惕"[①]。这种担心自然出发点是积极的。但是就作品来说，是否可以这样具体分析：一是文学艺术的创作总是历史的具体的，离开了它所孕育产生的时代，便难于正确地认识它的意义，正如离开了辛亥革命的社会状况和阶级关系，难于理解阿Q的形象一样。离开"皖南事变"前后国统区的黑暗现实和革命形势，便难能对《腐蚀》作出应有的评价来。既然小说是在当时的历史条件下产生的，革命的作家便不能不从现实出发对各种各样的生活作出品评。因此，作者说，"为了分化瓦解那些胁从者（尽管这些胁从者手上也是染了血的），而给《腐蚀》中的赵惠明以自新之路，在当时的宣传策略上看来，似亦未始不可"[②]。二是小说是通过赵惠明来揭露这个"狐鬼"集团罪行的。作者在揭露整个特务集团的罪恶时，对于赵惠明这个人物的批判自然使人感到乏力，而这个人物的自辩、自解嘲又难于使读者做细密的理解。这可能会让人"同情"的所在。对此，作者曾说，"如果我现在要把蒋匪帮特务在今天的罪恶活动作为题材而写

① 《茅盾文集》5 卷，307 页。
② 《茅盾文集》5 卷，307 页。

小说，我将不用日记体，将不写赵惠明那样的人——当然书名也决定不会是《腐蚀》一类的词儿了"①。应该指出的是赵惠明自然是特务政策的被"腐蚀"者，却不应视为"狐鬼"的唯一代表者。她是手上染着血污的特务，但仍然可以说是一个充满了怨气的怨鬼，还不能说是一个死心塌地的特务。这样描写不仅出于瓦解特务的政治需要，也是反映复杂的生活矛盾现象的需要。正是从特务组织的矛盾角斗中，作者有力地控诉了国民党特务政策的罪行。

综上所述，可以看出《腐蚀》的创作是成功的。它鲜明地表现了茅盾的政治立场、严正的革命态度、对敌人的极大仇恨和对一切危害人民群众的黑暗势力要彻底鞭挞、暴露的精神。在当时的作者看来，身在黑暗世界中，对于新的光明自然是应该注意描写的，但是暴露和抨击黑暗势力是"争取最后胜利之首先第一要件"，是国统区文艺工作者必须完成的政治任务之一。艺术创作不是政治的翻版，但却不能脱开它而存在。《腐蚀》的创作，便是这种思想的艺术体现。

《腐蚀》的创作，有力地把文学和政治斗争结合起来了。它与郭沫若的《屈原》等作品在一起，在"皖南事变"后出现引起了强烈的反响，起了显著的政治作用。它是刺向敌人的利剑也给一些政治上彷徨、不明大义的人们(特别是青年)以当头棒喝，给正直的、进步的人们以战斗的武器。

第三节　散文的创作

一、关于散文的创作

茅盾的散文创作很早就开始了。或者不妨说，茅盾是从散文起

---

① 《茅盾文集》5 卷，308 页。

步开始他的创作生活的。

早在"五四"时期，茅盾在从事文学理论倡导和外国进步文学介绍工作的同时，便以为数众多的杂感（随感录）叙事抒怀，抨击旧物了。① 稍后，在开始从事小说创作时，仍以"速写"、"随笔"等名目。为报刊撰写散文。按照作者的说法，其中又像随笔，又像杂感，乃至完完全全是议论的文字是不少的，但是也有一些抒情的散文。这些散文先后结集，主要有《宿莽》（1931）、《茅盾散文集》（1933）、《话匣子》（1934）、《速写与随笔》（1935）、《印象·感想·回忆》（1936）、《见闻杂记》（1943）、《时间的记录》、《归途杂拾》（1944）、《白杨礼赞》（1946）、《生活之一页》（1946）、《脱险杂记》（1948）等。②

一九三五年，郁达夫在《中国现代散文导论》（下）中说："茅盾是早就从事写作的人。唯其阅世深了，所以每不忘社会。他的观察的周到、分析的清楚，是现代散文中最有实用的一种写法，然而抒情炼句，妙语谈玄，不是他之所长。试把他前期所作的小品，和最近所作的切实的记载一比，就可以晓得他如何在利用他的所长而遗弃他的所短。中国若要社会进步，若要使文章和实际生活发生关系，则像茅盾那样的散文作家，多一个好一个，否则清谈误国，辞章极盛，国势未免要趋于衰颓。"这品评较为中肯地道出了茅盾早期散文的特色，也大体述及他散文的演变脉络。

看来，茅盾对于郁达夫的见解是颇为重视的。在《速写与随笔》的前记中他写道："从《太白》发刊以后，我就打算——借郁达夫先生的一句话：'利用他的所长而遗弃他的所短。'我打算写写通常所谓随笔，以及那时很风行的速写。"

显然一个进步、革命作家的创作是难于和时代、社会的需要绝

---

① 这时期发表的杂感散见于《时事新报·学灯》、《觉悟》、《小说月报》、《妇女杂志》、《学生杂志》等报刊。

② 这里尚不包括部分选集及开国后出版的散文集。

缘的。如果说茅盾在"五四"时期写下的杂感是从攻击时弊、改造社会的需要出发的，那么到一九三五年前后，打算写写随笔、速写，仍然是应迫切的社会需要所发生的反响与抗争。诚然，在三十年代的小品文中，确实有人在提倡自我中心、个人笔调、性灵和闲适之类的主张，而表现他们的纯粹"自由意志"（如林语堂等）。但是茅盾指出："后来'自由意志'的肥皂泡一经戳破，原来倒是几根无形的环绕的线在那里牵弄，主观超然的性灵客观上不过是清客的身份。"[①]茅盾以自己的创作实践证明，"我也曾尝试找找'性灵'这微妙的东西，不幸'性灵'始终不肯和我打交道；但我却以为'个人笔调'是有的，而且大概不能不有的，只是此所谓'个人笔调'倒和'性灵'无关，而为个人的环境教养所形成所产生，我的随笔写来写去总不脱'俗'的议论的腔调，恐怕就是一例罢"[②]。

　　这里所谓"俗"的议论和郁达夫所说的"唯其阅世深了，所以每不忘社会"，足以显示出茅盾散文的思想特点。茅盾认为"特殊的时代常常会产生特殊的文体"，小品文的流行"有它的社会要求"。他从不把自己的创作束之于艺术的高阁，"未尝为要创作而创作——换言之，未尝敢忘记了文学的社会的意义"[③]。在现实革命的发展中，他愈以明确的社会观点发挥己之所长，克制己之所短，在需要写这样东西的时候，写下一篇又一篇"俗"的议论。在《印象·感想·回忆》中，茅盾依然说道：

　　　　这些文章，就好像是"日记账"，文字之不美丽自不待言；又无非是平凡人生的速写，更说不上有什么"玄妙"的意境。读者倘若看看现在社会的一角，或许尚能隐约窥见少许，但倘要作为"散文"读，恐怕会失望。

————————

①　茅盾《小品文和气运》、《小品文和漫画》。
②　茅盾：《速写与随笔》的《前记》。
③　茅盾：《我的回顾》，《创作的经验》。

这就把每不忘社会，为时代和社会需要欣然命笔的意旨交代得更为清楚了。革命的文艺始终是资产阶级为艺术而艺术的大敌。正是在这个方面，茅盾的散文和那些"中国名士风"、"外国绅士风"、"隐士风"根本区分开来，而显示它的战斗特色。

自然，茅盾在散文创作中从未放弃艺术上的探求，也为散文的内容和形式寻找完美统一的艺术表现。他写下许多议论感怀的散文，也写了一些状物抒情、诗情洋溢的所谓"软性读物"。这些散文不但反映着作家艺术上的探求，同时更深切地反映着思想的历程、社会的情思。看来是偶然"拾起几片红叶的时候"引起的情趣，它同样是作家借着生活的窗子，看到的"诗一样的小小的人生的剪片"。这是茅盾散文的又一支流，是茅盾散文创作的组成部分。

二、心灵的历程

展开茅盾在一九二七年以后写下的一组抒情散文，如《卖豆腐的哨子》、《雾》、《虹》等篇章，会在我们面前织成一幅扑朔迷离、愁雾茫茫的画面，自然不免留下作家苦心探求的足迹。真是摸索而碰壁，彳亍而再进。这情况用作者在《回顾》中的话说来便是："路不平坦，我们这一辈人本来谁也不曾走过平坦的路，不过，摸索而碰壁，跌倒了又爬起，迂回而前进。"①这些被称为散文诗的作品中，同样地刻下了作家迂回前进的心灵历程。如果说这便是"诗一样的小小的人生的剪片"，那么我觉得它不仅坦露出作者内心的思绪，同样也通过作家生活的窗口，看到那个时代生活的某些侧面来。试看：

渐渐地太阳光从浓雾中钻出来了。那也是可怜的太阳呢！光是那样的淡弱。随后它也躲开，让白茫茫的浓雾吞噬了一

---

① 《解放日报》1945 年 7 月 9 日。

切，包围了大地。

我诅咒这抹煞一切的雾！

我自然也讨厌寒风和冰雪。但和雾比较起来，我是宁愿后者呵！寒风和冰雪的天气能够杀人，但也刺激人们活动起来奋斗。雾，雾呀，只使你苦闷，使你颓唐阑珊，像陷在烂泥淖中，满心想挣扎，可是无从着力呢！

——《雾》

低下头去，我侵入于缥缈的沉思中了。

当我再抬头时，咄！分明的一道彩虹划破了蔚蓝的晚空。什么时候它出来，我不知道；但现在它像一座长桥，宛宛地从东面山顶的白房屋后面，跨到北面的一个较高的青翠的山峰。呵，你虹！古代希腊人说你是渡了麦丘立到冥国内索回春之女神，你是美丽的希望象征！

但虹一样的希望也太使人伤心。

——《虹》

可以看出，作家抒写的雾、虹乃至"卖豆腐的哨子"的声音，都来自自然世界或社会生活的景象。但境由心造，这被作家所再现的景象无疑是满蕴情思的境界，是人化了的景物。马克思说："人的感觉，感觉的人性——都只凭着相应的对象的存在，凭着人化了的自然，才能产生。"[1]作家的感受总是从生活的海洋中获得的，"凭了相应的对象的存在"才能产生；然而精心熔铸、刻意抒写的意境，却不会是生活的简单描摹，而是渗透着感情的再创造的结晶。客观的景象一经融入艺术画面，便不可能不被作家的思想感情的网罗所滤过，而涂上"个人"的色彩，成为"人化的自然"。因此，大雾茫茫固然可能引起苦闷的思绪，却不一定使所有的人都"颓唐阑珊"，乃至"满

----

[1]　《马克思恩格斯论艺术》（一），人民文学出版社 1960 年版，204—205 页。

心想挣扎，可是无从着力"；"分明的一道彩虹划破了蔚蓝的晚空"，自然可以视为"美丽的希望的象征"，可是不一定就会产生倏然即逝的幻变的悲伤。可见，文学散文抒写的对象，尽管可以是上天下地，海河森林，但总是要通过作家的眼睛看世界的。正是因为如此，才会使"焦虑不堪的穷人甚至对最美的景色也没有感觉；珠宝商人所看到的只是商品的价值，而不是珠宝的美和特性；他没有珠宝的感觉"①。一些托物寄意、情思浓织的散文固然难离开客观事物的存在，但在体察、认识、表现的过程中，思想感情、世界观便自觉不自觉地起了作用。其结果无非是"创造与人的本质和自然的本质的全部丰富性相适应的人的感觉"②。所以读茅盾的抒情散文才会形同于读相近的抒情诗一样，当作家描写他所最关心、感触最深的事物的时候，便仿佛为自己打开了心灵的窗子，明晰地坦露出自己的情绪、思想和性格来。

如果上面的分析是贴切的，那么不难看出反映在茅盾早期散文中的思想情绪是有些阴暗和消沉了。其中，自然不失探索、矛盾的因素，然而终于是"满心想挣扎，可是无从着力"，或者充满了幻灭的悲伤。这种思绪，就某一篇章来说，很可能是作家瞬间的感受，而不一定构成某个时期创作上的格调，但是如果把《卖豆腐的哨子》中怅惘的滋味，《雾》中茫茫的境界，《虹》中流露出的幻变的哀伤汇集起来，便逐渐地感受到作家内心世界的暗影。这里会使我们想起斯大林的一封信来。针对杰米扬·别德内依的"一些琐碎的词句和暗示"，斯大林说："假如这些不漂亮的'小东西'是一种偶然的因素，那倒可以不去管它。但是这些'小东西'是那么多，那么猛烈地'喷涌出来'，以致决定了你整封信的音调。大家知道，音调是构成

①② 《马克思恩格斯论艺术》（一），205 页。

乐曲的。"①别德内依的错误和茅盾的散文倾向不是一回事，这里用不着去解释，但是从他那些散文中"喷涌出来"的不漂亮的"小东西"，乃至决定了整个音调的东西难道不值得重视、值得探索吗！斯大林说得好："音调是构成乐曲的。"

不消说，茅盾散文中的这种"音调"不是超然的、与世孤立的"个人笔调"，而是一定时代、社会现实中的矛盾斗争在作家头脑中曲折地反映的产物，是与社会生活密切关联着的。应该说，在抒情散文或诗中，抒情的主人公总是作为一定的社会和阶级的代表体现在作品中的。像别林斯基说过的，任何伟大诗人之所以伟大，是因为他的痛苦和幸福的根子深深地伸进了社会和历史的土壤里，因为他是社会、时代的代表。事实上，一个作家，不管他是自觉或不自觉的，在创作中总是以一定阶级的思想感情和审美观点来能动地反映客观世界的。就此说来，茅盾的散文中所形成的消极、阴暗的情调，无疑也是一定时代的阶级的病象。阿英同志在评价茅盾的散文时说："茅盾的《叩门》、《雾》一类的小品，当然是还不够那样的精湛伟大，但这些小品，正象征了一个时代的苦闷。"②这种苦闷的病象是与大革命失败后的社会现实相关联的，是社会现实在某些小资产阶级的心理上消极地反映的投影。这时期，国民党新军阀叛变了革命，使得全国处于白色恐怖的氛围中。在这革命暂时失败的紧要关头，毛泽东同志和老一辈的革命家领导了中国共产党和革命人民，撑起了革命红旗、开创了革命根据地，以星火燎原之势继续向前发展了中国革命。在《星星之火，可以燎原》中，毛泽东同志指出，"中国是全国布满了干柴，很快就会燃成烈火。'星火燎原'的话，正是时局发展的适当的描写"③。在这篇光辉文献中，他以蓬勃

① 《斯大林论文学与艺术》，人民文学出版社1959年版，71页。
② 阿英：《茅盾小品序》，《现代十六家小品》。
③ 《毛泽东选集》1卷，107—108页。

的革命热情和科学的预见论证了革命高潮到来的必然性。但是当时也有一些人，他们深感到白色恐怖的重压，渴求光明，而一时之间，为某些现象所迷惑。身陷于茫茫然的雾境难于辨清革命前进的方向，于是产生了苦闷、悲观的思想情绪。这种情绪在生活感受中，被自然或社会景象所激发，便借形象曲折地吐露出来。茅盾同时期的散文便反映了这样的思想状态。如果我们翻阅一下当时的文艺书刊，还会看到一些类似的现象。乃至如有人所说，当时像阿尔志跋绥夫那样描写小资产阶级颓废生活的作品，在一部分人中间受到"欢迎"都不是偶然的。一九二九年茅盾在他的短篇《色盲》中，借助林白霜的嘴说："我的苦闷是一种昏晕状态的苦闷。我在时代的巨浪中滚着，我看见四面都是一片灰黑。我辨不出自己的方向；我疲倦了，我不愿再跟着滚或是被冲激着滚了……"①由此可见，茅盾散文和他同时期创作中（例如《蚀》等）反映的思想倾向是作家个人的病象，是从自己对革命与现实的复杂感受中所形成的，同时也不同程度地照明了当时患有"时代病"的小资产阶级知识分子的心灵状态。就此说来，"这些小品，正象征了一个时代的苦闷"。

自然，说茅盾这时期的散文中流露出了阴暗的悲伤的情绪，并非说作者是一个悲观主义者。作品中反映了"回荡起伏的怅惘滋味"，同时也包含着与之对立的因素，包含着理想与现实的矛盾。这种怅惘是作者在当时反动政治的重压下远离祖国，茫茫然寻求不到前进方向的反映；同时也是与黑暗势力不妥协、不苟合的一种反映。就散文来说，确实大多是苦涩的果子，可是在对黑暗的诅咒、对"抹煞一切的雾"的诅咒中，不正包容着对光明和希望的期望与探求吗！所以在《雾》中作者才表白："既然没有杲杲的太阳，便宁愿有疾风大雨，很不耐这愁雾的后身的牛毛雨老是像帘子一样挂在窗

① 《茅盾文集》7卷，69页。

前."同样，对于"虹一样的希望"的伤心，不是在幻变的伤感中反衬出对真切希望的期愿吗！可见，这种苦闷和矛盾是由于对立的矛盾着的思想因素互相斗争所引起的。正因为如此，散文中所反映的倾向就不应视为凝固的不变的，而应视为变动的转化的思想情绪。这时期，作者在《从牯岭到东京》中表露，"悲观颓丧的色彩应该消灭了……我们要有苏生的精神，坚定的勇敢的看定了现实，大踏步往前走，然而也不流于鲁莽暴躁"。散文中正包含着这种积极探求、进取的思想因素。

茅盾的创作实践证明，他的散文中的消极、悲伤的情绪毕竟是一时的。它不是作家对社会体察的终结，而是明辨方向曲折再进的过渡历程。从《卖豆腐的哨子》到《雷雨前》、《黄昏》、《沙滩上的脚迹》，便清晰地看得出作家迂回前进，跨出了多么远的步子，付出了多少艰辛的劳动。特别是《沙滩上的脚迹》，它使我们认识到作家摸索前进的坚毅力量和思想上焕发出新的光彩。这篇散文的艺术境域是异常险恶的。这里经过作家精心熔铸的自然或虚拟的情景，都会使人联想到三十年代的中国社会，可以说是社会现实在作家艺术刻刀下象征的反映。其中描述的"夜的国"、"青面獠牙的夜叉"、"妖娆的人鱼"等形象，固然难于说这是影射什么，那又是影射什么，但都不一而足地构成了一个魑魅魍魉的世界。这篇散文的艺术表现手法和鲁迅等革命作家在白色恐怖的年代里运用的象征手法、隐喻的语言，是有些相近之处的。这是艺术战斗的需要，也是那个特殊时代和社会的产物。正如鲁迅所说，"植物被压在石头底下，只好弯曲的生长"[1]。

然而，值得注意的是散文中"他"的形象。在这昏暗的鬼气阴森的天地中，"他"是那般充满了行动的力量和勇气。其间，自然也抒

---

[1]　《鲁迅全集》5卷，20页。

写了他的停下来坐待天明的念头，可是却分明地摆脱开《雾》等篇那种茫然无告、愁苦怅惘的情怀。探索、前进、坚定地前进是这篇散文的基调。他辨识过禽兽的足印，战胜了坐待天明的念头，看清了无数青面獠牙的夜叉的伪装，猜穿了唱着迷人歌曲的妖娆人鱼的鬼把戏，摆脱开鬼怪布下的"光明之路"的迷阵。怀着自信，"在纵横杂乱的脚迹中他小心地辨认着真的人的足印，坚定地前进"！

这篇散文是《雷雨前》、《黄昏》的姐妹篇，它们都发表于一九三四年十一月。如果我们把茅盾的整个思想、创作联系起来考察，便可以理解：这时期作家从日本归来，参加了左翼作家联盟的活动，对自己过去的思想和创作已有所总结，在无产阶级思想的指导下，以一个战士的姿态进行文化革命活动。茅盾在《我的回顾》一文中说："我常常以'深刻'和'独创'自家勉励，我一面在做，一面在学，可是我很知道进步不多，我离开真正的深刻和独创还是很远呀！"

这篇文章是可以作为茅盾当时的思想和创作的总结来看的。其中曾提出要认真研究"社会科学"，才能够分析那复杂的社会现象。显然，作家这时已进一步肯定了马克思主义对作家认识现实的重大意义。正是有了这种认识，这时期不仅写下了许多倾向鲜明的杂文、抒情散文，同时也完成了长篇名著《子夜》。因此，我们可以说，《沙滩上的脚迹》中"他"的形象无疑地寄植了作者的体验，是作家踏着艰辛的足迹，曲折前进的投影。散文中作家正视着那昏黑阴暗的境域，同时更加有力地表现了他那种进取的决心和勇气。

如此，在茅盾为数不多的散文中，我们仍然可以看出作家前进的道路。这些零散的诗章，仿佛作者思想引线上的一串珠子，光波或强或弱地映现出一个时期的作者的心灵的历程。它使我们在现代散文艺术的画廊中认识到作家，也典型地概括了一代小资产阶级知识分子走向革命迂回前进的途程。

三、三十年代社会生活的速写

除《沙滩上的脚迹》等篇外，在三十年代，茅盾还完成了另外一组题材的散文。这是代表另外一个层面的思想、风格的产物。

评论者在探讨茅盾散文的创作时，一致肯定他在三十年代的进展和风格的变化。用阿英的话来说，这变化使得茅盾以"另外的一种小品家的姿态呈现了"。他说：

> 大概是由于作家本身的发展，在一九二八年写了些散文诗似的小品的茅盾，到四年后，是以另外的一种小品文家的姿态呈现了。在前期，从他的小品里看去，他还是一个旧的诗人，我们很难以呼吸到一种新的气息，无论在内容上，抑是形式上。第二期的小品文却不然，他已经不是那样的苦闷忧郁了，他有的是愤怒和冷刺的笑，有的是乐观的确信；对于事件的分析与了解，已不像前期那样"模糊的印象"，他是试用着新的观点在考察一切了。①

郁达夫在他的文章中也同样地肯定着茅盾的这个进展。他说："试把他前期所作的小品和最近所作的切实的记载一比，就可以晓得他如何的在利用他的所长而遗弃他的所短。"事实上，确实如此。如果我们谈起作家这时期连续完成的速写或随笔，如《"现代化"的话》、《故乡杂记》、《乡村杂景》、《香市》等篇，便不难看出作家视野的扩展、思想的变化，从而在艺术上所开拓的新径。

作为艺术，《农村杂记》等散文，也许失去了早期散文中那种"诗意"。但是它冲开了狭小的境界，而选取了广阔的现实生活；解脱开缠绵低沉的感情、呼吸到粗犷的气息。这个变化不仅使茅盾的散文题材更广泛，而且内容得到丰富和充实。这些散文表明，作家

---

① 《茅盾小品序》，《现代十六家小品》。

并非为了创作在体察生活，而是和人民大众在一起关注着国家和民族的悲惨命运。

在这些散文中，真切地记述了在帝国主义侵吞和国民党反动派的压迫下，三十年代社会生活的许多侧面。这里，从城市到乡镇都笼罩着日益衰败、破产的景象，而生活在社会底层的工人、农民则遭受着难于忍受的剥削和迫害。例如在《"现代化"的话》中，作者真切地描写了美国金融资本通过美国棉麦对于中国民族工业的侵袭、日本资本对中国工业的竞争，反映了公债市场上声嘶力竭的角斗，百万富翁和"穷光蛋"这两者间的翻筋斗。而在"现代式"的操纵下资金集中到少数人手中的事实。作品不仅写下这些烦嚣的景象，而且发人深省地把笔触引向社会的底层，描绘出"中国棉纱大王的领土上劳动工人的生活"。作品写道："那边的空气里全是棉花的纤维，大一点像鹅毛样的飞絮有时竟会一片一片扑到你脸上身上，粘住了不肯去；是的，那边的空气浓厚些，你一下里会觉得闷，怪胀似的。但是不过几分钟罢了，你立刻会惯。并且想来你一念及每天十二小时在那样空气中作工的，也和你一样是人，你自然会仰脸行一次深呼吸，一点也不觉得什么了。"[1]

在《故乡杂记》等篇中，作家则把笔触从城市转向农村，写出了小镇的衰落、农村经济破产的景象。散文中真实地写了一个"丫姑老爷"的人物。这是一个向来小康的自耕农，靠有六七亩稻田和二十担的"叶"过活。照作者说，他非常勤俭，不喝酒、不吸烟，连小茶馆也不去。他使用的田地不让他有半个月的空闲。那"丫小姐"（他的老婆）也委实精明能干，粗细都来得。这么一对儿，照理该可以兴家立业了；然而不然，近来也拖了债了。这原因是什么呢？这个老实的"丫姑老爷"陈述说："镇里东西样样都贵了，乡下人田地

---

① 《茅盾文集》9卷。165页。

里种出来的东西却贵不起来，完粮呢，去年又比前年贵，——一年一年加上去。零零碎碎又有许多捐，我是记不清了。我们是拼命省，去年阿大的娘生了个把月病，拼着没有看郎中吃药，——这么着，总算不过欠了几十洋钿新债。"①这个在村坊里算是"过得去"的自耕农尚且如此，广大的贫困农民便可想而知了。作者以细致的描写、深沉的感情得出结论说："故乡！这是五六万人口的镇，繁华不下于一个中等的县城……现在，这老镇颇形衰落了，农村经济破产的黑影沉重地压在这个镇的市廛。"②

　　读过这些散文，也许会使我们想起作者同时期完成的《春蚕》、《林家铺子》等作品来。如果说在小说中对三十年代农村的破产、市镇的凋敝作了集中的典型概括，那么这些散文则近乎它们的真切原型。就此说来，散文对读解、研究作家如何体察生活，如何进行艺术的提炼和创造，是很有价值的。然而，散文仍自有其艺术生命。就艺术创作来说，它也许不如作者的鸿篇巨制那么集中、那么完美，但是却以切实的记载、炽烈的感情，迅速而直接地把生活和斗争反映出来。或则叙事，或则抒情，或则抒情、叙事中夹以议论。这里有着悲壮的呐喊、沉痛的申诉，有着冷刺的笑，也有着乐观的确信。或者近于人物素描、或者是真切形态的断面的反映，莫不以生动活泼、从容自如的笔墨，从都市到农村的众多角落，描绘出半封建半殖民地中国社会人民大众的苦难生活。作品显示出他们只有挺起抗争，别无他路可寻的境地，从而根本否定了当时的社会秩序。茅盾说，他在三十年代初便产生了大规模地描写中国社会现象的企图。应该说，他的散文和其他创作在一起构成了三十年代社会生活的艺术图画。

---

① 《茅盾文集》9 卷，156—157 页。
② 《茅盾文集》9 卷，127 页。

鲁迅在谈到自己的创作时说，有了小感触便写短文，得到整齐的材料则作小说。① 茅盾亦然。他长于小说的创作，但并不为自己布下固定的格套。可以从经久的观察中结构小说，也可以应现实的需要，"写写通常所谓随笔，以及那时风行的速写"。茅盾说，他在文学活动中，"未尝为创作而创作——换言之，未尝敢忘记了文学的社会意义，这是我一贯的态度"②。三十年代散文的创作，正体现着作家为革命、为人民大众而呼号而抗争的用心。因此，这些散文自然不能和那些标榜闲适清淡、妙语谈玄的小品，乃至把"屠伯们的凶残化为笑料"的幽默文章同日而语，因为它有别样的意义在。这些散文愈益深刻地体现了作者"未尝为创作而创作"，"未尝敢忘记了文学的社会意义"的一贯思想。

四、优美的革命赞歌

一九四五年，茅盾回顾自己二十五年的创作时说：

> 自己想来，当开始写作的时候，我的生活圈子实在比今天要狭小得多，对于人情世态之了解，也大不如今天。……③

就整个的创作来说是这样，就散文创作来说，也是如此。以抗战时期作者写下的散文而论，一如作者所说，这些作品虽属"一鳞一爪"，却可以看到大后方自南至北，从都市到乡村愈益宽广的生活景象。这时的散文，不仅描写了战争期间国统区生活的剧变，揭露了神奸巨猾之涌现、颓废淫靡之风的加甚；而且以热情洋溢的笔触写下了"新的人物，新的世界"的革命赞歌。例如《风景谈》和《白杨礼赞》等散文，不仅在茅盾的创作中而且在现代散文的发展史上，也是有口皆碑的名篇。

---

① 《鲁迅全集》4卷，348页。
② 茅盾：《我的回顾》，《创作的经验》。
③ 茅盾：《回顾》，《解放日报》1945年7月9日。

这里，如果我们要以作者在三十年代写下的《雷雨前》、《黄昏》等热望革命、颂扬"暴风雨"来临的那些散文相比较，便不难看出《白杨礼赞》等篇，生活的天地不但是全新的而且感情充沛，在艺术上已日臻完美。这些散文的显著特点是：画幅清新明朗，格调高昂。状物抒怀，热情奔放。它歌颂的是真切、平易的事物，但却蕴含着壮美、伟大的诗意。如果这也可以称为"人生的剪片"，那么作者是从大时代的激流中看待人生，是和人民大众在一起来礼赞抗战时期新生活、新世界的。毛泽东同志在《在延安文艺座谈会上的讲话》中告诫文艺工作者说："同志们很多是从上海亭子间来的，从亭子间到革命根据地。不但是经历了两种地区，而且是经历了两个历史时代。"他号召广大的文艺工作者，不要写那些群众"早已听厌了的老故事"，更不要"投合旧世界读者的口味"，"中国是向前的"，要把"新的人物，新的世界"[1]告诉他们。事实上，在抗战前期，茅盾和其他革命作家的散文和报告文学便是不同程度地向这方面探索前进的。他们歌颂的是前进的中国，写的是新的人物、新的世界。[2]

《白杨礼赞》完成于一九四一年二月。这篇散文的创作，会使我们想起作者于创作前在解放区那段宝贵的生活体察来。如前所述，早在左联时期，当红军长征胜利地到达陕北后，茅盾在和鲁迅的贺电中便表达了他对党和革命的信赖[3]。但是到了一九四〇年，当他从新疆归来访问了革命圣地延安后，那感怀和对革命的信念就更加深厚了。就此说来，歌颂党所领导下的人民革命、歌颂伟大的民族精神，可以说久在孕育之中吧！《白杨礼赞》是作者获着丰富的生活实感，热烈的激情和创新立意的劳动所产生的艺术结晶。

---

① 《毛泽东选集》3 卷，876 页。

② 抗战初期，反映解放区的散文、报告文学是不少的。其中如何其芳的《老百姓和军队》和《一个平常的故事》、刘白羽的《游击中间》、沙汀的《记贺龙》等作品都产生了良好的影响。

③ 见本书第三章《在白色恐怖的年代里》一节。

《白杨礼赞》是一篇满蕴诗情的散文，或者可以称为散文诗。评论者认为诗意不独诗里有，在散文中也有，这是有道理的。这诗意的本源是植根在深厚的生活土壤中的，是作者以浓郁的情思、敏锐的洞察力所发掘的客观事物的内涵转化为独具生命的形象，所体现出来比现实生活更高更美的艺术境界。散文的诗的意境，总是作者对生活的独特发现和创造的结晶。正因为这样，方会使读者在浓郁的情思中唤起宽广的联想。作为艺术，《白杨礼赞》写的是西北高原上极普通的一种树；然而，作者却将对象拟人化赋予白杨以生命，在平凡的景物中揭示出它的不平凡的性格，使人在刻意抒写中感受到意在言外的时代气息和革命精神。

这又怎样成为可能呢？可以理解，客观世界总是千态万姿、无限丰富的存在。作为客观世界的自然物和社会的人，当然有区别，但是不应因此就忽视了事物之间的联系，以为它不能寄托人的感情。诸如，汹涌的波涛、挺劲的苍松、迎风的稚柳，都可能以它复杂的征象唤起人们的社会联想。[①] 白杨的形象正是作家托物寄意的艺术创造。这里自然界的白杨，可以说是作家激发情思，进行艺术创造的起点或支撑点。作者从自然界联想到人的精神状态，联想到人的美，于是由此及彼、去粗取精，依靠作者对解放区的深厚感情乃至对国统区黑暗现状的切实体察，从而把物、情、理融合起来，借助艺术的想象，生发、概括才赋予白杨以艺术生命。

从白杨树的艺术创造中可以看出，作者不仅借"坦荡如砥"、"无边无垠"的境界，为像哨兵一样傲然耸立的白杨作了突兀而起的烘托，而且浓墨挥洒，精细地刻写它那包蕴着生机、能够唤起联想的重要特征。作者写它那"笔直"的干，"笔直"的枝，"一律向上，而且紧紧靠拢"，"绝无横斜逸出"的丫枝，以及"片片向上，几乎没

---

① 王朝闻：《一以当十》，作家出版社 1959 年版，18—19 页。

有斜生”的叶子，等等，以丰满的艺术表现构成了一种总的趋向。它使人深切地感受到作家在具体描写中，是把精细的刻画和整个艺术的构思统一起来，在局部和整体的和谐中着意表现白杨树那种“力争上游”、“努力向上”的特征和它那坚强不屈的性格力量。这些特征可以说是自然物所蕴藏的某些方面的素质，然而既经作家所发现、所创造，便以形传神映现出人的精神状态。可以说，凭借“自然白杨”的特征，创造了与人的本质相适应的“社会白杨”的性格。法国雕塑家罗丹说，“有‘性格’的作品，才算是美的”。《白杨礼赞》的艺术生命正在这里。

这里还应指出的是，《白杨礼赞》中抒情主人公的形象。这形象在通篇中似乎并没有在任何地方“突现”出来，但是却无处不感到他的存在。他仿佛同一旅程的伴侣，仿佛是远道归来的友人在和你促膝谈心。通篇中以他的视野为引线，把读者引进西北高原，以他的突兀的感觉，树起傲然耸立的白杨树的形象。于是心领神会，神与物游，当形象的刻画已在读者面前活现，抒情的主人公又别开洞天，意味深长地写道：“当你在积雪初融的高原上走过，看见平坦的大地上傲然挺立这么一株或一排白杨树，难道就只觉得树只是树，难道你就不想到它的朴质、严肃、坚强不屈，至少也象征了北方的农民；难道你竟一点也不联想到，在敌后的广大土地上，到处有坚强不屈，像这白杨树一样傲然挺立的守卫他们家乡的哨兵！难道你又不更远一点想到这样枝枝叶叶靠紧团结，力求上进的白杨树，宛然象征了今天华北平原纵横激荡用血写出新中国历史的那种精神和意志。”[①]这真是水到渠成之笔，从生活中发掘诗意的所在。有了抒情主人公近乎诗的复唱似的联想，具体的形象得到了升华，使人领悟到了白杨树深远的题旨。这个抒情的主人公深切地表露了

① 《茅盾文集》9 卷，343—344 页。

作者对生活的认识、美的感受和革命的激情。

由此可见，散文中的诗意，总是作者从生活深处独特地发现和创造的结晶。真正的诗篇是和时代的脉搏一起震荡的，是从人民生活中迸发出来的。《白杨礼赞》写的是西北高原一种普通的树，然而作者却托物寄意礼赞了党所领导的革命人民、礼赞了伟大的民族精神。白杨的性格是在民族危难中朴质、坚强、傲然挺立的革命人民的精神和意志的象征。

茅盾在《见闻杂记》的"后记"里说，这里收的十多篇散文，并不想写风景，"美好的风景看过了，往往印象不深"，这可见作家"每不忘社会"的用意。他的抒写自然景物的散文，《白杨礼赞》、《风景谈》的深刻意义，正在于此。

《风景谈》和《白杨礼赞》是作者延安之行所完成的姐妹篇。同是礼赞解放区人民生活的，《风景谈》则更充满了生活的情趣和新生活所散发出的浓郁气息。这篇作品是从《塞上风云》影片引起的联想开写的。于是，借助丰富的艺术联想，纵横驰骋，展开了猩猩峡外的沙漠、展开了西北"黄土高原"的景象。在那蓝的天、黑的山、银色的月光下，映出了种田人劳动生活的剪影。然而，作者的命意、绝不同于"田园诗人"的感受、绝不讲述人们"早已听厌了的老故事"，而是感受时代生活的情趣，是充满了崇高精神的人所织成的"美妙的图画"：

> 夕阳在山，干坼的黄土正吐出它在一天内所吸收的热，河汤汤急流，似乎能把浅浅河床中的鹅卵石都冲走了似的。这时候，沿河的山坳里有一队人，从"生产"归来，兴奋的谈话中，至少有七八种不同的方音。忽然间，他们又用同一的音调，唱起雄壮的歌曲来了，他们的爽朗的笑声，落到水上，使得河水也似乎在笑。看他们的手，这是惯拿调色板的，那是昨天还拉着提琴的弓子伴奏着《生产曲》的，这是经常不离木刻刀的，那

又是洋洋洒洒下笔如有神的，但现在，一律都被锄锹的木柄磨起了老茧了。他们在山坡下，被另一群所迎住。这里正燃起熊熊的野火，多少曾调朱弄粉的手儿，已经将金黄的小米饭，翠绿的油菜，准备齐全。这时候，太阳已经下山，却将它的余辉幻成了满天的彩霞，河水喧哗得更响了，跌在石上的便喷出了雪白的泡沫。人们把沾着黄土的脚伸在水里，任它冲刷，或者掬起水来，洗一把脸。在背山面水这样一个所在，静穆的自然和弥满了生命力的人，就织成了美妙的图画。①

这幅画稿，作为美妙的自然景物来说，诚然是绘形绘色的。然而立意分明的作者使人相信：作家的《风景谈》却不在风景，它所强调的无疑是那主宰自然、改造世界的人，是"弥满了生命力的人"。由于有了这些新的人物，自然才会顿生光辉。可以看出，作者虽没点出"这样一个所在"是那里，也不表明这群人是谁。可是随着艺术的描绘便使人仿佛到了革命圣地延安、到了那桃花刚落的王家坪、到了清凉山（或称宝塔山）下延水河边，看到了"鲁艺"或其他革命团体的劳动生活。作者通过各种各样"手"的描写和变化，写出了脑力劳动和体力劳动的结合过程、写出了延安的生产劳动和革命者的精神面貌。是共同的革命信念，把五湖四海"不同方音"的人汇集在这里；是革命的人，给黄土高原以伟力，充实了生活的内蕴。作者正是从这里来抒写"新的人物，新的世界"的美和诗意的。人们说，比较是认识事物惯常的、也是有效的办法。《风景谈》中健康的、明朗的生活和《见闻杂记》中充塞"大后方"的"颓废淫靡"之风相比，显然绝不只是"两种地区"的差别，而是"两个历史时代"的映照。

这篇散文的结尾，作者以雕塑般的剪影把散文的意旨升得更高了。如果说，在《白杨礼赞》中作者还是托物寄意以白杨的傲然挺立

---

① 《茅盾文集》10 卷，4—5 页。

象征革命人民，歌颂了伟大的民族精神，那么这里，作者则以正面的彩墨，勾勒出神采奕奕的人民战士的形象，概括出伟大的民族精神来。作品写到，这是五月的北国清晨，"朝霞笼住了左面的山，我看见山峰上的小号兵了。霞光射住他，只觉得他的额角异常发亮，然而，使我惊叹叫出声来的，是离他不远有一位荷枪的战士，面向着东方，严肃地站在那里，犹如雕像一般。晨风吹着喇叭的红绸子，只这是动的战士枪尖的刺刀闪着寒光，在粉红的霞色中，只这是刚性的"。作者说，"我看得呆了，我仿佛看见了民族的精神化身而为他们两个"。严肃、坚定、勇敢和时代生活中崇高的精神似乎都活在形象中了。这景象是亦实亦虚、亦情亦景，它把现实生活和时代理想交融起来熔铸在形象中。作者说："如果你也当它是'风景'，那便是真的风景，是伟大中之最伟大者！"简要的几个字，留给读者多少思索的余地。

到这里，我们便会得出结论，从作者早期的《雾》、《虹》以及《卖豆腐的哨子》等小品，到《白杨礼赞》等散文，两者虽然都满蕴诗意，但是它们从思想到艺术有多么大的距离！这种巨大的进步，不仅表明茅盾思想的变化和生活阅历的加深，也标志着其艺术上的成熟。我们可以说，《白杨礼赞》和《风景谈》等篇散文，已经完全从个人的狭小天地中冲决开来。它的重要命题是献给革命的，是时代的革命赞歌、优美的诗篇。

有人说，真理可能以许多方式隐藏着，也可能以许多方式揭示出来，这话是有道理的。不过，在艺术的实践只有不满足于一般化的描写的现实的作家，才可能对无限丰富的生活做独具一格的描写和艺术创造。《白杨礼赞》、《风景谈》同样讴歌新的世界、新的生活，礼赞伟大民族革命精神，然而它们的艺术表现却又各有千秋。这自然源于客观生活的千态万姿，也是作家敏于发现和辛劳地创造的结晶。

看得出《白杨礼赞》和《风景谈》在熔材谋篇、结构布局上是各具特点的。就艺术表现来说，《风景谈》便有些不同了。《白杨礼赞》从写天高地阔、坦荡无垠的自然开篇，曲折中引出白杨进行正面的精工雕刻、丰富的比赋，然后别开新境、以树喻人，可谓前呼后应、丝丝入扣、谨严凝练、浑然成篇。《风景谈》似乎不如前者那么谨严凝练，完美集中，然而却以跌宕多姿、挥洒自如见长。它更充分发挥了散文的自由活泼、不受约束之所长。叙事、写景、写人、抒怀，文情并茂，谈吐从容。时而沙漠风光、时而高原夜色、时而写意的"大场面"、时而精工的"小镜头"，但又绝非事无巨细、物无轻重，撒得开、收得拢。看来是散散落落，却又错落有致；似乎是无拘无束，但是每个为作者"慧眼独见"的景象，又像整个思想引线上的一串珠玉沿着感情的藤络，闪出光泽。两篇散文都揭示出新生活、新世界的光彩，都映现出作者不断探求的艺术功力。

茅盾的作品，是以深厚丰满见长的。他的散文，也正如此。虽然他表现的是某个生活片断、某种生活景象，但是取精用宏，经常会调动整个生活的积累来充实它，使之更加集中完美。比如，为了写出白杨树的倔强挺立的性格，作者不但使之与婆娑多姿的柳树相比，和有着屈曲盘旋的虬枝的松树映衬，还更加明显地与贵族化的楠木对照起来①，从而突出白杨树的独异性格。作者表现一种树，是以许多树的体察作为基石的。要表现革命人民的精神状态，那些与人民为敌、贱视民众的影像便自然地浮现笔端。"唯其阅世深了，所以每不忘社会"的特点，是一直深化在茅盾整个散文创作中的。再以《风景谈》为例。作家着意写的是解放区的"风物人情"、生活景色，但是由于时时插入旧生活、旧习俗的描述，相反实则相成，新的生活便愈益醒目引人。比如，作者用了"西装革履烫发旗袍高跟鞋"的一对儿在都市公园"偎倚低语"的景象，和被雨赶到天然的石

---

① 据茅盾说，"贵族化的楠木象征国民党反动派，我写此散文时也是这样想的"。

洞一对儿促膝而坐，用"只凭剪发式样"的不同，你方"辨认出一个是女的"来对照，便活画出了后者一派新生活的气象。同样的，在写小桃林下"茶社"的风光时，作者在笔端也自然地现出那些在旧社会中闲得无聊消磨时间的人们来，分明的感情、鲜明的映衬映出作者深厚的生活阅历来。

茅盾的创作是十分严谨的。他告诉读者说，短短的速写或随笔，"每次都是一身大汗"。从立意、谋篇到语言，莫不精心地考究使之尽善尽美。在几十年的实践中，愈益成熟地形成了自己的风格。举以语言来说，《风景谈》、《白杨礼赞》等篇较为成熟地显出优美、劲健而又绰约多姿的特色。在散文中，可以感受到作家精心提炼的词语是颇具表现力和概括力的。抒情叙事言简意深，寥寥几个字常寓深厚的内容，引出无限新意。你看"……更有两位虎头虎脑的青年，他们走过'天下最难走的路'，现在却静静地坐着，温雅得和闺女一般"。这里且不说两位"虎头虎脑"的青年，"温雅得和闺女一般"多么引人联想，仅只他们走过"天下最难走的路"，会引起读者多少遐想啊！为了革命、为了抗日，许多有志之士不但跋山涉水越过了自然的险阻，而且要和敌人周旋，在白色恐怖中冲开了多少网罗才能来到革命圣地啊！从国民党区到革命根据地，岂止是"两种地区"，而是"两个历史时代"！就此说来，走过了"天下最难走的路"，该是多么概括又富有表现力！再如，"有一队人，从'生产'归来，兴奋的谈话中，至少有七八种不同的方音。忽然间，他们又用同一的音调，唱起雄壮的歌曲来了，他们的爽朗的笑声，落到水上，使得河水也似乎在笑"。这又是多么优美、婉转，蕴含着诗意。而"七八种不同的方音"，"用同一的音调唱起雄壮的歌曲"，该又多么耐人寻味。它使人想到这些人的乡土，想到他们的崇高理想、想到革命的共同信念、想到生活的美。真是言有尽而意无穷，这不是艺术语言的魅力吗！

茅盾的散文，有些地方是言简意深，引人思索；有些地方又以精微的刻画，浓墨挥洒，写出动人的形象。这里，不仅可见语式的变化，同时也表现了语言的丰富；这语言可以说是优美的，但又不失之浮丽。例如对白杨树形象的刻画便是。作者写它的根干、枝丫，写了它的叶子，再写表皮。许多语汇，不一而足地表现出它那"力争上游"的特征。就千余字的散文来说，这段文字可以说是丝发可数的，但它不给人以重复、繁杂的感觉。每一个精微的文字都是形象的深化、诗意的浓染，而显示着语言的姿色韵味。

粗略地叙述了茅盾的抒情散文，便不难看出作家在革命的发展过程中，思想和艺术风格上的变化是很大的。从迷雾茫茫的境界到天高地阔、明丽宜人的天地；从沉湎于内心积郁的抒发到和人民大众一起来礼赞革命，这不仅意味着艺术的进步乃至成熟，而且标志着思想变化的历程。别林斯基说，"风格，就是思想本身"。马克思在《评普鲁士最近的书报检查令》中也转述："风格就是人。"在探索茅盾散文的思想和风格时，我们不妨说，从这个方面的艺术实践中，我们不但认识到作家自己，同时也不同程度地认识到他所生活的时代。他的散文是以显明的"个人笔调"，丰富了"五四"以来的艺术园地。

第四节　话剧《清明前后》

一、《清明前后》的历史意义

毛泽东同志在一九三九年对抗大的同志说，被敌人反对是好事而不是坏事。这论断不仅适用于一般革命，而且也同样适用于革命的文艺事业。无产阶级的革命文学是在敌人的刀枪牢狱中诞生，在攻击和禁锢中发展的。茅盾的许多作品和一些进步、革命作家所遭遇的是同样命运，但这又恰恰证明了作品的威力和它对革命的贡献。《子夜》如此，《腐蚀》如此，他的第一个剧本《清明前后》的命运也同样如此。《清明前后》写于一九四五年抗战胜利前后。剧本刚刚上演，敌人便视为"洪水猛兽"，迫不及待地"暗中设法制止"。这从国民党中央文化运动委员会的头子张道藩的"密令"中便可得见：

> ……为茅盾（即沈雁冰）所著之《清明前后》剧本，内容多系指摘政府，暴露黑暗，而归结于中国急需改革；以暗示煽惑人民之变乱，种种影射既极明显，而诬蔑又无所不至，请特加注意……①

如果说"在日常生活中任何一个小店主都能精明地判别某人的假貌和真相"②，那么上面这段"密令"则从敌人特有的反动阶级的嗅觉中，可以看出茅盾的这部作品是成功的，它击中了敌人的要害。因此，在抗战后出版检查制度业经废止的情况下，仍要"暗中设法制止"以免所谓"流传播毒"。不过，在人民群众中，剧本的上演却激起了热烈的反响。何其芳在《〈清明前后〉的现实意义》一文中肯定这是茅盾的力作。他认为，"这个戏有着尖锐而又丰富的现实意义"。

《清明前后》演出后，在解放区的《解放日报》上立即发表了消息。转载了《清明前后·后记》。一九四六年二月，延安的西北文工团开始公演《清明前后》，并且同时在《解放日报》上发表评介文章。一面是密令禁止、一面是公演介绍，两相对照，作品的作用和意义便清楚地反映出来。

《清明前后》取材于当时轰动重庆的一桩《黄金案》。这桩事的情况是这样的：

> 抗日战争时期，国民党统治区通货膨胀，民不聊生。一九

---

① 《消息》半月刊第 10 期，1946 年 5 月 9 日版。
② 《费尔巴哈》，《马克思恩格斯选集》1 卷，55—56 页。

四四年五月国民党举办所谓"法币折合黄金存款"，美其名为出售黄金、收缩通货，其实不过是为了反动派四大家族更进一步上下齐手，搜刮民脂民膏。一九四五年三月下旬某日，各银行售出黄金之总数陡增，较平日多出一倍；傍晚，财政部即宣布每两价格由二万元提高至三万五千元，显然，这个命令被主管人员预先知道，遂在市场抢购黄金。一转手间即获厚利。当时反动派内部各派系互相倾轧，甚为剧烈，黄金加价舞弊案出现后，大小报纸纷纷披载，监察院为了搪塞"舆论"，不得不进行查账。查账结果，在该日购买黄金各千两的几个大户均只退款了事，并未追究，而法院起诉的倒是几个银行的小职员，他们利用尚未入账的暂记存款，共同购存黄金几十两而已。这几个小职员就这样成为官僚资本营私舞弊的牺牲品。①

上述情况是可以作为剧本创作的生活基础来看待的。所以作者说，他所写的是"大时代的小插曲"。按照列宁的说法，在自然界和生活中"运动总得是从某个东西开始的"②。因此，从具体事物中捕捉艺术的生命是作家所必需的，但是任何"具体之所以为具体，因为它是许多规定的总结"③。一个作家只有把具体性和规定性统一起来，才可能显示出作品的思想力量。《清明前后》摄取的自然是一个"小故事"，但这个小故事、"小插曲"却有力地通向了大时代，包含了尖锐而丰富的历史内容。它使我们看到的不是一个偶然的故事，而是国民党统治下的一个历史缩影。在这个"黄金案"中，映现出"大人物"和"小人物"的喜怒哀乐，揭示出国民党统治下"战时首都"的全部"无耻、卑劣与罪恶"④。它使人战栗、愤怒，正如《腐蚀》

---

① 茅盾：《〈清明前后〉出版说明》。
② 《列宁全集》38 卷，38 页。
③ 马克思：《政治经济学批判》。
④ 茅盾：《〈清明前后〉后记》。

一样，它以严正的革命现实主义精神刻写了旧中国的罪人们的罪行录。

作品的艺术框架是纵横交错的。就纵向来说，隐现着八年抗战的风云，时空的跨度是相当大的；就横向来说，它把艺术的聚光镜对准丑恶的现实，纵横交错，构成形象的历史缩影。剧本的重要线索是写民族工业家林永清在国民党统制、管制、限价等脚镣手铐中的挣扎、彷徨，终至扑倒的景象。作品提出"要打断那把工业拖得半死不活的脚镣手铐"，只有投向更积极的民主斗争。不过，作品的容量显然丰富、深厚得多。围绕着更新机器厂的线索，我们还看到了小职员李维勤夫妇更为悲惨的遭遇。这个安分守己、埋头苦干的"小人物"，忍受着最大的艰辛，也难于维持最低下的家庭温饱。在"黄金案"中一旦被利用，梦想得点甜头，却终至成为可怜的牺牲品。他的老婆唐文君，在抗战初期曾是一个为抗敌奋争的"救亡青年"，在残酷的现实打击下，"像刚刚抽芽的植物便遇到寒霜"一样，竟至被逼发了疯。这一对小人物的生活和作为更广泛的社会背景而出现的难民群的呻吟、劳动船夫沉重悲壮的号子，构成了"雾重庆"人民大众的生活和命运的控诉！它使人深信，在抗战前后的大后方安分守己落得满身罪名，"偷天换日"却飞黄腾达。在这"吃人的世界"里，人为的"雾"，比天然的雾更为阴暗地笼罩着。

与上述境况相对立，金澹庵、严干臣、余为民以及方科长之流，则借此云雾兴风作浪、浑水摸鱼。他们干尽了"抢桌子底下的骨头，舐刀口上的鲜血"的勾当。按照作品的描写，金澹庵这样的人物，早已"乘抗战风云而腾达"了。他"人情练达，世故洞明"，兜得转，担当得起；能"慷慨"，也能狠毒。他是这个复杂矛盾社会喂养大的，又反转来可以加深这社会矛盾的"大人物"。在放纵地想控制、束缚、挤垮民族工业的过程中，他仿佛是俨然的一个"存在"。严干臣便有些不同了，他在"黄金案"中自然也是大做手脚的。李维勤说是他以手条开五百万的支票开头的，可是事态一变，他又会反手把动用四十万的李维勤横加罪名。但是，他老成持重，道貌岸然。照作者的说法，他是以做"八面美人"为终身事业的。至于"学会了七十二变化"的政治流氓余为民，自然也是不能忽视的。他满口谦恭的"兄弟"，名片上有数不完的头衔。讲的可以是"为国为民百年久安之计"，干的却是无耻与卑劣的勾当。这些人物在作者笔下并非千人一面，却无一例外地在"舐刀口上的鲜血"。作者说："我不相信有史以来，有过第二个地方充满了这样矛盾，无耻，卑鄙和罪恶；我们字典上还没有足量的诅咒的字汇可以供我们使用。"①作品以强烈愤懑的感情写了"雾重庆"群魔乱舞的吃人景象。

在《清明前后》中，黄梦英救乔张的活动也是一条线索。乔张是虚写的，他是经济学教授陈克明的学生。只从陈克明在久别后遇到乔张的印象中得知，他在茫茫人海中，虽"苍老"了许多但并不"圆通"，有时且突然露一下棱角。至于黄梦英却是有着更为现实意义的。从作品来看，直接惩治余为民的是她，她的两记耳光，不仅打得余为民"昏昏然倒退一步，白痴似的站着"，也当即使这个无耻的政客哑下口来；也是她，把疯了的唐文君引进严干臣的公馆中来，使得那些大大小小的"吸血鬼"六神不安，而又无可奈何。她直白地说："他们是早有计划，存心要葬送那姓李的了。就因为他们也舞弊，都落在李的眼里。"这种清醒的语言，使得读者更深刻地认识到"雾重庆"的黑暗社会。作者借陈克明的推论谈出了黄梦英的经历："七七"抗战时期热情的余烬，现在是深埋在黄梦英心深处了。被玩世不羁的外衣厚厚地覆盖着，可是即便如此，她还是代表着一种爆炸力、一种不甘于死寂的渴求有所动作的欲望。她的行迹表明，虽经常出现在上层社会中，却迥然而不属于商品化的交际花之类人

---

①　茅盾：《〈清明前后〉后记》。

物。最后，她离开严公馆时讲的一段话，可以说得上是淋漓尽致的揭露："恭贺各位做一万个好梦，恭贺各位在一切种种好梦里升官发财，啃桌子底下的骨头，舐刀口上的鲜血，可是恕我不能奉陪了！"这不能"奉陪"是双关的，余味方长。剧本最后交代，她已经到当时民主运动的漩涡昆明去了。"玩世不羁"外衣下的"有所动作"，给予这个人以特殊的活力。

二、从吴荪甫到林永清的形象

从《清明前后》林永清的形象中，会直接使我们联想起《子夜》中的吴荪甫来。他们都以自己的独特的举止行动，活在作品中。剧本中的林永清属于四十年代民族工业家的一个典型人物。就他的软弱、动摇乃至在"黄金案"的圈套中，想丢下工厂去干投机勾当来说，和三十年代初的工业家吴荪甫是有相似之处的；就他们在官僚资本的控制下，难于摆脱重重困境来说也是很相似的。但是，相似并非相同。诚如恩格斯所说："我们当然能吃樱桃和李子，不能吃水果，因为还没有人吃过抽象的水果。"现实生活中"一般只能通过个别而存在"，资产阶级的属性是从许许多多的具体资本家的社会生活中概括出来的。茅盾的作品，总是从时代、社会的发展中来塑造这些人物的。如果说，吴荪甫和赵伯韬"斗法"失败后，还恶言恶语地说，他倒要去看看那共产党，"光景也不过是匪"。这就揭示了在三十年代民族资产阶级依附国民党反动派后的反动性；那么到了抗战以后，林永清则从上海到武汉，又辗转到了大后方的奔波，经历了"饮鸩止渴"、"挖肉补疮"的挣扎过程。这个被国民党拖得半死不活的人物似乎有些清醒了。他不能不认识到国民党的"统制管制，官价限价，等等一切，才是最厉害的脚镣手铐"！

毛泽东同志在一九四五年分析国统区的形势时指出，国民党内的主要统治集团"一面在口头上宣称要发展中国经济，一面又在实际上积累官僚资本，亦即大地主、大银行家、大买办资本，垄断中国的主要经济命脉。而残酷地压迫农民、压迫工人、压迫小资产阶级和自由资产阶级"①。这就可见，民族资产阶级在当时的处境了。正是如此，毛泽东同志提出争取中间势力（包括民族资产阶级）的问题。茅盾的《清明前后》不只更深入地刻画了这个阶级的软弱性，同时从人物的行动中指出，只有参加民主斗争才是他们的出路。林永清在焦头烂额、千回百转中不得不承认"政治不民主，工业就没有出路"的道理。

林永清的形象塑造是成功的。从《子夜》中的吴荪甫，到《第一阶段的故事》中的何耀先，和长篇《走上岗位》（未完成）中的阮仲平，到《清明前后》中的林永清的一系列形象，使我们更清楚地认识到民族资产阶级在新民主主义革命阶段上的阶级面貌和阶级本质。这些人物可以说是相辅相成、相互补充的，从而构成了茅盾作品中民族资产阶级在各个历史阶段上的状貌。自然，这些人物之间的艺术成就并不相同，但是就这方面的形象塑造和认识作用来说，却是其他作品所不曾提供的。不过，把林永清与吴荪甫的形象比较，似乎在强调他与官僚资本及一切罪人的"斗法"中，存在一些进步的方面，这是由于他的历史的阶级的处境所造成的。但就另一方面来说，似乎民族工业家和工人阶级的矛盾又有所忽略。不用说，文学创作不是等分物品的天秤，但在文学作品中个性归根结底是阶级性赖以存在及其体现的形式，就此说来，林永清形象和工人阶级的矛盾便有些削弱和不足了。而和唐文君的关系中，也显然十分忠厚，这也是在评价林永清形象值得思考的一个问题。

茅盾是习惯于写小说的，但是他也并不拘泥于旧的格套。他使用"枪"法多年，这次也用起"刀"来。这虽是作者的一个尝试，但是

① 《论联合政府》，《毛泽东选集》3卷，1046页。

这尝试是成功的。这是无论就作品的社会意义和人物塑造来说，都是有口皆碑的。

自然，既是尝试就难免有某些缺欠。作家自己认为，他写《清明前后》还未能完全摆脱写小说的手法。他说："正像人家把散文分行写了便以为是诗一样，我把小说的对话部分加强了便亦自以为是剧本了。而'说明'之多，亦充分指出了我之没有办法。"①也许正是如此吧，使得全剧便不够集中，不够紧密；某些场面的人物不够突出。作者认为由于他对工厂情形不熟悉，所以不能把这题材写得更好。因此，使作品的后部分紧张的呼喊似乎也多了一些，尽管如此，作为抗战前后大后方罪人的罪行录，它是深刻而有力的。诚如评论者所说，它在那个重要的关头，恰当其时地喊出了广大人民的呼声。也许正是基于此，当时的许多读者（观众）希望茅盾能再写出一部《中秋前后》的剧本来。据说，曹禺看了这个戏之后，曾经指出："话剧里面要有'话'，《清明前后》才是真正的有话！"显然，这里所说的"话"，并非就艺术而言，它包括着剧本的思想内涵以及它的深刻的社会意义。②

---

① 茅盾：《〈清明前后〉后记》。
② 《〈清明前后〉在重庆》。

结　语

　　中国现代文学的历史，从"五四"开始到一九四九年伟大的中华人民共和国成立，经历了三十年的光辉历程。在几十年的历程中，它以艺术的画卷，映现了时代的风云，展现了宏大的魄力。这中间涌现了一大批伟大的和有卓越成就的作家，其中有伟大的文化旗手鲁迅，也有卓越的无产阶级文化战士郭沫若。这支文化新军的锋芒所向，从思想到形式，无不起了极大的革命作用。在这支文化新军中，茅盾以辛勤劳动贡献了自己的力量。从前面的叙述中，可以看出他的人民大众的立场、他的反帝反封建的态度，是随着革命的发展而越来越分明的。其间，自然不免有着苦闷和彷徨，但在总的方向上是和人民革命事业密切呼应的。如果说"五四"以来的文学创作可以构成强弱不同的形象的历史，为中国现代革命的历史提供了佐证，那么在茅盾的文学活动和创作中，也不同程度地反映了这个壮伟历史的现实。"四人帮"企图否定"五四"以来文艺的成绩，他们架空鲁迅，甚至荒谬地认为从《国际歌》到"样板戏"是所谓"空白"。不言而喻，他们不仅妄图抹黑这一段历史，也根本否定鲁迅，否定毛泽东同志对"五四"以来新文化、文学运动的论述。可以想见，如果鲁迅这个光辉的新文化旗手成为"孤立"的，那么哪里还有新军，又怎能称为旗手？因此，我们对于郭沫若、茅盾以及其他进步的革命作家的研究，就会使历史的本来面目得到恢复、就会从不同的角度展现出历史的全貌，从而为文学的历史实绩提供佐证。

诚如列宁同志所说，历史的功绩不按历史人物和现代要求相比较时未曾做出的贡献来衡量，而是按他们和其他先驱者比较时所做出的一些新的贡献来衡量。如果历史地来分析、研究茅盾的文学活动，就会看到他在理论探讨、翻译介绍和创作方面，对于中国现代文学的发展都提供了重要的有益的东西。甚至，他的弱点也可以作为历史的教训，引为鉴诫的。他在文学创作中对于时代的反映、他所提供的众多的形象以及细腻地刻画人物的艺术，都是活在现代文学历史上的。自然，任何一个作家的艺术才能，绝非来自于"深山野林"，而是来自于伟大的群众的泥土，是伟大的革命时代造就伟大的人才。罗丹说，"在同时代的人脑中，思想不断地在交流"，这也是很有道理的。但是，由于个人所付出的劳动的差异以及其他的因素（例如生活、教养等等），就形成了个人的一些特点。没有个别就失去了一般。作家总是借助自己的活动，参与革命文学事业的。"四人帮"对于过去的东西苛责求全，采取一笔抹杀的办法，这不仅说明他们的形而上学猖獗，同时也说明他们的别有用心。我们研究过去的文学现象，自然要把秽水泼出去，但是总是欣喜于新生的"婴儿"。只有用"拿来主义"的精神，吸取一切有益的养料，才会建设社会主义的新文艺。对于这方面的工作，我们不是做得多了，而是深感不足。

从茅盾的文艺实践中，还可以看出作家在无产阶级领导的人民大众的文艺道路上的发展历程。众所周知，"五四"以来的新文艺是无产阶级领导的，而大多的文艺战士却是非无产阶级出身。因此，要为工农兵服务，就有一个自身的工农化、自身的改造问题。在这个方面，茅盾也走过了"迂回而再进"的道路。早期他提倡"为人生的艺术"，随着革命的进展，一九二五年他提出了"无产阶级的艺术"主张。应该说，这主张和郭沫若、恽代英等同志的革命文学主张在一起，构成了革命文学运动的前奏。但是实践证明，在理论上提倡无产阶级文学，还不意味着世界观已经无产阶级化了。这从大革命失败后茅盾的创作实践中便可以得到证实。所以毛泽东说："要彻底地解决这个问题，非有十年八年的长时间不可。但是时间无论怎样长，我们都必须解决它，必须明确地彻底地解决它。"①

　　几十年来，茅盾沿着文艺大众化的道路，坚实地前进着。伟大的中华人民共和国成立后，他担任过文化部长的行政职务，并当选为全国文联副主席和作协主席。他积极从事国际和国内的革命活动。在这一过程中，仍然不断地从事写作。《鼓吹集》、《鼓吹集续编》、《夜读偶记》、《关于历史和历史剧》等等，都是这时期完成的。在这一过程中，他仍念念不忘要"从头向群众学习，彻底改造自己"。在一举粉碎"四人帮"以后，这位老作家更加恢复了文艺实践的青春，他用诸多诗词、散文来描绘自己的思想，誓愿在党的领导下贡献自己的力量。他说："毛主席的光辉著作《在延安文艺座谈会上的讲话》，就是教导我们如何为工农兵服务，为无产阶级政治服务的万宝全书。""在十一大胜利召开的大好形势下，毛主席的文艺路线将引导我们继续前进，使百花园里呈现万紫千红，莺歌燕舞。"②

　　茅盾和许多中国的革命、进步作家作品一样，被不断地介绍到国外去，受到广大读者的欢迎。据了解，早在三十年代初，英国、美国、苏联、日本及其他国家中便陆续出现了关于茅盾的研究和作品的译本。例如，一九三〇年，在伦敦出版的英译中国现代小说中，便收有茅盾的作品；一九三二、一九三三年，莫斯科的外国工人出版局出版的英文的《中国短篇小说集》中也收了茅盾的创作；大

---

①　《毛泽东选集》3卷，859页。
②　《毛主席的文艺路线万古长青》，《人民文学》1977年9月号。

体在一九三五年左右，茅盾的《动摇》也被译成俄文；《子夜》于一九三三年出版后，到三七年顷，就有了俄译本。到了一九三九年，据《鲁迅风》杂志第九期记述：茅盾的《子夜》被译成德文，译者是德国人弗兰兹·库恩，书名改为《黄昏的上海》。一九四六年，《清明前后》刚刚上演不久，也被介绍到美国去，题名改为《泥龙》。在日本，我们不仅读到增田涉等对茅盾的回忆录，也读到许多细致的关于茅盾研究的著作。据藏原惟人在《对中国文学的期待》一文中说，在中国新文学中，解放前的鲁迅、郭沫若、茅盾等作家的一些作品，"早为我国读者熟知，评价很高"①。这提示我们，更有责任把现代作家（包括茅盾）及其作品的研究工作做好，以便正确地将其介绍给中外的读者。

---

① 《文艺报》1959 年第 18 期。

附录一

茅盾著译年表

1896 年至 1949 年部分

1896 年(清光绪二十二年丙申)　不满一岁

　　七月四日,生于浙江桐乡乌镇(原为青镇。后与乌镇合并,更名乌镇)。父亲沈永锡是一个秀才,通晓中医,是具有开明思想的维新派人物。

　　原名沈德鸿,乳名燕昌,字雁冰。茅盾是一九二七年发表小说《幻灭》时起用的笔名。此外,尚用玄珠、方璧、郎损、丙生、MD、形天、止敬等许多笔名发表文章。大革命失败后,避居日本,后来在上海,曾用过仲方、保宗、沈明甫等别名(见附录二)。

　　自一八四〇年鸦片战争后,中国一步步地沦为半殖民地半封建社会。一八九四年八月,中日甲午战争爆发,一八九五年四月中国战败,被迫同日本签订《马关条约》。同年十二月孙中山创立兴中会;一八九六年二月设总会于香港。

1903 年(清光绪二十九年癸卯)　七岁

　　入青镇新办励志小学校学习。

1904 年（清光绪三十年甲辰） 八岁

二月，日俄战争在中国领土爆发。清政府宣布中立。

本年黄兴等在长沙成立兴中会。同年冬，光复会在上海正式成立。

1905 年（清光绪三十一年乙巳） 九岁

茅盾父亲病逝。

本年九月二日，清政府被迫诏令废科举，推广学堂。

1909 年（清宣统元年己酉） 十三岁

暑假考入浙江省湖州第三中学堂读书。

1911 年（清宣统三年辛亥） 十五岁

暑假后转入省立嘉兴第二中学堂二年级学习。后因与同学反对不得众望的学监，被开除学籍。

本年十月十日，辛亥革命爆发。

1912 年（民国元年） 十六岁

转入杭州安定中学校学习。

一月一日，孙中山于南京就任临时大总统，宣告中华民国成立。二月，清帝宣布退位，孙中山辞职。三月十日，袁世凯窃国，在北京宣誓就临时总统职。

1913 年（民国二年） 十七岁

中学毕业。考入北京大学预科第一类（毕业后进文、法、商科）学习。

本年七月，江西、江苏、安徽等省先后发动"二次革命"。九月，二次革命失败。

1916 年（民国五年） 二十岁

北京大学预科毕业，因家庭经济窘迫，八月，经介绍到上海商务印书馆编译所工作。

本年下半年，翻译《衣》、《食》、《住》（均为美·卡本脱著），后由商务印书馆出版。

袁世凯于一九一五年十二月称帝，遭到各省反对，被迫取消帝制。本年六月死去。黎元洪继任总统。

一九一五年九月《青年杂志》在上海创刊。本年改名《新青年》。

1917 年（民国六年）　二十一岁

一至四月，译《三百年后孵化之卵》（科学小说）发表于《学生杂志》四卷一至四号。

作论文《学生与社会》，发表于《学生杂志》四卷十二号。

七月，张勋、康有为拥立溥仪复辟，十二天后失败。

十月，编纂《中国寓言初编》，由商务印书馆出版。署名沈德鸿编，孙毓修校订。

十一月，十月社会主义革命爆发。

1918 年（民国七年）　二十二岁

一月，作论文《一九一八年之学生》，发表于《学生杂志》五卷一号。

与泽民合译《两月中之建筑谭》，陆续发表于《学生杂志》五卷一、四、八、九号。

四至六月，译《履人传》，发表于《学生杂志》五卷四、六号。

六月，编著童话《大槐国》，由商务印书馆出版。署名沈德鸿（以下编著童话署名同）。

七月，译《二十世纪之南极》，刊于《学生杂志》五卷七号。

编著童话《负骨报恩》，由商务印书馆出版。

八月，编著童话《狮骡访猪》、《狮受蚊欺》、《傲狐辱蟹》、《学由瓜得》、《风云雨》及《千匹绢》等，由商务印书馆出版。

九月，编著童话《和平会议》（包括《和平会议》、《蜂蜗之争》、《鸡鳖之争》、《金盏花与松树》、《以镜为鉴》），由商务印书馆出版。

作《缝工传》，刊于《学生杂志》五卷九、十号。

十月，作《求幸福》，刊于《学生杂志》五卷十、十一号。

十一月，创作童话《寻快乐》，编著《驴大哥》，由商务印书馆出版。

本年，鲁迅创作的第一篇反封建的划时代小说《狂人日记》发表于《新青年》四卷五号。《新青年》改为"同人杂志"。新潮社成立。《每周评论》创刊。《晨报》于十二月创刊。

本年毛泽东在长沙成立新民学会。

1919 年（民国八年）　二十三岁

一月，编著童话《蛙公主》、《兔娶妇》（包括《兔娶妇》、《鼠择婿》、《狐兔入井》）、《怪花园》，由商务印书馆出版。

传记《福煦将军》发表于《学生杂志》六卷一号。

二月，作《肖伯纳》（传记），发表于《学生杂志》六卷二、三号。

三月，创作童话《书呆子》，由商务印书馆出版。

四月，编著童话《树中饿》、《牧羊郎官》，由商务印书馆出版。

作《托尔斯泰与今日之俄罗斯》，发表于《学生杂志》六卷四至六号。

五月四日，"五四"运动爆发。新民主主义运动开始。

编著童话《一段麻》，由商务印书馆出版。

六月，"六三"运动，中国工人阶级登上政治舞台。

七月，《近代戏剧家传》陆续刊于《学生杂志》六卷七至十二号。

作《对于黄蔼女士讨论小组问题一文的意见》，刊于《时事新报·学灯》二十五日，署名冰。

编著童话《海斯交运》、《金龟》，由商务印书馆出版。

毛泽东主编《湘江评论》创刊。

八月，译《界石》，刊于《时事新报·学灯》二十八日。

第一篇用白话翻译的小说《在家里》，发表于《时事新报·学灯》二十至二十二日，署名冰。

九月，译《他的仆》、《夜》、《日落》，刊于《时事新报·学灯》十八日、三十日，均署名冰。

十月，译《情人》（俄·高尔基）、《一段弦线》（法·莫泊桑）、《卖诽谤的》（俄·契诃夫），发表于《时事新报·学灯》七至十一日、十一至十四日、二十五至二十八日，均署名冰。

译《丁泰琪的死》，刊于《解放与改造》一卷四号。

作《"一个问题"的商榷》，发表于《时事新报·学灯》十月三十日。

孙中山宣布改组中华革命党为中国国民党。

十一月，《沈雁冰致虞裳》（通信），发表于《时事新报·学灯》十一月十八日、二十日。译《新偶像》，刊于《解放与改造》一卷六号。

作《肖伯纳的〈华伦夫人之职业〉》，发表于《时事新报·学灯》十一月二十四日。

译《市场之蝇》，发表于《解放与改造》一卷七号。

译《罗塞尔"到自由的几条拟径"》，刊于《解放与改造》一卷七、八号。

十二月，《探"极"的潜艇》、《第一次飞渡大西洋的 R34 号》，同时刊于《学生杂志》六卷十二号。

《文学家的托尔斯泰》，刊于《时事新报·学灯》十二月八日。

译述《社会主义下的科学与艺术》，刊于《解放与改造》一卷八号。

译《方卡》（俄·契诃夫）、《一个农夫养两个官》，刊于《时事新报·学灯》二十四日、二十五日、二十七至二十九日。均署名冰。

本年《新潮》杂志创刊，发行至三卷二号止。

1920 年（民国九年）　二十四岁

一月，作《新旧文学评议之评议》、《安得列夫死耗》、《小说新潮宣言》（署名记者），同时发表于《小说月报》十一卷一号。

《一个礼拜》(署名玄)、《对于系统的经济的介绍西洋文学底意见》,发表于《时事新报·学灯》一月三日、四日。

《佩服与崇拜》,发表于《时事新报·学灯》一月二十五日。

《俄国近代文学杂谈》,发表于《小说月报》十一卷一至二号,署名冰。

《沉船?宝藏?探"宝"潜艇!》,刊于《学生杂志》七卷一号,署名佩韦。

《巴苦宁和无强权主义》,发表于《东方杂志》十七卷一至二号。

作《尼采的学说》,发表于《学生杂志》七卷一至四号。

译《活尸》,发表于《学生杂志》七卷一至六号。

《读〈少年中国〉妇女号》、《历史上的妇人》、社论《妇女解放问题的建设方面》(署名佩韦)。译《现在妇女所要求的是什么?》(署名四珍)、译《小儿心病治疗法》、《世界妇女消息》、编译《家庭与科学》(均署佩韦)、译小说《强迫的婚姻》(署名冰)、《归矣》(署名冰文),同时发表于《妇女杂志》六卷一号。

译《髑髅》〔印·台莪尔(泰戈尔)〕,发表于《东方杂志》十七卷二号。

二月,《我们现在可以提倡表象主义的文学吗?》,刊于《小说月报》十一卷二号。

《评女子参政运动》,发表于《解放与改造》二卷四号。

《新发现的星》,发表于《学生杂志》七卷二号。

译《俄国人民及苏维埃政府》、《世界两大系的妇人运动和中国妇人运动》(署名佩韦),译《圣诞节的客人》,同时刊于《东方杂志》十七卷三号。

三月,《近代文学的反流——爱尔兰的新文学》,发表于《东方杂志》十七卷六至七号。

译《沙漏》(爱尔兰·夏脱),发表于《东方杂志》十七卷六号。

《关于味觉的新发现》、《脑相学的新说明》，同时刊于《学生杂志》七卷三号，署名佩韦。

四月，作《IWW 究研》，发表于《解放与改造》二卷七、八、九号，署名雁冰。《人工降雨》，刊于《学生杂志》七卷四号，署名佩韦。

《沈雁冰致白华》（通讯），发表于《学灯》四月三十日。

五月，《非杀论的文学家》，发表于《时事新报·学灯》五月三日，署名冰。

《科学方法论》，刊于《学灯》七至九日，署名明心。

《未来社会之家庭》、《安得列夫》分别发表于《东方杂志》十七卷九、十号。

译《兰沙勒司》（俄·安得列夫），发表于《东方杂志》十七卷十号，署名明心。

《恩特列夫文学思想概论》（署名明心）、《怎样缩减生活费呢？》（署名佩韦），同时刊于《学生杂志》七卷五号。

六月，译《为母的》（法·巴比塞），发表于《东方杂志》十七卷十二号。

作《组织劳动运动团体之我见》，刊于《解放与改造》二卷十一号，六月一日出版。

七月，译《名誉十字架》（法·巴比塞）、《复仇》，发表于《解放与改造》二卷十三、十四号。

译《和平会议》（美·佩克），刊于《东方杂志》十七卷十四号。

作《时间空间的新概念》、《天河与人类的关系》，发表于《学生杂志》七卷七号。

译《两性间的道德关系》，刊于《妇女杂志》六卷七号，署名佩韦。

重译《错》（法·巴比塞），发表于《学生杂志》二卷四号。

与泽民合作《理工学生在校记》科学小说，刊于《学生杂志》七卷七至十二号、八卷二至三号。

直皖军阀战争爆发，皖军战败。段祺瑞政权再次垮台。

毛泽东在长沙创办文化书社，传播马克思、列宁主义思想。

八月，作《评儿童公育问题》，刊于《解放与改造》二卷十五号，同时发表于《时事新报·学灯》八月六日。

作社论《妇女运动的意义和要求》，刊于《妇女杂志》六卷八号。

《艺术的人生观》、《航空救命伞》，译《室内》（比利时·梅德林克），同时刊于《学生杂志》七卷八号，署名佩韦。

译《遗帽》（爱尔兰·唐珊南），发表于《东方杂志》十七卷十六号。

九月，作《为研究新文学者进一解》，发表于《改造》三卷一号。

作《爱伦凯的母性论》、《〈欧美新文学最近之趋势〉书后》，分别发表于《东方杂志》十七卷十七号、十八号。

译《市虎》（爱尔兰·葛雷古夫人）、《心声》（美·爱伦坡），分别发表于《东方杂志》十七卷十七号、十八号。

《妇女运动的造成》，发表于《妇女杂志》六卷九号，署名佩韦。

毛泽东在湖南建立共产主义小组，并组织了马克思主义研究会。

十月，作《意大利和现代第一文学家邓南遮》，发表于《东方杂志》十七卷十九号。

译《游俄之感想》（英·罗索），刊于《新青年》八卷二期。

《火山——地球上的火山、月球上的火山和实验室里的火山》，刊于《学生杂志》七卷十号，署名佩韦。

编著童话《飞行鞋》，由商务印书馆出版。

十一月，作《说部、剧本、诗三者的杂谈》，发表于《时事新报·学灯》（国语研究号）十一月十四日，署名冰。

作《译书和批评》，刊于《时事新报·学灯》十一月十日，署名冰。

作《精神主义与科学》，发表于《学生杂志》七卷十一号。

译《罗素论苏维埃俄罗斯》（美·哈德曼），发表于《新青年》八卷三期。

孙中山回广州重组军政府。

十二月，作《托尔斯泰》，发表于《改造》三卷四号。

是年底，茅盾参加上海马克思主义小组活动。

1921 年（民国十年）　二十五岁

一月，茅盾和郑振铎、叶绍钧、王统照、许地山等十二人组织"文学研究会"，成立于北京。后来主要活动基地在上海。

茅盾接编了《小说月报》杂志，并作《改革宣言》（未署名）。自十二卷一号起彻底革新了《小说月报》，成为"文学研究会"的机关刊物。

作《文学与人的关系及中国古来对文学者身份的误认》、《脑威写实主义前驱般生》（注：脑威即挪威），译《新结婚的一对》（挪威·般生），署名冬芬，同时发表于《小说月报》十二卷一号。

作《家庭改制的研究》，发表于《民锋》二卷四号。

二月，论文《新文学研究者的责任与努力》（署名郎损），《讨论创作致郑振铎》（通讯）、《翻译文学书的讨论》（通讯）、《波兰近代文学泰斗显克微支》等，同时发表于《小说月报》十二卷二号。

作《梅德林克评传》，刊于《东方杂志》十八卷四号，署名孔常。

作通讯《沈雁冰致石岭》，发表于《时事新报·学灯》二月三日版。

真常译《名节保全了》（法·考贝），文后附雁冰识。刊于《小说月报》十二卷二号。

作《近代英美文坛的一个明星——虎尔思》，刊于《学生杂志》八卷二号。

三月，作《西班牙写实文学的代表者伊本纳兹》，译《一个英雄的死》(匈牙利·拉兹古)，译《新结婚的一对》(续)，同时发表于《小说月报》十二卷三号。

作《不仅仅是几个学生问题》，刊于《民国日报·觉悟》十三日版。

上海鸳鸯蝴蝶派出版《红玫瑰》、《快活》等刊物，围攻《小说月报》。

四月，据《鲁迅日记》记载，从本月十一日起鲁迅与茅盾开始通信，四月共通讯六次。是年，据不完全统计通讯四十八次。从此，交往日益密切，结成终生的战斗友谊。

作《春季创作漫评》、《脑威现存的大文豪鲍具尔》、《译文学书方法的讨论》(通讯)，译《人间世历史之一片》(瑞典·史特林褒格)，同时发表于《小说月报》十二卷四号。

译《一封公开的信给〈自由人〉月刊记者》(英·勃拉克女士)，发表于《新青年》八卷六号。

《七个被缢死的人》，连载于《学生杂志》八卷四至六号。

五月，中国第一个共产主义小组成立于上海。作《哈姆生和斯劈脱尔》，译《西门的爸爸》(法·莫泊桑)，同时发表于《新青年》九卷一号。

作《中国文学不发达的原因》，发表于《文学周报》一期，署名玄珠。

作《百年纪念祭的济慈》，发表于《小说月报》十二卷五号。

作《劳动节日联想的妇女问题》，发表于《民国日报·觉悟》五月一日。

作《罗曼罗兰的宗教观》，发表于《少年中国》十一期。

郭沫若、成仿吾等在东京发起组织创造社并大体于六月成立。郭沫若的新诗集《女神》出版。

文学研究会编《文学周报》创刊。开始为《时事新报》副刊之一，至一七二期后独立发行。本月《戏剧》杂志于北京创刊。

六月，作《呼吁？咒诅？》（卷头语）、《十九世纪末丹麦大文豪约柯柏生》，同时发表于《小说月报》十二卷六号。

作《关于戏剧的说明》、《看了中西女塾的翠鸟以后》，分别发表于《民国日报·觉悟》六月五日、十日。

作《十九世纪及其后的匈牙利文学》，发表于《新青年》九卷二号、三号。

七月，作《社会背景与创作》（署名郎损）、《创作的前途》，同时发表于《小说月报》十二卷七号。译《阿富汗的恋爱歌》（署名冯虚女士）、《印第安墨水画》（瑞典·苏特尔褒格）、《禁食节》（犹太·潘莱士）同时发表于《小说月报》十二卷七号。

作《语体文欧化答冻芛君》、《文学批评的效力》、《唯美》、《人格杂感》（后三篇均署名冰），分别发表于《民国日报·觉悟》七月十日、十一日、十三日、二十四日。

作《活动的方向》，发表于《时事新报·学灯》七月十一日，署名冰。

《语体文欧化的讨论》（雁冰、振铎、剑三等），发表于《文学周报》七期。

本月一日，伟大的中国共产党成立。

八月，作《评四五六月的创作》（署名郎损），译《愚笨的裴纳》（捷克斯拉夫·南罗达），译《美尼》（犹太·宾斯奇）（署名冬芬），作《罗曼罗兰评传》（署名孔常），同时发表于《小说月报》十二卷八号。

《通讯》（沈雁冰、许光迪、张维棋等）发表于《小说月报》十二卷八号。

译《一队骑马的人》（挪威·包以尔）并有译者附记，刊于《新青年》九卷四号。

作《英国劳工运动史》(署名孔常),刊于《东方杂志》十八卷十五号。

作《中国戏剧改良我见》,发表于《戏剧》一卷四期。

作《弱点》、《女性的自觉》、《稳健》(此三篇均署名冰)、《妇女经济独立讨论》,分别发表于《民国日报·妇女评论》八月三日、十日、十七日。

作《告浙江要求省宪加入三条件的女子》、《青年的误会与老年的误会》(均署名冰),同时发表于《妇女评论》八月二十四日。

作《恋爱与贞操的关系》(署名佩韦),刊于《妇女评论》三十日。

九月,译《冬》(犹太·阿胥)、《旅行到别一世界》(匈牙利·弥克柴斯)、《安旗立加》(希腊·蔼夫达利哇谛斯)(署名孔常)、《通信》(周作人、李宗武、沈雁冰等),同时发表于《小说月报》十二卷九期。

译《海青赫佛》(爱尔兰·葛雷古夫人),发表于《新青年》九卷五号。

作《"男女社交"的赞成与反对》、《男子给了女子的麻药》,同时刊于《民国日报·妇女评论》八期;《再论男女社交问题》、《不懂与不要懂》、《不反抗便怎的》,同时发表于《妇女评论》九期,均署名冰。

译《失去的良心》(俄·薛特林)、《看新娘》(俄·马斯潘斯基)、《杀人者》(俄·库普林)、《莫萨特与莎莱里》(俄·普希金)、《蠢人》(俄·列斯考夫)(均署名冬芬);作《俄罗斯文学家录》(署名明心),同时刊于《小说月报》十二卷号外,俄国文学研究专号。

作《中国式无政府主义实疑》(署名冰),译《海里的一口钟》,同时刊于《民国日报·觉悟》九月四日。

十月,作《新犹太文学概观》;译《芬兰的文学》(H·Rdm

Sden)、《贝诺思亥尔思来的人》(犹太·拉比诺维奇)、《茄具客》(克罗地亚·森陀卡尔斯基)、《巴比伦的俘虏》(乌克兰·L·Vkrdinkd)、《杂译小民族诗》(其中包括《与死有关的》、《无题》、《春》、《亡命者之歌》、《狱中感想》、《最大的喜悦》、《梦》、《坑中的工人》、《今王》、《无限》〔并附有作者《小传》〕);译《旅程》(捷克·具克)并附雁冰注,署名冬芬,同时发表于《小说月报》十二卷十号的"被损害民族的文学号"。

译《俄国的新经济政策》(俄·布哈林),发表于《新青年》九卷六号。

译《匈牙利国歌》,发表于《民国日报·觉悟》十月十日。

作《这也是礼教的遗形》、《虚伪的人道主义》(均署名冰),译诗《莫扰乱了女郎的灵魂》、《笑》(署名冯虚女士)、《假如我是一个诗人》(瑞典·巴士)(署名冯虚女士),作随感录《侮辱女性的根性》(署名韦)、《这是那一种的觉悟》(署名佩韦)。《所谓女性主义的两极端派》(署名冰),分别发表于《民国日报·妇女评论》十月五日、十二日、二十六日。

作《全或无》,刊于《民国日报·觉悟》十月六日,署名冰。

十一月,《文学研究会启事函》(通讯),发表于《时事新报·学灯》十一月十四日。

作《陀思妥以夫斯基带了些什么东西给俄国》,发表于《文学周报》十九期。

译《女王玛勃的面网》(尼加拉瓜·达利哇)(署名冯虚女士),并附有注释。发表于《小说月报》十二卷十一号。

作《两性互助》(署名希真)、《表示恋爱的方法》(署名佩韦),译《乌克兰民歌》(署名冯虚女士),同时刊于《民国日报·妇女评论》十一月二日。

通信《爱伦凯学说的讨论》(署名冯虚女士),随感录《实行与空活主张》、《弄清楚头脑》、《一步不走的根本原因》、《专一与博习》、《万宝全书毒的心理》(以上均署名真),译《塞尔维亚底情歌》(署名冯虚女士),分别发表于《民国日报·妇女评论》十一月九日、廿三日、三十日。

十二月,《纪念佛罗贝尔的百年生日》,刊于《小说月报》十二卷十二号。

作《享乐主义的青年》(署名佩韦),译《塞尔维亚底情歌》(续冯虚女士),分别刊于《民国日报·妇女评论》十二月七日、十四日。

是年编辑"俄国文学研究"专号(《小说月报》增刊),并在该刊发表《近代俄国文学家三十人合传》;编辑"法国文学研究"专号(《小说月报》增刊),并发表《佛罗贝尔》、《法国文学对于欧洲文学的影响》(沈雁冰、郑振铎)。

是年,刘贞晦、沈雁冰著《中国文学变迁史》,收入沈雁冰的《近代文学体系的研究》,由上海新文化书社出版。

又,编纂《俄国文学研究》,由商务印书馆出版。

是年,在《小说月报》上,每期附有《海外文坛消息》,除七、九、十一月未具名外,其余均署名沈雁冰。

1922 年(民国十一年) 二十六岁

一月,作《陀思妥以夫斯基的思想》、《陀思妥以夫斯基的地位》(署名郎损),译《祈祷著》、《少妇的梦》(亚美尼亚·西曼陀),同时发表于《小说月报》十三卷一号。

译《拉比阿契巴的诱惑》(犹太·宾斯奇),《永久》、《季候鸟》和《辞别我的七弦竖琴》(瑞典·泰伊纳)(均署希真);译《假如我是个诗人》,并附有作者的介绍文字(按:后一篇曾于一九二一年二十六日《妇女评论》发表过),同时刊于《小说月报》十三卷一号。

作《独创与因袭》(署名玄),刊于《时事新报·学灯》一月四日。

译《让我们做和平兄弟》(罗马尼亚·王后玛利亚)、《女子现今的地位怎样?》(通信)、《两个所谓疑问》(通信)，先后发表于《民国日报·妇女评论》(新年增刊)一月一日、十一日、十八日。

作《享乐》(随感录)；评论《介绍民铎的柏格森号》(署名佩韦)；《怎样才算是有意义的》(署名冰)，分别刊于《民国日报·觉悟》十二日、十六日、十七日、二十日。

南京东南大学梅光迪等创办《学衡》杂志，反对新文化、新文学运动。

二月，作《对于"女子地位"辩论底杂感》，发表于《妇女评论》二月十五日。

作《评梅光迪之所评》(署名郎损)，发表于《文学周报》(29 期)二月二十一日。

作《"惠特曼考据"的最近》(署名损)，发表于《时事新报·学灯》二月二十七日。

三月，作《近代文明与近代文学》、《驳反对白话诗者》(均署名郎损)，先后发表于《文学周报》(30、31 期)三月一日、十二日。

译《旅行人》和《乌鸦》(爱尔兰·葛雷古夫人)，发表于《妇女杂志》三月一日、八日、二十九日。

作《杂评》(署名冰)，发表于《妇女评论》三月二十九、四月五日。

创造社在上海创办《创造月刊》(至一九二四年止，共六期)。

四月，作《包以尔的人生观》，译《卡利奥森在天上》(挪威·包以尔)(署名冬芬)，同时发表于《小说月报》十三卷四号。

作《离婚与道德问题》，刊于《妇女杂志》八卷四号。

《一般的倾向》(署名玄珠)、《答钱鹅湖君》(署名郎损)，同时发表于《文学周报》四月一日。

《非宗教声中两封重要的信》(独秀、雁冰)，发表于《民国日报·觉悟》四月七日。

译《乌鸦》(续)(爱尔兰·葛雷古夫人),发表于《民国日报·妇女评论》四月五日、十二日、十九日至六月七日。

五月,作《"生育节制"底正价》,发表于《民国日报·妇女评论》五月十日。

译《英雄包尔》(匈牙利·亚奈拉尔)(署名冬芬),并附作者简介,刊于《小说月报》十三卷五期。

译《生育节制的过去现在和将来》(美·桑格夫人)(署名佩韦),连载于《妇女评论》五月三日、十日、二十四日。

作《五四运动与青年们的思想》,发表于《民国日报·觉悟》十一日版。

作《〈创造〉给我的印象》(署名损),发表于《文学周报》十一日、二十一日,六月一日。

关于"自然主义论战"的通信,刊于《小说月报》十三卷五号。

胡适等创办《努力周刊》,鼓吹成立"好人政府"等反动主张。

六月,作《歧路》(署名冰),发表于《民国日报·妇女评论》(47期)二十八日。

作《霍普德曼传》、《霍普德曼的自然主义作品》、《霍普德曼的象征主义作品》;译《霍普德曼与尼采哲学》,同时刊于《小说月报》十三卷六号,均署名希真。

七月,作《自然主义与中国现代小说》,译《盛筵》(独幕剧)(匈牙利·莫尔奈)(署名冬芬),同时发表于《小说月报》十三卷七号"自然主义论战"栏。

作《评小说汇刊》(署名玄),发表于《文学旬刊》(43期)七月十一日。

作《"我所见"与"我所忧"》,发表于《民国日报·妇女评论》十九日。

作《文学与人生》,刊于《淞江第一次暑期学术演讲会演讲录》

第一期。

八月，作社评《青年的疲倦》、《直译与死译》、《文学批评管见一》(署名郎损)，同时刊于《小说月报》十三卷八号。

作《介绍外国文学作品的目的》，发表于《文学周报》(45 期)一日。

作《一个女校给我的印象》，发表于《民国日报·妇女评论》十六日。

译《路意斯》(独幕剧)(荷兰·斯宾霍夫)(署名冬芬)，译《新德国文学》(署名希真)，同时发表于《小说月报》十三卷八号。

九月，社评《文学与政治社会》、《自由创作与尊重个性主义》，同时发表于《小说月报》十三卷九号。

作《"半斤"VS"八两"》(署名损)，发表于《文学周报》(48 期)九月一日。

作《"曹拉主义(左拉主义)"的危险性》(署名郎损)，发表于《文学周报》(50 期)二十一日。

译《却绮》(亚美尼亚·阿拾根垠)、译戏剧《波兰——一九一九年》(犹太·宾斯奇)(署名希真)，同时发表于《小说月报》十三卷九号。

十三日，中国共产党机关报《向导》周报创刊。

十月，作《偶然记下来的》和《翻译问题》(均署名玄珠)，同时发表于《文学周报》十月十日。

作《未来派文学之现势》、《现代捷克文学概略》(署名佩韦)，同时发表于《小说月报》十三卷十号。

十一月，作《真有代表旧文化旧文艺的作品么?》、《反动》、《文学家的环境》，同时发表于《小说月报》十三卷十一号。

译独幕剧《爸爸和妈妈》(智利·巴僚斯)(署名冬芬)，译《欧战给与匈牙利文学的影响》(署名元枚)，译《脑威现代文学》(署名佩韦)，同时刊于《小说月报》十三卷十一号。

作《写实小说之流弊》(署名冰)、《乐观的文学》(署名玄珠)，分别发表于《文学周报》一日、三十一日。

作《介绍西洋文艺诗潮的重要》，发表于《民国日报·觉悟》十九日。

译《狱门》(爱尔兰·葛雷古夫人)，作《恋爱蠡测》。

十二月，作《欧战与意大利文学》(署名洪丹)、《今年纪念的几个文学家》、《巴西文坛最近的新趋势》(均署名佩韦)、《新德国文学的新倾向》(署名元枚)，同时发表于《小说月报》十三卷十二号。

本年，在《小说月报》每期上都有沈雁冰的通讯，同时每期都有沈雁冰的《海外文坛消息》。

1923 年(民国十二年)　二十七岁

是年，由于商务印书馆的老板对于《小说月报》的改革不满，茅盾被调换了工作，转到国文部搞古典文学，《小说月报》改由郑振铎主编，茅盾仍积极撰稿。

是年，茅盾更积极地从事社会革命活动。他在中国共产党创办的上海大学任教，为时一年之久，讲授"小说研究"课，为革命培养干部。

一月，作《匈牙利爱国诗人裴都菲百年纪念》、《心理上的障碍》(署名玄珠)，同时发表于《小说月报》十四卷一号。

作《我的说明》，发表于《时事新报·学灯》十五日。

《闻韩女士噩耗后的感想》，发表于《民国日报·妇女评论》(七十七期)一月二十四日。

作《妇女教育运动概略》，发表于《妇女杂志》九卷一号。

译捷克斯洛伐克神话《十二个月》，收入郑振铎编《鸟兽赛球》童话集，由商务印书馆出版；译童话《皇帝的衣服》，发表于《小说世界》(周刊)一卷三期。

商务印书馆在《小说月报》外，另出《小说世界》月刊。成为鸳鸯蝴蝶派的阵地与新文学运动对垒。

二月，作《倍那文德的作风》、《标准译名问题》、《欧美主要文学杂志介绍》；译《太子的旅行》（西班牙·倍那文德）（署名冬芬），同时发表于《小说月报》十四卷二号。

作《"母亲学校"底建设》（署名冰），发表于《民国日报·妇女评论》（79期）七日。

译《他来了么》（保加利亚·跋佐夫），刊于《妇女杂志》九卷二号。

二月七日，京汉铁路举行"二七"大罢工。

四月，《关于浙江女师风潮的一席谈诟》，雁冰记，发表于《民国日报·妇女评论》（87期）十一日。

作《南斯拉夫的近代文学》（署名佩韦）；作《奥国的现代文学》（署名韦兴），同时发表于《小说月报》十四卷四号。

作《替杨朗垣抱不平》、《读"对于郑振埙君婚姻史的批评"以后》，分别发表于《民国日报·妇女评论》（88、89期）十八日、二十五日。

作《杂感》，发表于《文学周报》（70、74期）四月十二日、五月廿二日。

五月，作《西班牙现代小说家巴洛伽》、《现代的希伯莱特》（署名赤城）；译《最后一掷》（巴西·阿赛凡度），同时发表于《小说月报》十四卷五号。

作《自动文艺刊物的需要》、《各国文学史》，分别发表于《文学周报》（72、74期）五月二日、二十二日。

《补救成年失学妇女教育方法与材料》、《评郑振埙君所主张的逃婚》，分别发表于《民国日报·妇女评论》（90、91期）五月九日、十六日。

译《南斯拉夫民间恋歌四首》(《离别》、《新妹丽花》、《织女》、《幽会》),发表于《诗》二卷二期。

六月,作《杂感四则》(署名雁冰)、《杂感》(署名雁冰)、《评〈华伦夫人之职业〉》,分别发表于《文学周报》(75 期、76 期、77 期)二日、十二日、二十二日。

译《葡萄牙的近代文学》(A·Bell)(署名玄珠),发表于《小说月报》十四卷六号。

本月十日,中国共产党第三次全国代表大会在广州召开,讨论与国民党合作诸问题。毛泽东同志当选为中央委员。

七月,作《研究近代剧的一个简略书目》,发表于《文学周报》(81、82 期)三十日和八月六日。

《什么是文学——我对于现文坛的感想》,刊于《淞江暑期学术讲演录》。

创造社在《中华新报》上创办《创造日》(共出一百期)。

八月,作《两个西班牙文人》,发表于《文学周报》(85 期)二十七日版。

鲁迅的《呐喊》小说集,由北京新潮社出版。

九月,译《圣的愚者》、《阿剌伯 K·Gibran 的小品文字》、《乌克兰的结婚歌》,分别发表于《文学周报》(86 期、88 期、89 期)三日、十七日、二十四日。

选译泰戈尔《歧路》(沈雁冰、郑振铎),刊于《小说月报》十四卷九号。

作《社评》三篇(署名玄珠),发表于《妇女周报》(3 期、4 期、19 期)五日、十二日、十四日。

十月,中国共产主义青年团刊物《中国青年》周刊在上海创刊。恽代英作《八股》(刊于该刊第八期)、邓中夏作《贡献于新诗人之前》(刊于该刊第十期)等论文。

茅盾作《杂感》(署名玄珠)，发表于《文学周报》(90 期)十月一日。

作《读〈呐喊〉》，发表于《时事新报·学灯》十月八日，同时见于《文学周报》(91 期)。

《通信》(沈雁冰等)，发表于《小说月报》十四卷十号。

十一月，《郑译〈灰色马〉序》，发表于《时事新报·学灯》十一月五日，同时见于《文学周报》(95 期)题为《〈灰色马〉序》。

作《文学与人生》、《未来派文学之现势》、《陀斯妥以夫斯基》、《霍普德曼的自然主义作品》(后者署名希真)、《梅德林克评传》(署名孔常)，收入《新文艺评论》集(侃工编)，由上海民智书局出版。

译《巨敌》(高尔基)，刊于《中国青年》第四期。

十二月，作《杂感》、《读代英〈八股〉》、《"大转变时期"何时来呢》，先后发表于《文学周报》(99 期、100 期、101 期、103 期)十二月三日、十日、十七日、三十一日。

作《苏俄的三个小说家》，发表于《小说月报》十四卷十二号。

本年，在《小说月报》上，继续撰写《海外文坛消息》，除四月未具名、八月中断外，其余各期都有。

本年，译《家庭与婚姻》(俄·考伦特)，由商务印书馆于十二月出版。

1924 年(民国十三年)　二十八岁

一月，与郑振铎合著《现代世界文学者略传》，从本月起陆续发表于《小说月报》十五卷一、二、三、五、九号。

作《给未识面的女青年》(署名玄珠)，发表于《民国日报·妇女周报》(20 期)一月一日。

作《美不美》，发表于《文学周报》(105 期)一月十四日。

《青年与恋爱》，刊于《学生杂志》十一卷一号。

二十日，中国国民党第一次全国代表大会，在中国共产党的帮助下于广州召开。确立"联俄、联共、扶助农工"为三大政策的新三民主义。

二月，作《谈古文》，发表于《文学周报》(109 期)二月十八日。

作《莫泊桑逸事》，发表于《小说月报》十五卷二号。

译《南美的妇女运动》(美·甲德夫人)，刊于《妇女杂志》十卷二号。

四月，《红楼梦、水浒传、儒林外史的奇辱》，发表于《文学周报》(116 期)四月七日。

作《拜伦百年纪念》，发表于《小说月报》十五卷四号，同时刊于《觉悟》四月廿日。

编辑"法国文学研究"专号，并发表《佛罗贝尔》，以及与郑振铎合写的《法国文学对于欧洲文学的影响》，《小说月报》十五卷四号号外。

作《对太戈尔的希望》，刊于《民国日报·觉悟》四月十四日。

《匈牙利文学史略》陆续发表于《文学周报》(119 期、120 期、121 期)四月二十八日，五月五日、十二日。

校注《侠隐记》(法·大仲马著，伍光建译，沈德鸿校注)，由商务印书馆出版，书前收茅盾作《大仲马评传》一文。

印度诗人泰戈尔来华。

五月，《文学界的反动运动》、《进一步退两步》分别发表于《文学周报》(121 期、122 期)五月十二日、十九日。《通信》(沈雁冰、梁俊青)发表于《文学周报》(122 期)。

作《读〈智识〉一二期后所感》、《太戈尔与东方文化》，分别发表于《民国日报·觉悟》五月三日、十六日。

六月，作《有许多青年》、《四面八方的反对白话声》(署名玄珠)，发表于《文学周报》(124 期、127 期)六月二日、二十三日。

七月，《苏维埃俄罗斯的革命诗人》，发表于《时事新报·学灯》

七月十四日；同时，以《苏维埃俄罗斯的革命诗人玛霞考夫斯基》为题《刊于〈文学周报〉》(130 期)。

作杂感《打破烦闷之网的利器》、社评四篇刊于《民国日报·妇女周报》九日、十六日、二十三日，均署名韦。

八月，作《欧战十年纪念》、《非战文学杂谈》，发表于《文学周报》(133 期、136 期、137 期)八月四日、五日，九月一日。

作《远东与近东的妇女运动》，刊于《妇女杂志》十卷八号。

作《欧洲大战与文学》，发表于《小说月报》十五卷八号。

创造社出版《洪水》周刊(一期被禁，次年改出半月刊)。

九月，从本月起至一九二五年一月在《儿童世界》发表希腊神话，计有《普洛末修士偷火的故事》、《何以这世界上有烦恼》、《迷达斯的长耳朵》、《洪水》、《春的复归》、《番松和太阳神的车子》、《卡特牟司和毒龙》、《勃莱洛封和他的神马》、《骄傲的阿拉克纳怎样被罚》、《耶松与金羊毛》等篇。

作社评两篇(均署名韦)，刊于《民国日报·妇女周报》十七日、二十四日。

十月，《法郎士逝矣》发表于《小说月报》十五卷十号；同时以《法郎士逝了》为题，发表于《文学周报》十月十三日。

十一月，语丝社编辑《语丝》周刊创刊。

十二月十三日，《现代评论》周刊创刊。主要撰稿人为胡适、陈西滢、徐志摩等。

1925 年(民国十四年)　二十九岁

本年继续参加中国共产党所领导的革命运动。

一月，作《波兰的伟大农民小说家莱芒忒》，《文学周报》(155 期)一月五日；并以《波兰小说家莱芒忒》为题，同时发表于《时事新报·学灯》。

作《中国神话研究》，发表于《小说月报》十六卷一号。

《文学瞭望台》从本月起陆续刊于《文学周报》(157 期、159 期、160 期、164 期),署名沈鸿。

作《现代德奥文学著略传》(一),发表于《小说月报》十六卷一号。

《性道德的唯物史观》,刊于《妇女杂志》十一卷一号。

二月,作《最近法兰西的战争文学》(署名玄珠),发表于《文学周报》(161 期)二月二十三日。

编译北欧神话六篇:《喜笑的金黄头发》、《菽耳的冒险》、《亚麻的发见》、《芬利思的被擒》、《青春的苹果》、《为何海水味咸》,发表于《儿童世界》二至四月号,署名雁冰或沈雁冰。

三月,毛泽东同志的《中国社会各阶级的分析》发表。

作《打弹弓》(民谣)(署名玄珠),发表于《文学周报》(163 期)三月九日。

作《现在的希望》和《一个青年的信札》(署名玄珠),分别发表于《文学周报》(164 期、165 期)三月十六日、二十九日。

选注《淮南子》,并作《绪言》。

作《人物的研究》,发表于《小说月报》十六卷三号。

十二日,伟大的民主主义革命家孙中山(1866—1925)在北京逝世。

四月,译《玛鲁森咖的婚礼》(署名玄珠),发表于《文学周报》(170 期)四月二十七日。

鲁迅与青年创办的《莽原》周刊出版,后改为半月刊。

五月,写重要论文《论无产阶级艺术》,连续发表于《文学周报》(172 期、173 期、175 期、196 期)五月十日、十七日、三十一日和十月十六日。

与张闻天合译西班牙《倍那文德戏曲集》,由商务印书馆出版。

三十日,"五卅"惨案爆发,各地反帝浪潮怒起。茅盾直接参加并指导青年进行反对英、日帝国主义和封建军阀的斗争。因此，曾受到"官厅"的注意。"五卅"惨案后，文学研究会曾和许多团体在一起，发表《上海学术团体对外联合宣言》抗议帝国主义罪行。

作《软性读物与硬性读物》，译乌克兰民歌《花冠》，同时刊于《文学周报》(174 期)五月二十四日版。

六月，作《谭谭〈傀儡之家〉》、《五月卅日下午》、《暴风雨》、《街角的一幕》，发表于《文学周报》(176 期、177 期、180 期、183 期)。

译《马额的羽饰》(匈牙利·莫尔奈)，刊于《小说月报》十六卷六号。

七月，广东国民政府成立，蒋介石逐步暗夺军政实权。

《现代德奥文学者略传》(二)，刊于《小说月报》十六卷七号。

《有志研究文学者》，刊于《学生杂志》十二卷七号。

章士钊恢复《甲寅》月刊，改为周刊，反对新文学运动。

八月，译《乌克兰结婚歌》二首、《文艺的新生命》(布兰特斯《安徒生论》中的一节)，发表于《文学周报》(185 期、186 期)九日、十六日。

上海商务印书馆职工和资本家展开斗争，并于二十二日起罢工，二十八日胜利复工。茅盾是这次罢工委员会的委员，是工会推举的向资方交涉的代表之一。复工的条文便是茅盾起草的。

八、九月间，鲁迅与韦素园、曹靖华、李霁野等组成未名社。

九月，作《文学者的新使命》、《复活后的土拨鼠》，分别发表于《文学周报》(190 期、192 期)九月十三日、二十七日。

十月，作《大时代中一个无名小卒的杂记》，发表于《文学周报》(194 期)十月十一日。

十一月，作《古代埃及〈幻异记〉》，发表于《文学周报》(199 期、201 期)十一月十五日、二十九日。

十二月，重译《恋爱》（丹麦·维特），发表于《文学周报》（204期）十三日。

国民党右派在北京召开西山会议，放言排共。

是年，沈雁冰等译小说月报丛刊《新犹太小说集》（五集）、《新犹太文学一脔》（五集）、《芬兰文学一脔》（三集）、《丹麦文学一脔》（三集）、《阿富汗的恋歌》（四集），由商务印书馆出版。

1926 年（民国十五年）　三十岁

一月一日，茅盾与恽代英、沈泽民、郭沫若等发起组织中国济难会，并于《济难月刊》创刊号，发表《中国济难会宣言》。

作《各民族的开辟神话》，发表于《民铎》七卷一期。

作《自杀案与环境》、《南京路上》（署名珠），刊于《民国日报·妇女周报》一月二十七日。

根据革命运动的发展需要，茅盾离沪去粤，参加大革命运动。

作《南行通信》（一）（署名玄珠），刊于《文学周报》（210 期）一月三十一日。

毛泽东同志在广州主持农民运动讲习所。

三月，蒋介石阴谋策划的“中山舰事件”爆发后，茅盾返沪。

译《首领的威信》（西班牙·伐尔音克图），发表于《小说月报》十七卷三号。

作《中国文学内的性欲描写》和《日本最近发现之中国小说》，发表于《小说月报》十七卷号外。

十八日，北京段祺瑞政府制造的“三一八”惨案爆发。

五月，继“中山舰事件”后，在蒋介石操纵下国民党又通过“党务整理案”阴谋排斥共产党，篡夺更大权力。

七月一日，广东政府发表北伐宣言，九日誓师北伐。

重译《老牛》（保加利亚·潘林），刊于《文学周报》（234 期）十八日。

作《读〈呐喊〉》，收入台静农编《关于鲁迅及其著作》，由未名社印行。

八月，鲁迅离北京赴厦门。本月鲁迅的《彷徨》在北新书局出版。

十月，叶挺部革命军攻下武昌。

作《万县惨案周》（署名玄珠），刊于《文学周报》（246 期）十七日。

十一月，《中国文学不能健全发展之原因》，刊于《文学周报》（251 期）十一月二十一日。

是年底，北伐军攻下武汉。

本年，选注《庄子》、《淮南子》，由商务印书馆出版，署名沈德鸿。一九三〇年，列入"万有文库"第一集五四、五六种。

又校注续《侠隐记》（法·大仲马，伍光建译，沈雁冰校注），由商务印书馆出版。

1927 年（民国十六年）　三十一岁

一月一日，国民政府从广州迁至武汉。是年初，茅盾抵武汉。先在中央军事政治学校任教官（该校即黄埔军校分校），后来担任汉口《民国日报》主编。

三月，毛泽东同志发表《湖南农民运动考察报告》。

二十一日，上海工人阶级在周恩来等同志领导下举行三次武装起义解放上海。二十三日北伐军克复南京。

三月七日，蒋介石在南昌作第二次反共演说。

茅盾的《"土气"与学生的政治运动》，发表于《民铎》八卷四期。

四月五日，陈独秀与汪精卫在上海发表《告两党同志书》。为蒋介石开脱罪责，麻痹共产党员和群众革命意志。

六日，李大钊同志在北京被张作霖逮捕，二十八日就义。

十二日，蒋介石与帝国主义勾结，发动反革命政变，疯狂屠杀共产党员和革命群众。从此"生气蓬勃的中国大革命被葬送了"。

十五日，汪精卫召开"分共会议"宣布与共产党决裂，在武汉地区血腥屠杀革命人民。

"四一二"、"七一五"反革命政变后，茅盾离开武汉，到了牯岭。准备去南昌，不成，八月底回到上海。

八月一日，周恩来、朱德等同志领导南昌起义。

七日，中共中央召开紧急会议，清算了陈独秀右倾投降主义路线，撤销了他的职务。

作《柴玛萨斯评传》，并译《他们的儿子》（西班牙·柴玛萨斯），同时刊于《小说月报》十八卷八号，均署名沈余。

九月，毛泽东同志领导秋收起义。十月底到达井冈山，建立了第一个农村革命根据地。

茅盾创作小说《幻灭》，发表于《小说月报》十八卷九、十号。开始用茅盾的笔名。

作《各民族的神话何以多相似》（署名玄珠）、《看了〈真善美〉创刊号以后》（署名方璧），分别发表于《文学周报》（五卷十三号、十四号）十月三十日、十一月六日。

十月三日，鲁迅抵上海。

十一月，作《鲁迅论》（署名方璧），发表于《小说月报》十八卷十一号。

十一月八日，中共中央在上海召开临时政治局扩大会议。

本年，编译《希腊神话》，由商务印书馆出版，署名沈德鸿。

又，《拜伦百周年纪念》，收入《革命文学论》（丁丁编），由大新书局出版。一九二八年改由泰东书局出版。

本年冬，冯乃超等由日本归国，展开后期创造社活动。钱杏邨和从苏联归国的蒋光赤等成立"太阳社"，洪灵菲、戴平万等成立"我们社"。由于革命的深入，革命文学运动深入发展起来。

1928 年（民国十七年） 三十二岁

一月，创作中篇小说《动摇》，发表于《小说月报》十九卷一至三号，并于同年由商务印书馆出版。

作《王鲁彦论》（署名方璧），发表于《小说月报》十九卷一号。

作《欢迎〈太阳〉》（署名方璧），发表于《文学周报》五卷二十三期。

本年一月起展开"革命文学"论争。

二月，创作短篇《创造》。作《严霜下的梦》，刊于《文学周报》六卷一号（301 期）。

《语丝》杂志在上海复刊。

三月，作《楚辞与中国神话》（署名玄珠），发表于《文学周报》六卷八号。

作《小说研究 ABC》由世界书局出版。

新月社的《新月》月刊创刊。发表《新月的态度》，向左翼文化进攻。

四月，南昌起义部队转战到井冈山，与毛泽东同志领导的工农红军胜利会师。

小说《创造》，发表于《东方杂志》二十五卷八号。

五月，作《中国神话的保存》，发表于《文学周报》六卷十五、十六合刊号。

辑译《雪人》并附译者《序言》及《作家小传》，由开明书店出版。

六月，小说《追求》，发表于《小说月报》十九卷六至九号。

作《人类学派神话起源的解释》（署名玄珠），发表于《文学周报》六卷十九号。

译《一个人的死》（希腊·帕拉玛兹），并作《帕拉玛兹评传》（皆署名沈余），同时发表于《小说月报》十九卷六号。

十八日，中国共产党在莫斯科召开第六次全国代表大会。确定中国革命的资产阶级民主主义性质，批判右倾机会主义和左倾盲动主义，但领导权仍被左倾机会主义者所把持。

鲁迅与郁达夫合编的《奔流》月刊创刊（至一九二九年十二月止）。

七月，作《神话的意义和类别》，发表于《文学周报》六卷二十二期。

茅盾于本月赴日本，先住东京，后迁京都。客居期间从事写作活动。

八月，作《希腊神话与北欧神话》（署名沈玄英），刊于《小说月报》十九卷八号。《北欧神话的保存》，发表于《文学周报》七卷一号。

中篇《幻灭》由商务印书馆出版。

九月，选注《楚辞》（署名沈德鸿），由商务印书馆出版。初收"学生国学丛书"，一九三〇年收入"万有文库"第一集七九二种。

作短篇《自杀》，后发表于《小说月报》十九卷九号。

十月，作《从牯岭到东京》（论文），发表于《小说月报》十九卷十号。

作《希腊罗马神话的保存》和《埃及印度神话的保存》（均署名玄珠），发表于《文学周报》七卷十至十三号。

完成《中国神话研究初探》的著作。

十一月，作短篇《一个女性》，发表于《小说周报》十九卷十一号。

《欧洲大战与文学》由开明书店出版。

十二月，短篇《诗与散文》、《关于中国神话》、《陈因女士的〈归家〉》，同时刊于《大江》第一年十二月号。

本年，尚有《神话的研究》、《他们的儿子》（署名沈余）、《一个人的死》（署名沈余）等，由商务印书馆出版。

1929 年（民国十八年）　三十三岁

本年，客居日本。创作除小说外，尚有许多散文随笔。

　　一月至四月，散文《叩门》、《卖豆腐的哨子》、《雾》(以上写于一九二八年)；《虹》、《红叶》、《速写一》、《速写二》等，分别发表于《小说月报》二十卷一至四号，均署名 MD。

　　又，《一个女性》、《中国神话研究 ABC》，由上海新文艺书店和世界书局出版。

　　二月，国民党反动派封闭创造社出版部；颁布《宣传品审查办法》。

　　三月，作短篇《色盲》(署名 MD)，发表于《东方杂志》二十六卷六号、七号。

　　新军阀混战，第一次蒋桂战争爆发。

　　四月，作短篇《泥泞》(署名丙生)，发表于《小说月报》二十卷四号。

　　《骑士文学 ABC》，四月由世界书局出版。

　　五月，介绍和研究外国文学的结集《近代文学面面观》，由上海世界书局出版。

　　六月，《六个欧洲文学家》、《神话杂论》，由世界书局出版。

　　从本月起，长篇小说《虹》，连载于《小说月报》廿卷六至八号。

　　七月，短篇小说集《野蔷薇》(包括《创造》等五个短篇)，由大江书铺出版。

　　《读〈倪焕之〉》，刊于《文学周报》第八卷合订本。

　　陈独秀公开和托洛茨基分子勾结，形成"托陈取消派"；十一月，开除叛徒陈独秀出党(一九四二年死于广西)。

　　本年，尚有《现代文艺杂论》和茅盾等译《普希庚研究》，分别由上海世界书局、生活书店出版。

　　本年，尚创作散文《樱花》、《邻一》、《邻二》、《自杀》、《风化》等多篇。

1930 年（民国十九年） 三十四岁

一月，作《关于高尔基》（署名沈余），发表于《中学生》创刊号。译文《公道》（署名微明），亦于同期发表。

鲁迅主编《萌芽》月刊创刊。"左联"成立后成为机关刊物，同年为国民党查禁。

毛泽东同志完成他的光辉著作《星星之火，可以燎原》。

二月，党所领导的中国自由运动大同盟于上海成立。

作短篇《陀螺》（署名未明），发表于《小说月报》二十一卷二号。

三月二日，中国左翼作家联盟在上海成立。

茅盾的长篇《虹》由开明书店出版。

《鲁迅论》、《读〈呐喊〉》，收入李何林编《鲁迅论》，由北新书局出版。

四月，茅盾由日本回到上海，并加入左翼作家联盟。后曾一度担任过左联执行书记。从此，配合鲁迅展开左翼的文化革命活动。

是年春，世界经济危机波及到中国。

五月，三部曲《蚀》（《幻灭》、《动摇》、《追求》），由开明书店出版。

是年，五月至七月，新军阀混战（蒋、阎、冯中原大战及经济危机的情况在茅盾的《子夜》中均有反映）。

六月，出现以李立三为代表的左倾机会主义路线。至九月，中央六届三中全会时，受到批判。

在国民党反动派指使下，《前锋月刊》、《前锋周报》创刊。王平陵、朱应鹏等发表宣言，鼓吹法西斯主义的"民族主义文学运动"。

七月，作《青年的苦闷的分析》（署名止敬），发表于《中学生》七号。

译《文凭》（俄·丹钦科），连载于《妇女杂志》十六卷七至九号。

八月，历史题材小说《豹子头林冲》（署名蒲牢），发表于《小说月报》二十一卷八号。

九月，历史题材小说《石碣》（署名蒲牢），发表于《小说月报》二十一卷九号。

《穷城通讯》（署名明心），刊于《语丝》五卷二十九期。

八月至十月，《西洋文学通论》、《希腊文学 ABC》、《北欧神话 ABC》，陆续由世界书局出版。均署名方璧。

十月，国民党中宣部发出"取缔左联，通缉鲁迅等左联盟员"的密令。

历史小说《大泽乡》（署名蒲牢），发表于《小说月报》二十一卷十号。

选注《楚辞》、《淮南子》，收入《万有文库》，由商务印书馆出版。

十二月，蒋介石对中央革命根据地发动第一次反革命"围剿"。一九三一年一月被粉碎。

是年冬，茅盾开始中篇《路》的创作，未及一半，因眼病复发停歇。但这一年，在社会中调查访问及与同乡朋友间往来，深刻的体察生活，为后来《子夜》的创作积累了丰富的素材，并产生了大规模地描写中国社会的兴趣。是年，开始写《子夜》的详细大纲。

1931 年（民国二十年）　三十五岁

一月，《问题是原封不动的搁着》（署名朱璟）、《勃留梭夫评传》（署名沈余）、《作了父亲》（署名止敬），同时刊于《妇女杂志》十七卷一号。

作《我的中学生时代及其后》（署名止敬），发表于《中学生》第十一号。

译《雷哀·锡耳维埃》（俄·勃留梭夫），刊于《妇女杂志》十七卷一号、三号。

左翼五四青年作家柔石、殷夫、胡也频等被国民党逮捕，二月七日被秘密杀害。

中国共产党六届四中全会在上海召开。以王明为首的第三次左倾机会主义路线开始形成。

二月，完成中篇小说《路》的创作。

三月，左联的外围刊物《文艺新闻》创刊，披露五个青年作家被害的消息。

四月，左联机关刊物《前哨·文学导报》创刊。在创刊号上鲁迅、茅盾等左翼作家，发表《为国民党屠杀大批革命作家宣言》和《为国民党屠杀同志致各国革命文学文化团体及一切进步的著作家思想家书》。茅盾和史沫特莱将后者译成英文，向世界控诉国民党反动派的罪行。

蒋介石向中央革命根据地发动第二次反革命"围剿"，五月被粉碎。

五月，《宿莽》(包括《陀螺》等六篇小说和《红叶》等七篇散文)由大江书铺出版。署名 MD。

作《致文学青年》(一)(署名止敬)，发表于《中学生》十五号。

六月，中篇小说《三人行》，连续发表于《中学生》十六至二十号。并于十二月由开明书店出版。

七月，《战争小说论》(署名朱仲璟)，发表于《文艺新闻》第十九号。

蒋介石向中央革命根据地发动第三次反革命"围剿"，九月被粉碎。

八月，《"五四"运动的检讨》(署名丙申)，刊于《前哨·文学导报》一卷二期。

九日，国际工联牛兰夫妇被国民党以"危害民国罪"拘捕。

九月，日本帝国主义侵略我东北的"九一八"事变爆发。蒋介石下令"不抵抗"。左联发表《告国际无产阶级及劳动的文化组织书》，刊于《文学导报》一卷五期。

茅盾的抨击"民族主义"文学的《民族主义文艺的现形》和《〈黄人之血〉及其他》(署名石萌),刊于《文学导报》一卷四、五期。

左联刊物《北斗》创刊。国民党反动派一九二九年以来查禁书刊二百二十余种。

十月,短篇《喜剧》(署名何典)发表于《北斗》一卷二期。评《所谓"文艺救国"的新现象》(署名石萌),发表于《文学导报》一卷六、七期合刊。

开始长篇《子夜》的创作。

国民党颁布《出版法施行细则》绞杀进步文化。

十一月,作《中国苏维埃革命与普罗文学之建设》(署名施华洛),刊于《文学导报》一卷八期。

中华苏维埃共和国临时政府在江西瑞金成立,毛泽东同志当选为主席。

十二月,国民党文化别动队胡秋原等在《文化评论》创刊号,以"自由人"、"第三种人"伪装向左翼文化进攻。

1932 年(民国二十一年) 三十六岁

一月,日本帝国主义侵犯上海,"一·二八"事变爆发。

茅盾的《子夜》中的一章,以《夕阳》(署名逃墨馆主)为题发表于《小说月报》二十三卷新年号。该刊未及发行即被敌机炸毁。

《创作不振之原因及其出路》刊于《北斗》二卷一期。《贡献给今日的青年》发表于《中学生》二十一号。

二月四日,茅盾和鲁迅等四十三人签署发表《上海文化界告世界书》,刊于《文艺新闻》战时特刊《烽火》第二期及《申报》等报刊。

七日,鲁迅、茅盾等一百二十九位作家发表了《为日军进攻上海屠杀民众宣言》。

三月九日,伪"满洲国"宣告成立,以溥仪为执政。

四月十五日，中华苏维埃临时中央政府发布《对日战争宣言》。

五月，作《我们所必须创造的文艺作品》、《"五四"与民族革命文学》，分别发表于《北斗》二卷二期、《文艺新闻》五月二日第五十三号。《"五四"谈话》（署名止敬），发表于《中学生》二十四号。

中篇《路》，由光华书店出版。

国民党采取不抵抗政策，与日寇签订《上海停战协定》。

六月，左联刊物《文学月报》创刊。

《子夜》的一章，以《火山上》为题，发表于《文学月报》创刊号。

作《高尔基》发表于《中学生》二十五号。散文《故乡杂记》中的《一封信》、《河内小火轮》、《半个月的印象》陆续发表于《现代》杂志一卷二至四期。

《小巫》，发表于《读书杂志》第二卷六期。

蒋介石对中央革命根据地进行第四次反革命"围剿"。

七月，国际工联牛兰夫妇在南京狱中绝食，鲁迅、茅盾等进行营救，并电南京政府立即释放。

《子夜》的一章，以《骚动》发表于《文学月报》一卷二期，同时发表的还有《问题中的大众文艺》（署名止敬），短篇《林家铺子》发表于《申报月刊》创刊号。

八月，国民党特务大肆搜查书店，逮捕店主或经理。左联刊物《北斗》被迫停刊。

九月，《热与冷》发表于《现代》一卷五期。

林语堂等创办《论语》半月刊，提倡"幽默"与"性灵"。

十月至十二月，短篇《右第二章》，发表于《东方杂志》二十九卷四、五号。署名终葵。

作《"九一八"一周年》，发表于《文学月报》一卷三期。

《撒克逊劫后英雄略》（英·司各德，林纾原译，沈德鸿校注），由商务印书馆出版。

十一月，短篇《春蚕》，发表于《现代》二卷一期。

十二月，国民党政府在人民舆论的压迫下与苏联复交。茅盾与鲁迅、柳亚子等五十五人签署《中国作家为中苏复交致苏联政府电》，刊于《文学月报》一卷五、六期合刊号。

作散文《冥屋》、《秋的公园》，同时发表于《东方杂志》二十九卷八号。

作《连环图画小说》，发表于《文学月报》一卷五、六期合刊号。写《我的回顾》，收入《创作的经验》。

长篇《子夜》全部脱稿。

1933 年（民国二十二年） 三十七岁

一月，长篇小说《子夜》由开明书店出版。《我们这文坛》、《新年的梦想》发表于《东方杂志》三十卷一号。

作《紧抓住现在》和《血战后一周年》（均署名玄），发表于《申报·自由谈》八日、二十三日。

作短篇《光明到来的时候》，发表于《中学生》三十一号。

作《公墓》和《健美》，发表于《东方杂志》三十卷二号。

本月末，被王明左倾机会主义路线所把持的临时中央，在白区工作几乎全遭破坏，被迫迁入中央革命根据地，排斥毛泽东同志对根据地和红军的领导。

二月，作《徐志摩论》，发表于《现代》二卷四期。

作《封建的小市民文艺》和《现代的》，同时刊于《东方杂志》三十卷三号。小说《神的灭亡》刊于《东方杂志》三十卷四号。

作《创作与题材》（通信·答疑）、《"抵抗"与"反攻"》（署名敬）同时刊于《中学生》三十二号。杂文《新年的新梦》、《读"词的解放运动专号"后恭感》、《欢迎古物》、《惊人发展》、《回去告诉你妈妈》、《把握住几个重要问题》等，分别发表于《申报·自由谈》一日、七日、九日、十五日、十九日、二十四日。署名阳秋、玄。

　　三月，茅盾将《子夜》赠予鲁迅。九日，鲁迅在一封信中说："国内文坛除我们仍受压迫及反对者趁势活动外，亦无甚新局。但我们这面，亦颇有新作家出现；茅盾作一小说曰《子夜》，计三十余万字，是他们所不及的。"

　　杂文《阿Ｑ相》、《"阳秋"答"阳春"》、《学生》、《哀汤玉麟》、《何必"解放"》、《复胡怀深信》、《关于救国》、《反攻》、《"狂流"与"城市之夜"》等分别刊于《申报·自由谈》一日、四日、十日、十一日、十六日、十七日、十八日、二十四日。署名玄、阳秋、何典。

　　四月，《机械的颂赞》、《在公园里》刊于《申报月刊》二卷四号。短篇《秋收》刊于《申报月刊》二卷四、五号。

　　杂文《"回到农村去！"》、《时髦病》、《玉腿酥胸以外》、《再谈"回到农村去！"》，发表于《申报·自由谈》二十四、二十五、二十八、三十日。署名玄。

　　《茅盾自选集》由上海天马书店出版。

　　五月，日本无产阶级革命作家小林多喜二于二月惨遭日本反动当局毒害，消息传来，茅盾与鲁迅等八名作家发起《为横死之小林遗族募捐启》，刊于《文艺杂志》一卷二号。

　　据《文坛消息》报道：《子夜》为畅销书，受到广大读者欢迎（文载《文艺杂志》一卷二号）。

　　作《作家和批评家》和《都市文学》，同时刊于《申报月刊》二卷五号。

　　作《关于"文学研究会"》，发表于《现代》三卷一号。

　　《春蚕》由开明书店出版。

　　本年，一月日寇攻占山海关；三月占取承德、热河。蒋介石下令"侈言抗日者杀无赦"。本月，蒋介石竟派代表与日寇订立《塘沽停战协定》。

六月，《速写》发表于《正路》创刊号。

作《几句旧话》，收入《创作经验》，由天马书店出版。

作杂文《徐悲鸿为刘海粟弟子考》、《现代青年的迷惘》、《青年们的又一迷惘》、《论儿童读物》、《大减价》等，分别刊于《申报·自由谈》六日、十二日、十五日、十七日、二十三日。署名何典、郎损、珠等。

作《公债买卖》和《关于〈子夜〉的答疑》（均署名玄），发表于《中学生》三十六号。

十八日，中国民权保障同盟总干事杨铨被国民党特务暗杀，据透露，鲁迅等人已列入黑名单。

十九日，茅盾访问鲁迅。并见赠精装本《子夜》一册。在书的扉页上题"鲁迅先生指正"。

七月，《文学》杂志创刊，茅盾为该刊的编委之一。

短篇小说《残冬》发表于《文学》月刊创刊号；《文学家可为而不可为》等，刊于《文学》创刊号《社谈》栏，未署名。

短篇小说《当铺前》刊于《现代》三卷三期。

作《灰色人生》，刊于《东方杂志》三十卷十三号。作《杂志办人》，发表于《文学杂志》一卷三、四期合刊号。《"现代化"的话》、《香市》、《我不明白》同时刊于《申报月刊》二卷七号。

作《教科书大倾销》和《怎样养成儿童的发表能力》（均署名珠），刊于《申报·自由谈》十五日、十九日。

《女作家丁玲》发表于《文艺月报》一卷二号。

又，从是月起，在《文学》的《补白》栏目中尚写作多篇，在《年表》中，不一一列入。

《茅盾散文集》由天马书店出版。

八月，为迎接世界反帝反战大同盟远东会议在沪召开（该会于九月三十日召开），茅盾与鲁迅等在一起发表了《欢迎反战大会国际代表的宣言》，文载《反战新闻》第二期。

散文《我的学化学的朋友》、书评《"九一八"以后的反日文学》（署名东方未明），同时发表于《文学》一卷二号。《批评家的神通》，刊于《文学》一卷二号《社谈》栏。未署名。

作《杂谈七月》和《睡病颂》（均署名文），发表于《申报·自由谈》二十七日、二十九日。《乡村杂景》、《陌生人》，发表于《申报月刊》二卷八号。

九月，作《几种纯文艺的刊物》、《丁玲的〈母亲〉》（署名东方未明）同时发表于《文学》一卷三号。小说《牯岭之秋》连载于《文学》一卷三、五、六号。《关于〈春蚕〉的疑问的复信》，发表于《现代》三卷五期。

作《一个文学青年的梦》、《批评家的种种》等，刊于《文学》一卷三号《社谈》栏，未署名。

十月，作《我所见的辛亥革命》、《纷乱》（署名丙生），同时发表于《中学生》三十八号。《一张不正确的照片》（署名东方未明），刊于《文学》一卷四号。《怎样编制文艺年鉴》，刊于《文学》一卷四号的《社谈》栏。

蒋介石对我中央革命根据地发动第五次反革命"围剿"。

十一月，作《一个青年诗人的〈烙印〉》，发表于《文学》一卷五号。《文学青年如何修养》、《关于〈达生篇〉》，同时刊于《文学》一卷五号《社谈》栏，未署名。

作《读〈破万卷书〉》（署名微明），发表于《中学生》三十九号。

作《文学家成功秘诀》、《蒲宁与诺贝尔文艺奖》、《不关年龄》、《天才与勇气》，分别发表于《申报·自由谈》十二日、十五日、十六日、二十日。署名仲方、仲芳、伯元。《谈迷信之类》发表于《申报月刊》二卷十一号。

二日起，国民党特务连日捣毁艺华影片公司、良友图书公司、神州国光社等文化单位，并恐吓说："对于赤色作家鲁迅、茅盾之作品，一律不得刊行、登载、发行。如有不遂，我们必以较对付艺华及良友公司更激烈更彻底的手段对付你们，决不宽假！"

十二月，作《王统照的〈山雨〉》（署名东方未明），发表于《文学》一卷六号。《力的表现》、《批评家辨》、《花与叶》，分别发表于《申报·自由谈》一日、十二日、十七日。署名伯元、履霜、仲方等。

作《本年的诺贝尔文学奖金》和《主义与外力》，同时刊于《文学》一卷六号《社谈》栏，未署名。

是年，《鲁迅论》、《创作的前途》、《文学和人生的关系》等收入谢六逸编《模范小说集》，由黎明书店出版。

是年，于一九二四年至一九二五年编译的《希腊神话》（署名沈德鸿），由商务印书馆汇集出版。

1934年(民国二十三年)　三十八岁

一月，《新年试笔》（署名蒲牢）、《个人计划》，分别发表于《文学》二卷一号、《东方杂志》三十一卷一号。《清华周刊文艺创作专号》（署名惕若），刊于《文学》二卷一号。

作《地方印象记——上海》（署名朱璟），发表于《中学生》四十一号。《冬天》（署名形天），发表于《申报月刊》三卷一号。

郑振铎等在北平创办《文学季刊》（八期止）。国民党的《汗血》月刊二卷四期出版《文化剿匪专号》。

二月，小说《赛会》（署名吉卜西），发表于《文学》二卷二号。

《读〈文学季刊〉创刊号》（署名惕若），发表于《文学》二卷二号。《蝙蝠》（署名微明），刊于《申报·自由谈》。

《说〈歪曲〉》（署名水），刊于《文学论坛》二卷二号。《田家乐》（署名小凡），刊于《申报月刊》三卷二号。

国民党中央党部下令查禁一百四十九种文艺书籍。其中包括茅盾的《路》、《宿莽》、《野蔷薇》、《茅盾自选集》、《虹》、《三人行》、

《春蚕》、《蚀》、《子夜》等九种。关于《子夜》，"检查老爷"批道："讥刺本党"，"描写工潮，应删改"等等。

蒋介石在南昌讲"新生活运动要义"，妄图利用"礼义廉耻"等孔孟之道，欺骗人民，巩固反动统治。

三月，译《改变》（荷兰·菩提巴喀）（署名芬君），作《伍译的〈侠隐记〉和〈浮华世界〉》、《郭译〈战争与和平〉》（上两篇署名味茗）、《关于文学史之类》（署名惕若），同时发表于《文学》二卷三号。

《又一篇账单》（署名铭）、《〈媒婆〉与〈处女〉》（署名丙生）、《直译顺译歪译》（署名明）、《一个译人的梦》（署名蒲）、《译什么和叫谁译》（署名水），同时刊于《文学》二卷三号的《文学论坛》栏。

编译《百货商店》（左拉原著的《太太们的乐园》，经茅盾编译缩写为万余字），由新生活书店出版。

溥仪在东北称"满洲帝国"皇帝。

四月，《彭家煌的〈喜讯〉》、《"一·二八"的小说〈战烟〉》、《黑炎的〈战线〉》、《杜衡的〈怀乡集〉》，同时发表于《文学》二卷四号，署名惕若、丙申、陶然、阳秋。《上海大年夜》（署名形天），发表于《文学季刊》第二期。

作《从"五四"说起》和《我们有什么遗产?》（皆署名芬）、《思想与经验》（署名兰）、《新，老?》（署名蕙），同时刊于《文学》二卷四号《文学论坛》。

林语堂等创办《人间世》半月刊，标榜"性灵"与"闲适"等等。

十日，中共中央发表《为日本帝国主义占领华北并吞中国告全国民众书》，号召建立反帝统一战线。

五月，译波兰《耶苏和强盗》（署名芬君）、南斯拉夫《门的内哥罗之寡妇》（署名牟尼）、南斯拉夫《在公安局》（署名丙甲）、罗马尼亚《春》（署名芬君）、土耳其《桃园》（署名连琐）、秘鲁《催命太岁》（署名余声），同时发表于《文学》二卷五号。

六月，随笔《升学与就业》（署名朱璟），发表于《中学生》四十六号。

国民党中宣部公布《图书杂志审查办法》，禁锢进步文化。

七月，《庐隐论》（署名未明）、《读〈中国的水神〉》（署名味茗）、《〈文学季刊〉第二期内的创作》（署名惕若），同时刊于《文学》三卷一号。

作《再谈文学遗产》（署名风）、《伟大的作品产生的条件与不产生的原理》（署名兰）、《关于小品文》（署名蕙），同时刊于《文学》三卷一号《文学论坛》。

十五日，中国工农红军发表《北上抗日宣言》。本月，蒋介石在庐山讲演，发表"抗日三日必亡论"。

八月，作《冰心论》、《小市民文艺读物的歧路》（署名惕若）、《关于〈土敏土〉》（署名芬君），同时发表于《文学》三卷二号。

作《"文学遗产"与"洋八股"》（署名风）、《所谓"杂志年"》（署名兰）、《对于所谓"文言复兴运动"的估价》、《翻译的直接与间接》（此二篇均署名惠）、《论"入迷"》（署名曼），同时刊于《文学》三卷二号《文学论坛》。

作《我曾经穿过怎样紧的鞋子》，收《我与文学》，由生活书店出版。

作《莎士比亚与现实主义》（署名味茗），发表于《文史》双月刊第一卷三号。

九月，协助鲁迅创办《译文》杂志。并在该刊创刊号发表译文《皇帝的衣服》（匈牙利·密克萨斯）、《普式庚是我辈中间的一个》（俄·亚尼克斯德）（署名芬君）、《教父》（希腊·特罗什内斯）（署名味茗）等数篇。

作《人造丝》，发表于《绸缪》月刊创刊号。《所谓"历史问题"》（署名兰）、《论模仿》（署名风），同时刊于《文学》三卷三号《文学论坛》。

书评《两本新刊的文艺杂志》(署名惕若)、《读〈上阮剧本甲集〉》(署名丙生)，同时发表于《文学》三卷三号。作《伊里亚特》和《奥德赛》，连载于《中学生》四十七、四十八号。速写《大旱》，发表于《太白》(署名形天)创刊号。《桑树》(署名横波)，刊于《申报月刊》三卷九号。

散文《雷雨前》，发表于《漫画生活》月刊一号。

《茅盾短篇小说集》(第一集)由开明书店出版。

十月，作《落花生论》、书评《东流及其他》(署名惕若)，同时发表于《文学》三卷四号。又，《关于"写作"》(署名曼)、《不算浪费》(署名惠)、《一律恕不再奉陪》(署名风)，同时刊于《文学》三卷四号《文学论坛》。

速写《戽水》(署名高子苏)，发表于《太白》一卷二期。《谈月亮》(署名横波)，刊于《申报月刊》三卷十号。《文学的新生》，刊于《新生》周刊第一卷三十六期。

译《怎样排演古典剧》(俄·泰洛夫)(署名味茗)、《关于肖伯纳》(俄·卢那却尔斯基)(署名芬君)，同时刊于《译文》一卷三期。《丁玲的〈母亲〉》、《女作家丁玲》，收入张白云编《丁玲评传》，由上海春光书店印行。

小说集《残冬》(茅盾等著)，由生活书店出版。

十六日，中国工农红军开始了二万五千里长征。

十一月，作《伊勒克特拉》，连载于《中学生》四十九、五十号。

速写《黄昏及其他》(包括《沙滩上的脚印》、《天窗》，署名形天)，发表于《太白》一卷五期。

《疯子》(署名横波)，刊于《申报月刊》三卷十一号。书评《西柳集》(署名惕若)、《诗人与夜》(署名子苏)，同时刊于《文学》三卷五号。《我们的第一批货色》(署名水)等，刊于《文学》三卷五号《文学论坛》。

译《娜耶》(克罗地亚·药里斯基)(署名芬君)，刊于《译文》一卷三期。

上海《申报》总经理史量才被国民党特务暗杀。

十二月，小说《赵先生想不通》、书评《〈水星〉及其他》(署名惕若)、《今日的学校》(署名丙申)，同时发表于《文学》三卷六号。又，《一年的回顾》(署名丙)、《再多些!》(署名明)、《关于〈史料〉和〈选集〉》(署名波)、《又是一个结束》(署名水)，同时刊于《文学》三卷六号《文学论坛》。

短篇《小三》，发表于《水星》一卷三期。速写《阿四的故事》(署名微明)，发表于《太白》一卷六期。

译《现代荷兰文学》(荷兰·哈德铁斯)(署名芬君)，发表于《译文》一卷四期。

小说《微波》，发表于《生生》月刊创刊号。

本月，国民党四届五中全会重谈"攘外必先安内"的反动论调。

本年，曾撰写《答国际文学社问》文章一篇，由鲁迅转抄寄出。

1935 年(民国二十四年)　三十九岁

一月，作《吉诃德先生》，从本月起连载于《中学生》五十一、五十二号。《再谈疯子》(署名横波)，发表于《申报月刊》四卷一号。

译《两个教堂》(克罗地亚·奥斯列曹维支)(署名芬君)，刊于《译文》一卷五期。后来曾被伪满洲国图书株式会社收入《世界名小说选集》盗版印行。

译《雪球花》(丹麦·安徒生)，作《匈牙利小说家育坷摩耳》(署名味茗)，附育坷摩耳的作品《跳舞会》(署名芬君译)，同时发表于《文学》四卷一号。又，《今年该是什么年》(署名水)、《论所谓"感伤"》(署名波)等，同时刊于《文学》四卷一号《文学论坛》。

八日，中共中央于贵州遵义召开政治局扩大会议。确立了毛泽东同志在全党的领导地位，结束了左倾路线在党内的统治，在革命危急关头挽救了党，挽救了中国革命。

二月，译《莱蒙托夫》（俄·勃拉果夷）（署名谢芬），发表于《译文》一卷六期。

作《谈题材的"选择"》（署名波）、《质地的征服》（署名水），同时刊于《文学》四卷二号《文学论坛》。

《再答罗暎先生》，发表于《中学生》五十二号。《旧账簿》（署名秋生），刊于《申报月刊》四卷二号。

杂文集《话匣子》，由良友图书印行公司出版。书面印署一九三四年出版，误。

十三日，南京国民党政府下令取缔排日。

三月，《狂欢的解剖》（署名横波），刊于《申报月刊》四卷三号。

作《雨果和〈哀史〉》，发表于《中学生》五十三、五十四期。《老爷》（署名牟尼），刊于《太白·掂斤簸两》二卷一期。

茅盾的《叩门》、《阿Q相》等散文八篇，收入阿英编校的《现代十六家小品》集，由光明书局出版。陈望道编《小品文与漫画》（鲁迅、茅盾等人文章合集），由生活书店出版。

约于本月，茅盾等著《读书的艺术》、《伟大人物的少年时代》，由开明书店印行。

四月，《关于别瑟尼·别尔生》，发表于《中学生》五十四号。

作《孝女姚屏锦》（署名牟尼），刊于《太白·掂斤簸两》二卷二期。

作《这一期》、《说"需要"》、《编辑人的愿私》（均署名水），《能不能再写的好懂些》（署名方），同时刊于《文学》四卷四号《文学论坛》。

《汉译西洋文学名著》（介绍荷马等三十二位作家作品并附《序言》），由亚细亚书局出版。

五月，作书评《杂志〈潮〉中的浪花》（署名惕若），刊于《文学》四卷五号。《杂志年与文化动向》（署名明），刊于《文学》四卷五号《文学论坛》。

书译《神曲》连载于《中学生》五十五、五十六号。

作《道在北平》（署名牟尼）、《大事摘要》（署名未名），同时刊于《太白·掂斤簸两》二卷四期。

应良友图书公司之约，编选《〈中国新文学大系〉小说一集》并作导言，于本月出版。

译《我的回忆》（挪威·别伦·别尔生），刊于《世界文库》第一册，由生活书店出版。

国民党政府与日本互升公使为大使。

六月，短篇《有志者》，发表于《中学生》五十六号。

译《游美杂记》（波兰·显克威兹），刊于《世界文库》第二册，由生活书店出版。

作《也不要"专读白话"》（署名风），刊于《文学》四卷六号《文学论坛》。

作《"中国本位文化建设"在〈人间世〉》（署名牟尼）、《"自传"作法》、《"自由"的推论》、《世界上没有的》、《说谎的技术》（此四篇均署名未名），同时刊于《太白·掂斤簸两》二卷六、七期。

蒋介石派何应钦与日寇天津司令梅津密谈签订丧权辱国的"何梅协定"。

《新生》杂志发表易水的《闲话皇帝》一文，引起日本政府"侮辱天皇"的无理抗议。国民党反动派恐日媚外，竟下令封闭该刊，逮捕主编，是为"新生事件"。

七月，作《夏夜一点钟》，发表于《新小说》二卷一期。《尚未成功》发表于《申报月刊》四卷七号。

译《英吉利断片》（德·海涅），刊于《世界文库》第三册，由生活书店出版。

作《支配与被支配之间》、《到那里去学习》和《理论的基础》（皆署名未名），刊于《太白·掂斤簸两》二卷八、九期。

作《一点小声明》（署名方），刊于《文学》五卷一号《文学论坛》。

作《速写与随笔》，由开明书店出版。

八月，作短论《未能名相》（署名惕若），发表于《太白》二卷十期。

作《大自然的礼赞》、《大同小异》、《很明白的事》（均署名未名），刊于《太白·掂斤簸两》二卷十、十一期。

译《最后的一张叶子》（美·欧亨利）（署名芬君），刊于《译文》二卷六期。译《集外书简》（挪威·易卜生），刊于《世界文库》第四册，由生活书店出版。

国民党政府颁布对日《邦交敦睦令》。

一日，中共中央发表《为抗日救国告全体同胞书》。本月，王明在共产国际第七次代表大会上作《论殖民地和半殖民地的革命运动与共产党的策略》的发言，提出了一条右倾投降主义的路线。

九月，《对于接受文学遗产的意见》，发表于《质文》第三号。

译《蜜蜂的发怒及其他》（比利时·梅德林克），刊于《世界文库》第五册，由生活书店出版。

茅盾与鲁迅合撰《〈译文〉终刊号前记》，刊于《译文》终刊号。

九月至十月，作《十日谈》，连载于《中学生》五十七、五十八号。

十月，短篇《无题》，发表于《文学》五卷四号。

译《忆契诃夫》（俄·蒲宁），刊于《世界文库》第六册，由生活书店出版。

在毛泽东同志英明领导下，红军第一方面军经过二万五千里长征胜利到达陕北革命根据地。

十一月，获悉毛泽东同志领导的红军经过长征胜利到达陕北，茅盾与鲁迅致电毛泽东同志和朱德同志祝贺："在你们身上，寄托着人类和中国的将来。"

八日，鲁迅和茅盾等出席苏联驻上海领事馆的"庆祝十月革命十八周年招待会"。

作书评《战争与和平》，连载于《中学生》五十九、六十号。《黄克强及其手迹》（署名佩韦），刊于《中学生》五十九号。

译《拟情书》（罗马·渥维德），刊于《世界文库》第七册，由生活书店出版。

作《理论家与作家之间》，刊于《文学》五卷五号《文学论坛》。

译文集《桃园》（土耳其·哈理德等著），作为《译文》丛书之一，由文化生活出版社印行。

鲁迅作序，孔另境编《现代作家书简》由生活书店出版。内收鲁迅、茅盾等五十八位作家的书信。

日寇策动华北五省自治。二十五日殷汝耕挂出"冀东防共自治政府"的招牌。

十二月，《全运会印象》在《文学》五卷六号发表。

作《缺乏题材的痛苦》、《一个小小的实验》（均署名水），《两方面的说明》（署名蒲），同时刊于《文学》五卷六号《文学论坛》。

短篇小说《拟〈浪花〉》，刊于《大众生活》一卷五期。

由茅盾叙订的《红楼梦》，由开明书店出版。《西洋文学研究》由世界书局出版。

茅盾的《小品文和气运》，收入《小品文和漫画》集，由上海生活书店出版。

七日，国民党政府下令设立"冀察政务委员会"，实现"华北五省独立自治"阴谋。九日，北平学生反对"防共自治运动"，全国规模的"一二·九"爱国运动爆发。本月，上海文化界救国会成立，并于十二日发表《上海文化界救国运动宣言》，二十七日发表第二次宣言。

二十五日，中共中央召开瓦窑堡会议。毛泽东同志作《论反对日本帝国主义的策略》的报告。

本年，傅东华主编《文学百题》，由上海生活书店出版。收入茅盾的《略述表现骑士风度的中世纪文学》、《什么是写实主义》、《欧洲大战对文学有怎样的影响》三篇。

1936 年（民国二十五年） 四十岁

一月，中篇小说《多角关系》发表于《文学》六卷一号。短篇《搬的喜剧》，发表于《东方杂志》三十三卷一号。

译《拟情书》（二）（罗马·渥维德），刊于《世界文库》第九册，由生活书店出版。

茅盾协助鲁迅编《凯绥·珂勒惠支版画选集》。

作《谈我的研究》，刊于《中学生》六十一号。从本月起，长篇小说《少年印刷工》连载于《新少年》（创刊号至二卷十一期止，有间断），未出过单行本。

作《迎接一九三六年》、《经验理论和实践》、《最流行的然而最误人的书》、《再谈儿童文学》，同时刊于《文学》六卷一号《文学论坛》，署名水、惕。

鲁迅参加编辑的《海燕》创刊（仅出二期即被禁）。

上海新闻记者为争取言论自由发表宣言。北平文化界发表救国宣言。

本年初，日本帝国主义加紧侵华。公然提出与国民党"共同防共"、"取缔排日"的"对华三原则"。国民党反动派为取媚日寇更加残酷地镇压抗日救亡运动。

二月，译《拟情书》（三），刊于《世界文库》第十册，由生活书店出版。

短篇小说集《泡沫》，由上海生活书店出版。《关于乡土文学》（署名蒲）、《〈盘肠大战〉的反响》（署名水），刊于《文学》六卷二号

《文学论坛》。

十一日，国民党中宣部发表《告国人书》，污蔑苏联，谩骂各地救亡团体为"赤色帝国主义之汉奸"。

十四日，文化界发表《对国民党中宣部〈告国人书〉之辨正》，斥国民党反动派的谰言。

三月，译《世界的一天》（柯尔曹夫），发表于《译文》新一卷复刊号。

《关于〈山坡上〉的最后几句话》（署名水），刊于《文学》六卷三号《文学论坛》。

译《散文的〈喜剧的史诗〉》（英·菲尔丁），刊于《世界文库》第十一册，由生活书店出版。

译文集《战争》（俄·铁霍诺夫），由文化生活出版社印行。

九日、二十三日，茅盾探望鲁迅病情，进行亲切交谈。

四月，作《作家和读者在苏联》，发表于《作家》创刊号。

鲁迅为《中国呼声》作《写于深夜里》于七日定稿。茅盾和史沫特莱参与了译文的校正工作。

《向新阶段迈进》（署名波）、《电影发明四十周年》（署名惕），《中国文艺的前途是衰亡么？》、《悲观与乐观》、《论奴隶文学》（此三篇均署名横），同时刊于《文学》六卷四号《文学论坛》。

五月，在拉丁化理论刊物《中国语言月刊》上，茅盾与鲁迅、蔡元培、郭沫若等六百八十八人签名发表《我们对于推行新文字意见》，刊于创刊号上。

《也是〈想到什么就说什么〉》刊于《申报每周增刊》一卷二十一期。

《需要一个中心点》（署名波）、《关于〈出题目〉》（署名明）、《不要你哄》（署名波）、《一个小小的提议》（署名横），同时刊于《文学》六卷五号《文学论坛》。

《故乡杂记》由现代书店出版，收入《一封信》、《河内小火轮》、《半个月的印象》等篇。

《作家论》由文学出版社出版，收入茅盾《落花生论》、《冰心论》、《王鲁彦论》等篇。

鲁迅病情加重。三十一日，茅盾、史沫特莱偕美国邓医生探视鲁迅，茅盾担任翻译。

全国各界救亡会在上海成立。

六月，作《想到什么就写什么》、《车中一瞥》，分别发表于《文学界》创刊号、《文学》六卷六号。短篇小说《儿子开会去了》，发表于《光明》创刊号。《"佛诞节"所见》刊于《申报每周增刊》一卷二十三期。

作《再多些，再多方面些》、《进一解》、《有原则的论争是需要的》等，刊于《文学》、《文学论坛》六卷六号，署名惕、横等。

《读书的艺术》、《伟大人物的少年时代》，茅盾、朱自清、巴金等著，收入《中学生》杂志丛刊，由开明书店出版。

《世界文学名著讲话》，由北京开明书店出版。

五日，周扬在《文学界》创刊号上发表《关于国防文学》，何家槐发表《文艺界联合问题我见》等文章。

七日，成立了"中国文艺家协会"，并发表了宣言。郭沫若、茅盾签署了名字。

十日，鲁迅于病中，由冯雪峰笔录写成《论现在我们的文学运动》一文。提出了"民族革命战争的大众文学"口号。鲁迅说，"这口号，也不是我一个人'标新立异'，是几个人大家经过一番商议的，茅盾先生就是参加商议的一个"。

十五日，鲁迅等签署的《中国文艺工作者宣言》，在《作家》六月号发表。

七月，鲁迅的《论现在我们的文学运动》正式发表于《文学界》一卷二号。在茅盾转送这篇重要论文时，也写了《关于〈论现在我们的文学运动〉》一文，同时发表。

一日，鲁迅、茅盾等签署的《中国文艺工作者宣言》在《译文》、《文学丛报》、《现实文学》、《文学月刊》上发表。

茅盾的短篇《大鼻子的故事》和《儿童文学在苏联》同时发表于《文学》七卷一号。

译文集《回忆·书简·杂记》（挪威·别伦·别尔生）由文化生活出版社印行。

译文集《文凭》（俄·丹青科），由永祥印书馆印行。

蒋介石宣称"中央一贯政策就是'安内攘外'四个字"。

八月，作《关于引起纠纷的两个口号》、《给青年作家的公开信》分别发表于《文学界》一卷三号、《光明》一卷五号。

作《再说几句——关于目前文艺运动的两个问题》，刊于《生活星期刊》一卷十二号。此外，该刊十四、十八、十九号尚有文章三篇。

《看模型》刊于《申报每周增刊》一卷三十二期。《官舱里》刊于《申报每周增刊》一卷三十四期。

译文《凯绥·珂勒惠支——民众的艺术家》（美·史沫特莱），刊于《作家》一卷五号；同时收入《凯绥·珂勒惠支版画选集》。

鲁迅在冯雪峰的协助下撰写了《答徐懋庸并关于抗日统一战线问题》。

中共中央发出致国民党书，提出停止内战，组成抗日民族统一战线。

九月，作《"创作自由"不应曲解》和《好玩的孩子》（随笔），分别发表于《中流》创刊号和一卷二期。

译短篇《红巾》（爱特堡），发表于《译文》新二卷一期。《国文试题》刊于《申报每周增刊》一卷三十六期。

《历史小品集》(鲁迅、茅盾等著)由长江书店出版。收茅盾《神的灭亡》、《大泽乡》、《石碣》三篇。

主编《中国的一日》,并附有《关于编辑的经过》,由上海生活书店出版。

中共中央政治局通过《关于抗日救亡运动新形势与民主共和国的决议》。

南京国民党政府重申《睦邻令》。

十月一日,(鲁迅、郭沫若、茅盾等二十一人)发表《文艺界同人为团结御侮与言论自由宣言》、《纪念日预感》刊于《申报每周增刊》一卷四十期。

短篇《烟云》发表于《文学》七卷四号。《拟〈浪花〉》转载于《好文章》创刊号。《送考》刊于《文季》月刊一卷五期。《技巧问题偶感》,发表于《中流》一卷三期。杂感《集团输血》、《佛化结婚》、《输血是否犯法》,分别发表于《中流》一卷三、四期。均署名何典。

《辛亥年的光头教员与剪辫运动》刊于《越风》半月刊二十期。后以《回忆辛亥》为题,略有增删,收入《印象·感想·回忆》集,由文化生活出版社出版。

《国防文学论战》由新潮出版社出版,收鲁迅、郭沫若、茅盾等人十七篇文章。

十九日,伟大的新文化旗手鲁迅逝世。茅盾为治丧委员会委员。

二十二日,蒋介石赴西安督促东北军和西北军加紧"剿共"。

十一月,作悼念鲁迅文章《写于悲痛中》、《学习鲁迅先生》,分别发表于《文学》七卷五号、《中流》一卷五期。

短篇《官舱里》转载于《好文章》一卷二期。

《创作的准备》由上海生活书店出版。

芸丽氏、筱梅编《茅盾创作选》,由上海仿古书店出版。

日伪军大举再犯绥远。二十三日，上海救国会领袖沈钧儒、邹韬奋等七人被捕。

十二月，作《研究和学习鲁迅》，发表于《文学》七卷六号。《谈〈赛金花〉》，发表于《中流》一卷八期。杂感《"立此存照"续貂》（署名蒲牢）、《孔夫子与补鞋匠的故事》、《人瑞》（署名何典），发表于《中流》一卷七期。

短篇《微波》，发表于《好文章》一卷三期。

是年，译文集《现代翻译小说选》，收入翻译小说三十篇并附绪言《近年来介绍的外国文学》，由交通书局出版。

巴雷、朱绍之编《茅盾杰作选》，由万象书屋盗版印行。

《国防文学论战》、《现阶段的文学论战》、《鲁迅访问记》分别由新潮出版社、文艺研究会、长江书店出版。均收入茅盾关于国防文学论争的文章。

《"十年"续集》，由开明书店出版。收入茅盾《手的故事》。

是年，茅盾参加选编的《短篇佳作选集》在生活书店出版。

是年秋，由斯诺编译的《活跃着的中国》，在英国伦敦出版。其中除收鲁迅作品外，也收入了茅盾的创作。

本年十二月十二日，西安事变。蒋介石被迫接受团结抗日条件。

1937 年（民国二十六年） 四十一岁

一月，《研究和学习鲁迅》转载于《文摘》创刊号。

作《论初期白话诗》，发表于《文学》八卷一号。《日记及其他》，刊于《中流》一卷九期，后来转载于《月报》一卷二期，《真亚耳的两个译本》，发表于《译文》新二卷五期。

六日，国民党亲日分子挑动内战，下令中央军进攻西安。

八日，中共中央发布《为和平停止内战》通电，揭露敌人挑动内战阴谋。

二月，作《叙事诗的前途》、《关于"报告文学"》，分别刊于《文学》八卷二号、《中流》一卷十一期。译文《十二月党的诗人》，刊于《译文》新二卷六期。

《茅盾散文集》（普及本），由上海天马书店出版。

《名家近作集》由金城书局印行。收入茅盾《送考》、《技巧问题偶感》两篇。

三月，杂文《读画记》，发表于《中流》一卷十二期。作《读报有感》，后收入《收获》，由生活书店出版。

《一个真正的中国人》（小说）、《杂记一则》、《"奴隶总管"解》发表于《工作与学习丛刊》第一辑《二三事》。此外，尚在二、三、四辑发表文章七八篇。

蒋介石接见日本经济考察团，发表希望中日"为东方文化努力"的讲话。

四月，译《给罗斯福总统的信》（美·斯比代克），刊于《译文》新三卷三期。

十五日，中共中央发表《告全党同志书》，号召由巩固国内和平，争取民主，实现对日抗战而奋斗。

五月，作《农村来的好音》（通讯），发表于《中流》二卷四期。

《求全的责备》，刊于《文风》一卷一期。《希望分工合作》（署名矛盾），刊于《读书月刊》创刊号。

《多角关系》由文学出版社出版。

短篇小说集《烟云集》由良友图书公司出版。

书评《〈烟苗季〉和〈在白森镇〉》收入《收获》，由生活书店出版。

编选《楚辞选读》，由商务印书馆出版，署名沈德鸿。

毛泽东同志发表《中国共产党在抗日时期的任务》、《为争取千百万群众进入抗日民族统一战线而斗争》。

六月，作《变好和变坏》（散文），刊于《好文章》一卷九号。译

《菌生在厂房里》(美·牟伦)，发表于《译文》新三卷四期。

短篇小说《水藻行》和杂文《读报有感》，同时刊于《月报》一卷六期。

《黎明》(茅盾等著)由生活书店出版。

七月，作《新文学的前途有危机么》，发表于《文学》九卷一号，后转载于《月报》一卷七期。《文风与"生意眼"》、《〈窑场〉及其他》同时发表于《文学》九卷一号。

作《关于"差不多"》和《关于〈武则天〉》，分别发表于《中流》二卷八、九期。《荒与熟》发表于《文丛》一卷五号。

七日抗日战争爆发。八日，中共中央及中国红军通电指出"不让日本帝国主义占领中国寸土"，号召"全民族抗战"。

八月十三日，日军进攻上海，中日战争全面爆发。抗战开始，茅盾便投身于抗日战争。"八一三"上海抗战后，他主编《烽火》周刊，这是《文学》、《中流》、《文季》、《译文》的战时联合刊物。在创刊号和第三期上他连续发表了《战神在叹气》、《今年的"九一八"》等文章。

作《日本文武的"豪话"》、《事实摆在这里》等，发表于由《世界知识》、《妇女生活》、《中华公论》、《国民周刊》组成的《战时联合旬刊》第二期。

二十四日创办《救亡日报》，郭沫若任社长，茅盾、郑振铎、胡愈之等组成编委会。《炮火的洗礼》、《此亦〈集体创作〉》、《对于时事播音的一点意见》，分别发表于二十三、二十六、二十八日的《救亡日报》。

中国工农红军正式改编为第八路军，从陕北出发，赴山西前线杀敌。二十五日，中共中央公布《抗日救国十大纲领》。

九月，茅盾、巴金主编的《呐喊》月刊创刊。《文学》、《中流》、《文季》、《译文》组成战时联合刊物，第三期改为《烽火》。

《不是恐怖手段所能慑伏的》、《从三方面入手》、《展开我们的文艺战线》、《首先是干部问题》、《光饼》、《内地现状的一鳞一爪》、《漫谈二则》，分别刊于《救亡日报》八日、十日、十三日、十五日、十九日、二十日、二十四日。

《战时联合旬刊》(《世界知识》、《妇女生活》、《中华公论》、《国民周刊》)于上海创刊。《战线》(五日刊)艾思奇等编，于上海创刊，十一月停刊。

十月，《无题》发表于《文学》九卷三号。《三件事》发表于《救亡日报》四日。

上海影剧界组成十三个"救亡演剧队"前往全国各地宣传抗战。柯灵编《民族呼声》周刊创刊。

南方工农红军改编为陆军新四军。

十一月，《非常时代》(一)发表于《烽火》十二期。

上海沦陷后，茅盾离开上海，辗转于香港、长沙、广州等地，从事抗日文化活动。

国民党官员第一次酝酿投降。

十二月，日寇逼近南京，十三日蒋军弃守。十四日北平成立伪临时政府，王克敏粉墨登场。

是年，茅盾等译《普式庚研究》，由上海生活书店出版。

茅盾译《战争》(俄·铁霍诺夫)，由文化生活出版社出版。

是年，《茅盾代表作选》，由全球书店编辑出版。

1938 年(民国二十七年) 四十二岁

一至二月间，茅盾仍辗转于香港、广州、长沙等地从事文艺活动。

一月，日寇公布对华政策声明书。敌酋近卫声称："不以国民政府为对手。"本月国民党弃守兖州、济宁、泰安等地。

十日，晋察冀边区召开军政民代表大会，建立敌后第一个解放区，成立临时行政委员会。

十日，中国共产党机关报《新华日报》在武汉出刊。

二月，作《关于大众化》、《战时如平时》分别刊于《新华日报》十三日、十九日。

二十日，《少年先锋》半月刊创刊，茅盾、楼适夷、叶圣陶等主编。在创刊号上发表《珍惜我们民族的未来主人》、《"青年日"速写》。

三月二十七日，中华全国文艺界抗敌协会在汉口成立，茅盾被选为理事。

作《记"孩子剧团"》，发表于《少年先锋》第二期。

国民党临时全国代表大会在武汉开幕，制定所谓"抗战建国纲领"。本月二十八日南京伪维新政府成立，汉奸梁鸿志领班。

我晋西北抗日根据地建立。

四月，茅盾等九十七人签署的《中华全国文艺界抗敌协会发起旨趣》，发表于《自由中国》创刊号。

十六日，《文艺阵地》在广州创刊，茅盾从事主编工作。同时，尚为香港复刊的《立报》编辑副刊《言林》。长篇小说《第一阶段的故事》，最初以《你往那里跑》为题，连载于《言林》，历时八个月之久。此外，三八年在《言林》上撰写的文章共二十余篇。

短评《祝全国文艺家的大团结》(署名微明)、《"战斗的生活"进一解》(署名仲方)，书报述评《给予者》、《飞将军》、《时调》(此二篇均署名玄珠)，发表于《文艺阵地》创刊号。

《自由中国》在汉口创刊。延安"鲁迅艺术学院"创立。

五月，中华全国文艺界抗敌协会机关报《抗战文艺》创刊，茅盾任编辑委员。

作短评《"五四"的精神》、《浪漫的与写实的》(署名玄珠)、《所谓时代的反映》(署名微明)、《"深入"一例》；书报述评《八百壮士》、

《新刊三种》，同时刊于《文艺阵地》一卷二期。《"孤岛"文化最近的阵容》，发表于《文艺阵地》一卷三期。

茅盾等《给周作人的一封公开信》，发表于《抗战文艺》一卷四期。

《中学生》社编，茅盾等著短篇小说集《有志者》，由开明书店出版。

国民党弃守徐州。我党建立冀鲁豫抗日根据地。

六月，作短评《大众化与利用旧形式》、《质的提高与通俗》、《利用旧形式的两个意义》（署名仲方）；书评《〈游击中间〉及其他》（署名微明）、《突击》，同时发表于《文艺阵地》一卷四期。书评《北方的原野》，发表于《文艺阵地》一卷五期。

十日，蒋军弃开封、安庆。十八日，伪华北临时政府与伪南京维新政府发出劝蒋投降的通电。

新四军建立以茅山为中心的苏南解放区。

七月，作《论加强批评工作》，发表于《抗战文艺》二卷一期；书评《台儿庄》，发表于《文艺阵地》一卷七期。

《炮火的洗礼》由桂林文化生活社出版。内收茅盾"八一三"抗战后所写文章十五篇。

毛泽东同志自五月至六月在延安抗日战争研究会讲演的《论持久战》出版。

八月，短评《关于士兵读物》、《不要误解了报告文学》、《从作品看"群众工作"》，书评《两个俘虏》、《大众抗敌剧丛》、《怎样写报告文学》，同时发表于《文艺阵地》一卷八期。论文《八月的感想》、书报述评《河内一郎》、《大上海的一日》、《从西北到西南》（署名玄），发表于《文艺阵地》一卷九期。

日寇向蒋介石第三次提出"承认满洲国"、"共同防共"等议和条件。

九月，书报述评《北运河上》、《中华儿女》、《〈南洋周刊〉及其他》(此三篇均署名玄)，同时发表于《文艺阵地》一卷十期。《阳明堡底火战》、《小说与民众》、《黄河北岸》同时发表于《文艺阵地》一卷十一期。

十月，作短评《伟大的十月》、《新生前的阵痛》、《暴露与讽刺》，书报述评《大时代的插曲》、《在汤阴火线》、《西北高原·东南海滨》(此三篇均署名玄)，同时发表于《文艺阵地》一卷十二期。

作短评《"宽容"之道》、《……有背于中国人现在为人的道德》、《谨严第一》、《韧性万岁》，发表于《文艺阵地》二卷一期。

二十一日，国民党军不战放弃广州。二十五日又弃守武汉三镇。

中国共产党召开六届六中全会，毛泽东同志作《中国共产党在民族战争中的地位》的报告。

十一月，书报述评《战地书简》、《士兵读物两种》、《"孤岛"的新刊》(此三篇均署名玄)，同时发表于《文艺阵地》二卷二期。《军民之间》、《到明天》、《诗时代》，同时发表于《文艺阵地》二卷三期。

十二月，应杜重远的邀请，经海防、昆明、兰州去新疆迪化(今乌鲁木齐)。在兰州停留期间，写见闻杂记《海防风景》一篇。

十八日，国民党副总裁、国民参政会长汪精卫离渝投敌。二十九日在河内发表投敌电文。至此，先后投敌者有国民党要员陈公博、周佛海、陶希圣等十余人。

梁实秋在他主编的国民党《中央日报》副刊上，散布"与抗战无关论"的思想。

是年，《战时散文集》(茅盾等著)，由战时出版社出版。

1939 年(民国二十八年)　四十三岁

一月，短论《公式主义的克服》，刊于《文艺阵地》二卷七期。

《鲁迅风》在上海"孤岛"创刊。

与若君的通信，刊于《鲁迅风》第三期，署名玄。

二十日，国民党举行五中全会。全会决定政策重点从对外转向对内，"溶共、防共、限共"之声，甚嚣尘上。

二月，寄给若君的通信，发表于《鲁迅风》第四期，署名盾。

《文艺战线》于延安创刊。

三月，茅盾抵新疆，在新疆学院任教。

四月，新疆成立全疆文化协会，茅盾主持该会工作。

五月，作《谈深入民间》，发表于本月的《救亡日报》。

六月，《〈子夜〉是怎样写成的》，发表于《新疆日报·绿洲》一日。

国民党秘密颁布《防止异党活动办法》。

七月七日，中共中央发表宣言，号召全国人民起来，坚持抗战、团结、进步，反对投降、分裂、倒退。

八月，《茅盾短篇小说集》（第二集），由开明书店出版。

九月，《寄自新疆》（通信），发表于《文艺阵地》三卷十期。

《共产党人》在延安创刊。

毛泽东同志发表《和中央社、扫荡报、新民报三记者谈话》。

十月，国民党又秘密颁布《共党问题处理办法》。

十一月间，中苏文化协会新疆分会成立，茅盾任理事。

阎锡山派代表与日寇清水师团长试行和平谈判。

十二月，译《囚徒自由》（署名佩韦），刊于《文艺阵地》四卷四期。

国民党侵犯陕甘宁边区，形成第一次反共高潮。

是年初，沈从文在《今日评论》提出"反对作家从政"的主张。

是年，《茅盾代表作选》由贵阳全球书店出版。

是年，展开关于"民族形式"的讨论。

1940 年(民国二十九年)　四十四岁

一月，毛泽东同志的光辉著作《新民主主义论》在延安《中国文化》创刊号发表。

三日，陕甘宁边区文协代表大会开幕，茅盾被选为名誉主席之一。

十六日，汪逆兆铭致电蒋介石劝降。

二月一日，毛泽东同志在延安民众讨汪大会作《团结一切抗日力量，反对反共顽固派》演说。

三月三十日，伪宁政府成立，汪逆登台，自任代理主席，发表宣言，招降渝府。

五月，茅盾离开新疆返内地，经过西安到达延安。在延安期间曾在陕甘宁边区文化协会及鲁迅艺术学院讲演、讲学。

六月，《文艺新潮》二卷三期发表了茅盾的通信。《关于〈新水浒〉》发表于《中国文化》一卷四期。

七月，作《论如何学习文学的民族形式》，发表于《中国文化》一卷五期。

作《纪念高尔基杂感》，发表于延安《新中华报》六月十八日。

八月，作《为了纪念鲁迅的六十生辰》，刊于延安出版的《大众文艺》一卷五期。

《野草》杂志在桂林创刊。

九月，《关于"民族形式"的通信》，发表于《文学月报》二卷一、二期。《旧形式、民间形式与民族形式》，发表于《中国文化》二卷一期。

作《谈水浒》，刊于《大众文艺》一卷六期。

十月，林伯渠、吴玉章、徐特立和茅盾等十六人发表《鲁迅文化基金募揭缘起》，刊于《中国文化》二卷二期。后转载于《学习》半月刊五卷二期。

作《关于〈呐喊〉和〈彷徨〉》，发表于《大众文艺》二卷一期。《纪念鲁迅先生》，刊于《新华日报》十月十九日。

大约于本月，根据革命工作的需要，茅盾离开延安去重庆。

据《文学月报》消息，政治部第三厅改组后，设一文化工作委员会，郭沫若任主任委员，茅盾等为委员。

国民党向我苏北新四军进攻，造成"苏北事件"。

十一月，作《中国青年已从十月革命认识了自己的使命》、《一点小小的意见》、《茅盾对于本文（〈谈才能与天才〉）的意见》，同时发表于《大众文艺》二卷二期。

十一月间，汪逆第六次致电蒋介石劝降。

十二月，茅盾与林伯渠等百余人发表《陕甘宁边区新文字协会成立缘起》，刊于《中国文化》二卷四期。

作《喜悦和希望》，刊于《中国工人》十一期。是年或四一年初，作《新疆风土杂忆》。

据《新华日报》消息报导，十二月八日全国文协举行茶会，欢迎来渝作家，茅盾等均莅会。

1941 年（民国三十年） 四十五岁

一月，散文《风景谈》，发表于《文艺阵地》六卷一期。

作《"一·二八"九周年纪念》（署名佩韦），刊于《中学生》战时半月刊三十八期。《一个读者的要求》刊于《新华日报》一月十一日。

四日，《皖南事变》爆发。十八日中共中央对皖南事变发表谈话。

《奔流文艺丛刊》在上海创刊。

二月，杂感《"家"与解放》，发表于《文艺阵地》六卷二期。

《杂谈二则》（署名佩韦），刊于《野草》一卷六期。

茅盾离开重庆去香港。

十五日，国民党苏鲁战区游击纵队副总指挥李长江等第二批将领投敌。

三月，作《关于小说中的人物》和《戏剧的民族形式问题》，同时发表于《抗战文艺》七卷二、三期合刊。

作《提高乐观的情绪》，刊于《中学生》四十一号。又，《见闻杂记》中的文章，多数于本月完成。

国民党江苏保安旅旅长杨仲华等第三批将领投敌。

四月，作《抗战期间中国文艺运动的发展》，发表于《中苏文化》八卷三、四期合刊。

五月二十九日，茅盾与韬奋等九人联名写《我们对于国事的态度和主张》，痛斥国民党对日投降和对进步文化事业的残酷压迫。刊于香港《大众文粹》六月下旬出版的第二辑。

作《大题小解之一》，发表于《野草》二卷三期。

作《如是我见我闻》，发表于本月香港《华商晚报》。

毛泽东同志在延安干部会议上，作《改造我们的学习》的报告，为全党整风运动作了思想动员。

六月，作《作家的主观与艺术的客观性》（座谈记录），发表于《文学月报》三卷一期。

作《高尔基与现实主义》，发表于《中苏文化》八卷六期。

散文《白杨礼赞》，发表于《文艺阵地》六卷三期。

作《关于〈新中国研究〉》、《文化近事有感》，分别发表于《大众文粹》第一、二辑。

作《文化上的逆流》，发表于南洋华侨《建国日报》副刊《小齿轮》六月八日。

二十二日，苏德战争爆发。

初夏，开始写长篇《腐蚀》，同时连载于香港《大众生活》周刊。十月即由上海华夏书店出版。

七月，作《如何加强我们的抗战文艺》、《奖励学术之道》，同时刊于《大众文粹》第四辑（署名玄珠）。

九月，茅盾主编的《笔谈》半月刊在香港创刊。

作《悼念许地山先生》、《如何欣赏文艺作品》，分别发表于《新华日报》九月二日、十四日。

作《大地山河》、《国粹与扶箕的迷信》、《客座杂忆》二篇（此四篇均署名形天），书报评介四篇、《寓言式的预言》等杂谈四篇，同时发表于《笔谈》一期。

《客座杂忆》续篇（署名形天）和《我是劳动人民的儿子》等书刊评介二篇、《纳粹德国的宗教如此》等杂谈五篇，同时发表于《笔谈》二期。

《我们的狗之死》（署名佩韦），刊于《野草》三卷一期。

十月，《关于〈呐喊〉和〈彷徨〉》，转载于《学习》半月刊五卷二期。

作《谈一件历史公案》和《客座杂忆》二篇（均署名形天），《中国字拉丁化运动表》等书刊评介二篇，《挪威一店员》等杂谈五篇，同时发表于《笔谈》三期。

作《最理想的人性》、《客座杂忆》二篇、《小市民画像》（署名玄珠）、《生命在呼喊》等书评二篇、《武王候殿》等杂谈六篇，同时发表于《笔谈》四期。

《大题小解》转载于《解放日报》十月七日。《最理想的人性》亦同时刊于《中苏文化》九卷二、三期合刊。

作《记"鲁迅艺术文学院"》，刊于《学习》半月刊五卷二、四期。

二十一日，据《解放日报》报道，香港新闻出版界活跃。茅盾主编的《笔谈》等均极畅销。

完成小说《列那与吉他》的创作。

十一月，郭沫若、沈钧儒、茅盾等《致苏联人民书》，发表于

《新华日报》十一月二十日。

作《为祖国珍重》，刊于香港《华商报》十一月十六日。《客座杂忆》二篇，《油船德宾特号》等评介二篇，《八股之害》等杂谈五篇，同时发表于《笔谈》五期。

十二月，日对英美宣战，太平洋战争爆发。十八日，日军攻占香港，茅盾等在党领导下的东江游击队的帮助下辗转至桂林。

本年，作旧体诗《渝桂道中口占》等篇。

《要求每一个真正的中国人》（署名佩韦），发表于《野草》三卷三、四期合刊。

本年，在香港《华商报》尚发表文章十余篇，《大众生活》上发表文章十五六篇。

本年，《草叶》、《诗刊》、《谷雨》等刊物在延安创刊。

1942 年（民国三十一年）　四十六岁

本年初，作《雨天杂写》之一、之二、之三等篇。

一月，作《某一天》，刊于《解放日报》一月二十九日。

二月一日，中共中央号召各级干部整顿三风，改进工作。毛泽东同志作《整顿党的作风》报告。

三月，王实味在延安《解放日报·文艺》发表《野百合花》。

蒋介石密令各战区停止对敌作战，以党政军全力进剿八路军新四军。

四月，《仍是纪念而已》，刊于《文化杂志》二卷二号。

国民党三十九集团军副总司令孙良诚等多人在鲁西南投敌。

四月至五月，写《劫后拾遗》，同年由桂林学艺出版社出版。

五月，毛泽东同志发表《在延安文艺座谈会上的讲话》。

茅盾的《最理想的人性》转载于《文艺阵地》六卷五期。《谈〈北京人〉》发表于《戏剧春秋》二卷一期。

六月，郭沫若、茅盾等中国文化界代表，为苏联抗战周年发表

《致斯大林先生及全体苏联战士书》，刊于《新华日报》六月二十二日。

作《材料的搜集与研究》，刊于《新华日报》六月五日。

作《最后一次防空演习》，发表于《野草》四卷三期。作《谈描写的技巧》（大题小解之二），后收入《茅盾文集》十卷。

七月，郭沫若、茅盾等《致苏联科学院会员书》，刊于《新华日报》十一日。小说《闪击之下》，发表于《文艺杂志》一卷五期。

《读报偶感》刊于《解放日报》七月七日。

中共中央发布《为抗战五周年纪念宣言》，指出今年是"抗战以来存在着更大困难的一年"，号召敌后军民不屈不挠地坚持斗争。

八月，作《我对〈文阵〉的意见》，发表于《文艺阵地》七卷一期。

从本月起，长篇《霜叶红似二月花》连续刊载于《文艺阵地》七卷一至四期。

九月，作《新疆风土杂记》，发表于《旅行杂志》十六卷九、十期。《耶苏之死》，发表于《文学创作》创刊号。

国民党中央委员、文化特务头子张道藩发表了反动透顶的所谓《我们所需要的文艺政策》。同月，日寇指使华北地区汉奸文人成立所谓"华北作家协会"，由汉奸、伪华北教育总署督办周作人任评议会主席。

熊佛西等主编的《文学创作》在桂林创刊。

十月，作《历史会证明》、《列那和吉他》，同时发表于《文学创作》一卷二期。《雨天杂写》之四发表于《人世间》创刊号。《关于研究鲁迅的一点感想》发表于《文艺阵地》七卷三期。

封凤子编辑的《人世间》创刊。

日寇万余人围攻我晋察冀边区，两万人围攻我晋南抗日根据地，均被击溃。

十一月，郭沫若、茅盾等《向苏联文化界致书》，刊于《新华日报》十月七日。小说《虚惊》发表于《文学创作》一卷三期。《桂林通讯》发表于《笔阵》六期。《雨天杂写》之五发表于《野草》四卷六期。

散文集《白杨礼赞》，由新生出版社出版。

敌四万人围攻我山东根据地被粉碎。

十二月，短篇《过封锁线》，发表于《文艺杂志》二卷一期。

作《参孙的复仇》，刊于《创作月刊》二卷一期。

作《太平凡的故事》，刊于《文化杂志》三卷二号。

作《祝洪深先生》，刊于《新华日报》十二月三十一日。

是年作旧体诗《无题》、《感怀》、《将赴重庆，赠陈此生伉俪》、《渝桂道中杂诗·寄桂友》等篇。后收入《茅盾文集》十卷。

是年，《中国作家与鲁迅》(茅盾等著)由桂林学习出版社出版。《文艺论文集》由重庆群益出版社出版。《青年与文艺》由耕耘出版社出版。《雾》(收茅盾《官舱里》)由地球出版社出版。《文艺新论》(茅盾、郭沫若等著)由成都莽原出版社出版，四三年改由上海莽原出版社出版，并列入《莽原文丛》一辑之一。

1943 年(民国三十二年)　四十七岁

一月，作《新年感怀》，发表于《文学创作》一卷四期。《记温涛木刻——香港之劫》，发表于《野草》五卷二期。《回忆》刊于《天行杂志》新一卷一期。

作《希望二三》，刊于《新华日报》一月一日。又，郭沫若、茅盾等作《沈衡山先生七十寿辰》，刊于《新华日报》一月三日。

从本年起，陕甘宁边区展开大生产运动；春节，在毛泽东文艺为工农兵服务的文艺方针指引下，展开了群众文艺运动。

二月，作《旧形式，民间形式，民族形式》转载于《戏剧春秋》二卷二期。

作《文艺杂谈》，发表于《文艺先锋》二卷二期。

《〈祖国在呼唤〉读后感》，刊于《新华日报》二月八日。

三月，茅盾等著《西北行》（收《新疆风土杂记》），由潘泰封编辑，桂林中国旅行社出版。

四月，《雨天杂写》之三发表于《人世间》一卷四期。

作《认识与学习》，发表于《文艺先锋》二卷四期。

散文集《见闻杂记》，由文光书店出版。

《文学杂志》创刊。

五月，文艺时论《为了纪念不平等条约的取消》，发表于《抗战文艺》八卷四期。

作《我的小学时代》，刊于《风雨谈》二期。

《关于〈复仇的火焰〉》，刊于《中苏文化》十三卷九、十期。

长篇小说《霜叶红似二月花》，由桂林华华书店出版。

汪伪政权在上海成立"中华电影联合股份有限公司"（简称"华影"）。

六月，短篇《偷渡》，发表于《天下文章》一卷三期。译文《审问及其他》，发表于《中原》创刊号。

翻译《复仇的火焰》（俄·巴甫林科），由重庆中苏文协编译委员会出版。

郭沫若主编的《中原》在重庆创刊。

国民党河防大军调至陕甘宁边区周围，胡宗南到洛川召开军事会议，准备"闪击"延安。

七月，作《〈祖国在呼唤〉读后感》（宋之的编剧），转载于《天下文章》一卷四期。

短篇《委屈》，发表于《文学创作》二卷三期。

作《"七七"感言》（署名未明），刊于《现代妇女》二卷一期。

八月，从月初起长篇小说《走上岗位》连载于《文艺先锋》三卷二期至五卷六期，四卷一、三、五期和五卷的一、二期合刊，三、四、五期。未完成。后曾由重庆中西书局印行。

《茅盾随笔》由文人出版社出版。

四日，朱总司令致电蒋介石呼吁团结，避免内战。

九月，《论所谓生活的三度》，发表于《中原》一卷二期。

作《一点零星意见》，刊于《新华日报》九月二十日。

翻译短篇集《上尉什哈伏隆科夫》（俄·考兹夫尼可夫），由建国文化供应社出版。

十月，短篇《船上》，发表于《文学创作》二卷四期。作《爱读的书》，后收入《茅盾文集》十卷。

译《他的意中人》（俄·苏呵来夫），发表于《文艺杂志》二卷五期。

延安《解放日报》为纪念鲁迅逝世七周年，全文发表了毛泽东同志《在延安文艺座谈会上的讲话》这篇光辉著作。

国民党中央图书杂志审查委员会发表《取缔剧本一览表》，内列不准出版、上演的剧本一百一十六种。

十一月，《给苏联领袖和人民的信》（郭沫若、茅盾等），刊于《新华日报》十一月七日。

编辑"文阵新辑"：《去国》，并在该刊发表短篇《报施》。

七日，中共中央宣传部颁布《关于执行党的文艺政策的决议》

十二月，《杂谈思想与技巧，学力与经验》，发表于《文学修养》二卷一期。

是年，作旧体诗《题白杨图》，后收入《茅盾义集》十卷。

是年主编"国讯"文艺丛书。

又，"当代文学丛书"《耶苏之死》由重庆作家书屋出版。茅盾等译《外国作家研究》由新知书店印行。《文艺论文集》由群益出版社印行。

《戏剧的民族形式问题》（茅盾等著）由广西白虹书店出版。《散文选》（茅盾等著）由桂林文化服务社出版。《文艺新论》（沈雁冰等著）由成都莽原出版社出版。《小说精华》（茅盾等著）由桂林文华书店出版。《鲁迅小说选》（附茅盾评论）由重庆新生图书文具公司出版。《脱缰的马》(穗青著，茅盾序辑)，由重庆自强出版社出版。

本年十月，敌三万人围攻冀鲁豫解放区被粉碎。十二月，敌四万人围攻晋察冀解放区被击溃。本年一至五月，国民党将领官员先后有五批投敌叛国。

1944 年(民国三十三年)　四十八岁

一月，毛泽东同志的《在延安文艺座谈会上的讲话》在重庆《新华日报·新华副刊》以"化整为零"的战术发表。

茅盾的短篇《小圈圈里的人物》发表于《当代文艺》创刊号。

译《作战前的晚上》(俄·杜甫仁科)，刊于《中苏文化》十五卷一期。

熊佛西主编的《当代文艺》在桂林创刊。

二月，作《读〈乡下姑娘〉》，发表于《抗战文艺》九卷一、二期。

主编"文阵新辑"之二《哈罗德的旅行及其他》，由文艺阵地社出版。

作《为〈亲人们〉》、《关于〈遥远的爱〉》等评介文章。

八路军解放太谷、蟠龙、昌黎、武乡等城。

三月，主编"文阵新辑"之三《纵横前后方》出版，并在该刊发表译文《上尉什哈伏隆科夫》(俄·考兹夫尼可夫)。

翻译《我们落手越来越重了》(俄·潘菲洛甫)，发表于《天下文章》二卷二期。本月尚作杂文《谈鼠》等篇章。

周恩来同志在延安发表《关于宪政与团结问题》演说。

八路军解放赵城、晋县等地。

阎锡山部六十一军军长梁培璜与日寇签订《各部队对日协定书》。

四月，毛泽东同志作《学习和时局》的报告。

作《光辉工作二十年的老舍先生》，刊于《新华日报》四月十七日。

五月，短篇《过年》，发表于《文学创作》三卷一期。

作《"无关"与"忘了"》、《东条的"神符"》等篇。

茅盾辑译《回忆书简杂记》，由生活书店出版。

中共代表林伯渠与国民党代表王世杰、张治中谈判。

河南蒋军不战而溃，郑州、洛阳等三十八县相继沦陷。

六月，《光影交织中的知识青年》（为严文井作《一个人的烦恼》序），发表于《天下文章》二卷三期。

欧洲开辟第二战场。蒋军失陷长沙、平江、湘潭等地。

七月，作杂文《谈排队静候之类》，后发表于《抗战文艺》十卷一期。

作《时间，换取了什么？》，发表于《新华日报》七月八日。

译《晚上》（俄·格罗斯曼），发表于《时与潮文艺》三卷五期。

日本东条内阁垮台，小矶与米内组阁。豫南民众数万大暴动，惨遭国民党镇压。

八月，作《关于〈遥远的爱〉》，刊于《青年文艺》新一卷一期（该刊印署出版时间是十二月二十日，实际当为八月，可以以下各期推定）。

九月，作《杂谈文艺现象》，发表于《青年文艺》新一卷二期。

作《从百分之四十五说起》，发表于《中原》一卷四期。

《光辉工作二十年的老舍先生》转载于《抗战文艺》九卷三、四期。

十月，译《新生命的降生》（俄·吉洪诺夫），刊于《青年文艺》新一卷三期。

周恩来同志发表演说："挽救目前时局危机的唯一打法是立即召开国是会议，改组国民政府及统帅部，成立联合政府。"

伪宁政府对重庆广播："现在中国已到最危险的关头"，"希望贤明的蒋委员长认清时局，自主停战"。

十一月，作《谈描写技术》(大题小解之一)，发表于《天下文章》二卷四期。

作《始终保持着天真》，发表于《解放日报》十一月二十二日。

作《放弃成见》，刊于《新华日报》十一月七日。

作《如何击退颓风?》和旧体诗《戏笔》等篇。

国民党军弃守桂林、柳州、宜山、南宁等十七个县城。

十二月，作《把文艺空气普及起来罢》，发表于《文学新报》创刊号。

作《闻笑有感》，发表于《青年文艺》一卷五期。

作《谈出版文化》，刊于《文艺春秋》丛刊之二《星花》。

十五日，毛泽东同志在延安边区参议会二届二次大会发表演说，指出一九四五年的中心任务在于促进组织联合政府。

1945 年(民国三十四年)　四十九岁

一月，作《杂谈文艺现象》，转载于《青年文艺》新一卷二期。

《拿出力量来》，发表于《文学新报》一卷三期。

茅盾等译《蓝围巾》(俄·索帕列夫等)出版。

胡风在他主编的《希望》杂志刊出了《论主观》一文。

二十四日，周恩来同志再度飞渝谈判。

国民党军弃守韶关、遂川。

二月，茅盾和国统区文化工作者在一起，发表《文化界对时局进言》，文载《新华日报》二月二十二日，同时也在各报发表。

作《对于文坛的一种风气的看法》，发表于《青年文艺》新一卷六期。《马达的故事》，发表于《艺文志》第二期。

斯大林、罗斯福、丘吉尔举行会议。

三月，作《一个够程度的人》，发表于《时与潮文艺》五卷一期。

短篇小说集《委屈》，由重庆建国书店出版。

一日，蒋介石在宪政实施协进会上发表演说，以召开"国民大会"的主张对抗党派会议和广大人民大众成立联合政府的要求。

四月，长篇小说《第一阶段的故事》，由重庆亚洲图书社出版。

作《五十年代是"人民的世纪"》。

中国共产党召开第七次全国代表大会。毛泽东同志作《论联合政府》的报告。朱德总司令作《论解放区战场》报告。

八路军在敌后解放沁源、陵川、阳城、嘉山、德清、武康、阜宁、五寨、左权、和顺、晋城、泗阳等地。

一日，美军在冲绳登陆。五日，苏联通知日本停止《苏日中立条约》。

五月，论文《近年来介绍的外国文学》、《读书杂记》，同时发表于《文哨》创刊特号。

作《森林中的绅士》，后来发表于《新文学》创刊号。

译《刽子手的卑劣》（俄·托尔斯泰），发表于《中苏文化》第十六卷四期特刊。

茅盾辑译的《回忆·书简·杂记》，由生活书店出版。

全国文协规定"五四"为文艺节，号召发扬民主与科学精神。是月《文哨》杂志在重庆创刊。

四日，昆明两万学生示威游行，要求国民党立即结束一党专政，建立联合政府。

二日，苏军占领柏林，八日德国无条件投降，欧战结束。

六月，作《对于文坛又一风气的看法》，发表于《抗战文艺》十卷二、三期。作《狼》，后发表于《文艺杂志》新一卷三期。

作《文艺节的感想》，刊于《解放日报》六月七日。

二月作的《永恒的纪念与景仰》，本月发表于《抗战文艺》十卷二、三期合刊号。

译《流浪生涯》（俄·罗斯金），发表于《新华日报》六月十八日。

二十四日，为纪念茅盾五十寿辰和创作活动二十五周年，《新华日报》出版专刊。叶圣陶、柳亚子、吴组缃、邵荃麟、张西曼（后两人于次日）等都发表了文章。二十四日并刊出了《茅盾先生著译编目》。茅盾的《回顾》一文，也同时发表于《新华日报》。

《高尔基传记小说》（俄·罗斯金）由茅盾、戈宝权等合译，先后由昆明北门出版社、沪新中国书店出版。

七月，作《杂感二题》，发表于二十九日重庆《新华日报》星期专栏。《一点回忆和感想》、译文《苹果树》（俄·吉洪诺夫），同时发表于《文哨》一卷二期。

纪念邹韬奋的《在人民的求自由解放的浪潮中，你永远活着》和纪念杜重远的《光明磊落，热情直爽的杜重远先生》，同时发表于《新华日报》七月二十四日。

八月，《文艺》杂志、《文哨》月刊发表《茅盾文艺奖金征文启事》，请老舍、靳以、冯乃超、杨晦、冯雪峰、邵荃麟、叶以群等担任评选委员。

《名作家选集》（茅盾等著），由南京读书出版社出版。茅盾序，徐邨著《纯真的爱》，由自力书店印行。

八日，苏对日宣战。十四日，日本宣布无条件投降。

蒋介石伪装"和谈"，电邀毛主席赴重庆商谈国事。毛泽东同志为了揭穿蒋介石的反动阴谋，在斗争中教育人民，于二十八日乘机飞往重庆，与国民党谈判。

九月，作《写下第一篇作品以前的高尔基》，发表于《文学新报》二卷一期。作《如何辨别作品的好坏》，发表于《中学生》九十一号，九月重庆初版。

茅盾编剧、赵丹导演的《清明前后》从二十六日起在重庆青年馆上演。

《赛会》（短篇小说集第二集第一辑）、《夏夜一点钟》（同上第二、三辑），《手的故事》（同上第四辑），由重庆开明书店出版。

唐弢、柯灵编《周报》创刊。

二十日，国民党政府行政院发布《管理收复区报纸、通讯社、杂志、电影、广播事业暂行办法》。

十月，《对于文坛的又一种风气的看法》转载于《文萃》第一期。《民族文化的大危机》原刊昆明评论报，本月，转载于《文萃》第二期。《回顾》载于《文哨》一卷三期、《中学生》九十一、九十二号合刊号。

作《我怎样写〈春蚕〉》，发表于《青年知识》一卷三期。

《"柳诗"、"尹画"读后献词》，发表于《新华日报》十月二十五日。《立此存照》，发表于《民主》星期刊第三期。

《永恒的纪念与景仰》转载于《文萃》第三期。

剧本《清明前后》在重庆开明书店出版。《〈清明前后〉后记》发表于三十日《解放日报》。

国共会谈《双十协定》纪要签订。十七日，毛泽东同志胜利返回延安后，在干部会议上作《关于重庆谈判》的报告。纪要刚刚签订，蒋介石即向国民党各部队发布内战密令，准备进攻解放区。

十一月，《我怎样写〈春蚕〉》转载于《文萃》第八期。

《"柳诗"、"尹画"读后献词》转载于《周报》第十期。

十二月，作《为"一二·一"惨案作》，发表于《新华日报》十二月九日，同时刊于《民主》第十二期。

作《谈歌颂光明》，发表于《自由》导报（周刊）第六期。

作《门外汉感想》，发表于《新华日报》十二月三十一日。

作《论鲁迅的〈呐喊〉和〈彷徨〉》，发表于《文艺春秋》二卷一期。

一日，昆明西南联大、云南大大学等学生集会，遭到国民党反动派袭击造成惨案。十七日，上海文艺界举行抗战后第一次集会。

《耶苏之死》（短篇小说集），由沪作家书屋出版。

本年，柳无忌编《世界短篇小说精华》由正风出版社印行。其中收入茅盾译《雪人》一篇。

本年，尚作《为民营出版业呼吁》及旧体诗《无题》等篇。

抗战胜利后，茅盾从重庆辗转至广州、香港，后来到上海。

1946年（民国三十五年） 五十岁

一月，茅盾与郭沫若等十七人发表《中国作家致美国作家书》。"一二·一"昆明惨案后，茅盾又与郭沫若等二十六人发表《重庆文艺界慰唁昆明教授学生电》，两篇文稿同时发表于《中原》、《文艺杂志》、《希望》、《文哨》联合特刊一卷一期。

十日，各党派的政治协商会议在重庆开幕，同时国民党与共产党签订了停战协定。茅盾作短论《写在政治协商会议的前夕》，发表于联合特刊（同上）一卷二期。

茅盾主编的《文联》在上海创刊。茅盾作《〈文联〉发刊词》、《八年来文艺工作的成果及倾向》，刊于创刊号。又，《谈歌颂光明》转载于《文联》一卷二期。

短篇《一个够程度的人》转载于《文艺复兴》创刊号。《忆冼星海先生》，发表于《新文学》一卷二期。《论大众语》，发表于《文选》创刊号。

作《现在我们要开始检讨》，刊于《文萃》十五期。

作《看了汪刃锋的作品展》，刊于《新华日报》一月三日。

作《生活之页》，连载于《新民报晚报》一月十八日至二月二十七日。

郑振铎、李健吾主编《文艺复兴》在上海创刊。

魏金枝主编的《文坛》在上海创刊。《人民文艺》在北平创刊。《文艺时代》在北平创刊。《新文艺》在广州创刊。

二月，论文《仍是漫谈而已》、《也是漫谈而已》，分别发表于《中原》、《希望》、《文艺杂志》、《文哨》联合特刊一卷三期和《文联》

一卷四期。

作《近年来介绍的外国文学》，刊于《文讯》六卷二期（新二号）。

延安，西北文工团公演《清明前后》，并在《解放日报》发表评介文章。

《文艺新闻》在广州创刊。国民党反动派指使特务捣毁我重庆《新华日报》社及中国民主同盟机关报《民主报》社。

三月，《后方集》（茅盾、巴金等著），由沪天下图书公司出版。

四月，作《和平、民主、建设阶段的文艺工作》，发表于《文艺生活》光复版第四期。《闪击之下》，发表于《文选》第二期。《茅盾书简》，发表于《消息》半月刊第一期。

作《民主与文艺》（在广州中山大学讲演，路丁记），发表于《人民世纪》第八期。《月半杂感》，发表于《生活周报》创刊号。

国民党当局密令所部禁止茅盾的《清明前后》上演、出售。

毛泽东同志作《关于目前国际形势的几点估计》。

五月，茅盾等签署《陪都文艺界致政治协商会议各会员书》，发表于《抗战文艺》十卷六期。

作《杂感》，发表于《生活周报》第二期。

国民党政府制定《维持社会秩序临时办法》，严禁罢工、罢课、游行示威等一切民主运动。国民党在北平封闭我党主办的《解放日报》。

六月，作《新民主运动与新文化》，发表于《文联》一卷七期。《十五天后能和平吗？》，《周报》四十一期。《美国对华政策》，刊于《民主》三十五期。

作《高尔基和中国文坛》，发表于《新华日报》六月二十一日。

作《人民的文艺》，发表于《新文艺》月刊创刊号。

作《现阶段文化运动诸问题》，发表于《华商报》副刊《热风》一期。

《茅盾文选》（耀如编），由青春出版社出版。

国民党在全国各地逮捕了一万三千多反内战的工人、学生和市民。

七月，作《请问这就是"反美"么?》，发表于《周报》四、五期。《万一再拖呢只好拖和》、《对死者的安慰和纪念》，分别刊于《民主》三十八期、四十期。译《作战前的晚上》和书简手迹等转载于《文艺春秋》三卷一期。

《谈人物描写》（茅盾等著），由福建文史出版社出版。

《鲁迅研究》（上集），克维编、茅盾等著，由长春嘉陵江出版社出版。

蒋介石在美帝国主义指使下彻底撕毁了停战协定和政协决议，指使其全部兵力向解放区发动进攻。我党领导广大人民群众以自卫战争粉碎蒋介石的进攻。

国民党查封反内战、呼吁民主的文化团体、言论机关一百余处。七月十一、十五日，李公朴、闻一多惨遭国民党特务杀害。

八月，作《我们有责任使他们永远不死》（悼念陶行知的文章），发表于《周报》四十八期。《〈周报〉何罪》发表于《周报》四十九、五十期合刊号。

译《苹果树》（俄·吉洪诺夫），发表于《文艺春秋》三卷二期。

毛泽东同志发表著名的《和美国记者安娜·路易斯·斯特朗的谈话》。

九月，短论《"浇之以水泥"云云》、《周作人"知惭愧"》，同时发表于《萌芽》一卷三期。作《纠正一种风气》，发表于《上海文化》第八期。

《学步者之招供》，发表于《文萃》第四十六期。

尚作《民间、民主诗人》等篇。

毛泽东同志指示全党全军，集中优势兵力，各个歼灭敌人。

十月，作《谈平等与自由》，发表于《文萃》第五十期。

沈钧儒、茅盾等三十九人签名发表《我们要求政府切实保障言

论自由》，刊于《文萃》第二年一期（总五十一期）。《一年间的认识》
亦发表于同期杂志。

沪文协总会等十二团体举行鲁迅逝世十周年纪念会，郭沫若、
茅盾等出席纪念会。

作《谈苏联战时文艺作品》和《要是鲁迅先生还活着》，同时发表
于《文艺春秋》三卷四期。《美丽的梦如何美化了丑恶的现实》，发表
于《清明》第四号。

作《抗战文艺运动概略》，发表于《中学生》增刊《战争与和平》。

翻译《团的儿子》（俄·卡达耶夫），由万叶书店出版。

《苏联爱国战争短篇小说译丛》由沪永祥印书馆出版。附译者后
记《谈苏联战时文艺作品》一文。该文亦刊于《文艺春秋》三卷四至
五期。

一九四五年编辑《现代翻译小说选》，附绪言《近年来介绍的外
国文学》，本月由文通书局出版。

《论肖红的〈呼兰河传〉》，发表于《文艺生活》光复版第十期。

国民党召开伪“国民大会”，通过伪宪法。

十一月，作《谈杜重远的冤狱》（《记杜重远》），发表于《文艺春
秋》三卷五期。

《时间的记录》，由上海大地书屋印行。

十二月，《雨天论英雄·唏嘘忆辛亥》，发表于《上海文化》第十
一期。

作《论赵树理的小说》，同时发表于《新华日报》十二月二十一
日、《文萃》第二年十期。

本年，作《生活之一页》、《门外汉的感想》等篇。

又译《上尉伏哈什隆科夫》（俄·柯热夫柯夫等著，茅盾等译），
由建国文化供应社出版。

《茅盾近作精选》（储菊人选编），由上海正气书局出版。《茅盾

杰作集》，由上海全球书店出版。

《喜事》（文联社编），由燎原书店出版。

是年末，应苏联对外文化协会的邀请，茅盾偕同夫人赴苏访问。

四六年底至四七年初，全国各地学生和人民群众掀起反饥饿、反内战、反迫害的民主爱国运动。

本年末，蒋介石密令，"在今后一年内彻底消灭万恶之奸匪"。是年，国民党查封报刊二六三种。

1947 年（民国三十六年） 五十一岁

一月，在苏联写的《游苏日记》（一），转载于《文萃》第二年十二、十三期合刊。

敌在华东解放区调集三十万大军向我海州至临城进犯被粉碎。蒋介石授意国民党中宣部提出所谓"和平方案"。二十九日，美国政府宣布退出军事"调处"，继之国民党在南京、上海、重庆逐退我"调处"代表，宣布国共谈判完全破裂。

二月，《游苏日记》（二），转载于《文萃》第二年二十一期。

作《苏联社会的缩影"斯摩尔纳"号》，发表于《中苏文化》十八卷一期。

毛泽东同志指示"迎接中国革命的新高潮"。

二月至四月间，敌在东北四次进犯临江被粉碎。本月二十八日，我重庆出版的《新华日报》被国民党反动派非法勒令停刊。

三月，作《谈歌颂光明》。又，《生活之一页》，由沪新群出版社出版。

短篇集《委屈》，由沪新风书店出版。

敌胡宗南部向我陕北解放区大举进攻。

四月二十五日，茅盾由苏联归国。郭沫若等召开欢迎会。

作《一所"博物馆"》，发表于《人世间》复刊第二期。

敌调集三个兵团向我山东解放区进攻。

五月，散文《在塔什干》，发表于《文艺春秋》四卷五期。一九二〇年译的《这女人是谁》（俄·契诃夫），本月刊于《大家》月刊一卷二期。

毛泽东同志发表《蒋介石政府已处在全民的包围中》。一至五月，我军在各解放区自卫战中，连续粉碎了敌人的进攻。五月后，"反饥饿、反内战、反迫害"的民主爱国运动，遍及上海、南京、北平、沈阳等六十多个大中城市。

敌向我沂蒙山区发动第二次进攻。十八日，蒋介石政府颁布所谓《维持社会秩序临时办法》，镇压群众运动。

国民党反动派查封《文汇报》、《联合晚报》、《新民晚报》等报刊。

四日，萧军主编《文化报》在哈尔滨创刊。

六月，作《莫斯科的国立列宁图书馆》，发表于《人世间》复刊第四期。

三十日，刘邓大军遵照毛泽东同志指示，向大别山挺进。

敌以三十二个旅的兵力向我沂蒙山区发动第三次进攻，七月被粉碎。是月，国民党反动派下达所谓"勘乱动员令"。

七月，作《群众是文艺创造者》（署名蒲），发表于《文艺生活》光复版十五期。

八月，作《西蒙诺夫访问记》，发表于《文艺复兴》三卷六期。又，《游苏日记》，发表于《骆驼文丛》一卷一、二期。

陈谢大军向豫西进攻。陈粟大军向鲁西南敌区进攻。从此，国内形势发生了根本变化，人民解放军由防御转入进攻。

九月，作《苏联的青年生活》（黄彬记），发表于《中学生》一九一号。

《苏联见闻录》写成。译《俄罗斯问题》（俄·西蒙诺夫），由上海世界知识出版社出版。

十月，作《记莫斯科的托翁博物馆》，发表于《人世间》第二卷第一期。

作《民间艺术形式和民主的诗人》，发表于《文艺丛刊》第一集《脚印》。

作《乌兹别克文学概略》，发表于《大学》六卷五期。

中国人民解放军总部发表《中国人民解放军宣言》，重新颁布《三大纪律八项注意》训令。中共中央公布《中国土地法大纲》。

二十七日，国民党反动政府宣布解散中国民主同盟。

十一月，作《马尔夏克谈儿童文学》，发表于《今文学》丛刊二期。

解放军展开新式整军运动。中国共产党开始整党运动。

十二月，是年末，因受国民党反动派的迫害，茅盾又离沪去香港。

本月，中共中央召开重要会议，毛泽东同志作《目前形势和我们的任务》报告。

1948 年（民国三十七年） 五十二岁

一月，《茅盾文辑》（梅林辑），由春明书店出版。

作《客气过分论》（署名佩韦），发表于《野草》新七号《天下大变》集。

毛泽东同志发布《关于目前党的政策中几个问题》。人民解放军在辽宁西部、平汉路北段、豫西各战场连续告捷。

一日，蒋介石在元旦广播中声称将在一年内消灭共军主力。

二月，作《乌兹别克的第一个歌剧〈蒲朗〉》，发表于《文化生活》海外版第一期。

作《〈星火〉和苏尔科夫》，发表于《野草》文丛第八集《春日》；同时刊于《人世间》复刊第二卷第四期。《记梯俾利司的地下印刷所》，发表于《中学生》一九六号，后收入《苏联见闻录》。

毛泽东同志发布关于在不同地区实施土地法的不同策略、关于工商业政策等一系列指示。人民解放军攻克辽阳、鞍山、法库，再克运城，收复营口。

国民党军警屠杀沪申新纱厂罢工工人，死三人，伤六十余人。

三月，《文艺与生活》（茅盾讲），发表于《文艺生活》海外版第二期副刊。

作《再谈方言文学》，发表于《文艺的新方向·大众文艺丛刊》。

《大众文艺丛刊》出版，并展开对胡风的"主观论"的批判。

人民解放军在陕北大捷；发动胶济线春季攻势，东北冬季攻势胜利结束。

国民党政府公布《特种刑事法庭组织条例》。利用法西斯的特种刑事法庭，迫害爱国民主人士。

本月末至五月，国民党反动派召开"行宪国大"，蒋介石、李宗仁登上伪总统及伪副总统宝座。

四月，《苏联见闻录》（曹靖华编），由开明书店出版。《杂谈苏联》，由上海致用书局出版。

毛泽东同志发表《在晋绥干部会议上的讲话》。人民解放军于二十二日收复延安。

国民党统治区教育界反压迫反饥饿运动遍及北平、天津、上海、南京等十余城市。

五月，作《反帝、反封建、大众化》，发表于《文艺生活》海外版第三、四期合刊。

一日，中共中央发布纪念"五一"劳动节口号，号召召开新的没有反动分子参加的政治协商会议，讨论成立民主联合政府，立即得到各民主党派的拥护。

晋冀鲁豫与晋察冀两解放区合并为华北解放区。

上海等大中城市掀起反对美国扶植日本侵略势力复活的爱国运动。

四五月间，国民党连续查封《世界知识》、《国讯》、《时与文》，甚至苏商的《时代日报》（中文版）等刊物，也被查禁。

七月，短篇《惊蛰》发表于《小说》创刊号。作《读本年首次征文稿》（署名玄），发表于《中学生》二○一号。

《小说》月刊在香港创刊。茅盾参加了该刊的编委工作。

国民党政府与美国签订出卖主权的《中美双边协定》。

八月，译《蜡烛》（俄·西蒙诺夫），发表于《小说》一卷二期。

国民党政府与美国签订出卖农业主权的所谓"复兴中国农村的协定"。

九月，作《一个理想碰了壁》，发表于《小说》一卷三期。

中共中央在西柏坡召开政治局会议。十二日，发动辽沈战役。

陕甘宁解放区《群众文艺》创刊。

十月，作《论鲁迅的小说》，发表于《小说》一卷四期。

国统区二十余大中城市爆发大规模的抢购风潮，伪金圆券剧烈贬值。

十一月，东北全境宣告解放。六日，我军发动淮海战役。

宋美龄代表蒋介石赴美"吁请加强援助，俾迅速完成勘乱任务"。

冀鲁豫解放区《平原》创刊。

十二月，作《岁末杂感》（其二），发表于《文艺生活》海外版第九期。

《西蒙诺夫访问记》，刊于《文学战线》一卷五、六、七合刊。

是年，开始长篇小说《锻炼》的创作，曾先后在香港的《文汇报》上连载（未完）。

是年，完成《脱险杂记》的写作。

是年底，应中国共产党的邀请，茅盾夫妇离香港从海路经大连进入解放区，筹备新政治协商会议。

是年十二月上旬，我军发动平津战役。十二月，毛泽东同志发表《将革命进行到底》光辉文献。

1949 年（民国三十八年） 五十三岁

一月，北平解放，茅盾到达北平。

短篇《春天》发表于《小说》二卷一期。又，《关于〈俄罗斯问题〉》，发表于《人民日报》二十二日。

元旦，毛泽东的《将革命进行到底》的光辉文献正式发表。十日，伟大的淮海战役全部胜利结束。十四日，毛泽东发表关于时局的声明。二十二日，各民主党派、各人民团体五十五人发表声明坚决拥护毛泽东十四日的声明，表示愿在中国共产党领导下，团结一致，将革命进行到底。

人民解放军解放天津、塘沽、合肥、扬州，并于三十一日和平解放北平。

蒋介石发表求和声明，妄图以假和平阴谋，争取时间，重整力量向革命反扑。我新华社记者发表评论痛斥。二十一日蒋介石宣告"引退"，由李宗仁"代理"伪总统，并发表文告宣称"中共所提八条件，政府愿即开始商谈"。二十六日，蒋介石亲函令南京、上海的国民党首领必须作战到底。

二月三日，人民解放军举行进驻北平入城式，受到人民群众盛大欢迎。

茅盾和到达解放区的各民主党派各人民团体代表五十余人发表对时局的意见，刊于《人民日报》二月二日。

五日，国民党反动政府行政院迁往广州。

三月，中国共产党在河北省平山县西柏坡村举行七届二中全会。二十五日中共中央与人民解放军总部迁至北平。

毛主席和朱总司令在西苑机场举行阅兵式。

茅盾参加华北文艺界座谈会发言，刊于《人民日报》三月四日。

国民党反动政府宣布本年将征兵二百万，继续进行反革命内战。

国民党在沪等地禁止一百八十五种报刊销售。

四月二十一日，国民党政府拒绝国内和平协定，毛主席、朱总司令命令人民解放军奋勇前进，彻底、干净、全部歼灭敌人。同日至二十二日，人民解放军向江南大进军。二十三日解放南京，国民党统治宣告灭亡。

茅盾和北平文化界发表《声讨南京反动政府盗运文物宣言》，刊于《人民日报》四月十一日。

茅盾和文化界代表在一起发表拥护毛主席、朱总司令四月二十一日进军命令的谈话，载《人民日报》四月二十四日；作关于《响应世界拥护和平大会宣言》和广播演说，载《人民日报》二十九日、二十三日。

十五日，茅盾参加文艺界代表大会常委会议。

二十二日，国民党反动政府各院、部、会及伪总统府纷纷撤离南京，分别向广州、上海逃窜。

五月，作《还须准备长期而坚决的斗争》，发表于《人民日报》五月四日。与宋云彬等编辑《进步青年》杂志，并在创刊号发表《关于目前文艺写作的几个问题》。

十一日，国民党匪帮驻美大使顾维钧向美国务卿艾奇逊乞求援助。

人民解放军解放山西全境、武汉三镇、咸阳、西安、南昌，并于二十七日解放上海。

六月，新政治协商会议筹备会在北平成立，茅盾参加了会议并发表了讲话。文载《人民日报》六月二十日。

作《苏联的电影事业》、《莫斯科的大戏院、小戏院和艺术戏院》、《苏维埃的音乐》等，分别发表于《人民日报》六月七日、十三日、二十七日。

《脱险杂记》从本月起发表于《进步青年》，至十一月续完。

作《瞿秋白在文学上的贡献》，发表于《人民日报》六月十八日。

广州国民党残余匪帮已大部逃散，阎锡山、朱家骅、胡适等战犯拼凑所谓"政府"。

七月，茅盾出席了在北平召开的第一次全国文代大会。会上当选为全国文联副主席和全国文协（作家协会前身）主席。在文代大会上作《在反动派压迫下斗争和发展的文艺》的报告。

作茅盾参加中苏友好协会的发起工作并发表《缘起》，文载《人民日报》七月十七日。

作《学习和娱乐》，刊于《人民日报》七月四日。

一日，毛主席发表了《论人民民主专政》。

八月，《杂谈苏联》，由生活·读书·新知书店出版。

九月，政协在北京召开，茅盾担任了常务委员等职务。

十月一日，伟大的中华人民共和国成立，首都三十万人参加庆祝典礼。毛主席宣读中华人民共和国中央人民政府公告，朱总司令检阅并宣读人民解放军总部命令。

茅盾担任中央政府文化部部长职务。

本月起，主编《人民文学》并为该刊撰写了发刊词。

发表抗议美帝迫害美共领袖的书面谈话，文载《人民日报》十月二十日。

作《学习鲁迅与改造自己》，发表于《人民日报》十月十九日。

作《一致的要求和希望》、《欢迎我们的老大哥，向我们的老大哥看齐》，分别发表于《文艺报》一卷一、二期。

欢迎苏联文化代表团，作《把我们对苏联人民和斯大林的敬爱带回去吧》，文载《人民日报》十月二十八日。

十一月，作《略谈革命的现实主义》，发表于《人民文学》十一月号。《从话剧〈红旗歌〉说起》，发表于《中国青年》十一月号。

本年，《新民主主义的文学》（茅盾等著）由新生出版社出版。

1976 年初稿

1978 年 10 月二稿

1979 年 2 月三稿

2012 年 9 月整理、修正

附录二

茅盾笔名（别名）笺注

在现代文学发展的历史上，基于革命斗争和工作的需要，茅盾曾使用过许多笔名（别名）从事文学活动。这样，整理、辑录这些笔名，便成为对茅盾的创作和文学活动进行研究的一项有意义的工作。有关这方面，过去出版的《中国新文学大系史料·索引》、《现代中国作家笔名录》（袁涌进编，中华图书馆协会印行）、上海古旧书店的《笔名别名索引》等，都曾辑录过。"文化大革命"后，艾扬的《茅盾名、号、别名、笔名辑录》（《文教资料简报》总第 64 期）是较为详细的；稍后查国华的《关于茅盾的笔名》（《山东师院学报》1978年 3 期），则把茅盾的部分笔名较为具体地落实下来。

我的这篇《笺注》，是在编写和修订《茅盾著译年表》的过程中辑录起来的。一九七七年七月，承茅盾先生教正过初稿，后来在修订中，曾参考了上述文稿的劳动成果，也对其中的某些笔名进行了校正和辨识。特别是茅盾先生和沈霜同志的指点，使得一些疑难问题得以解决。编写这份《笺注》的目的，不仅想较全面地辑录茅盾的笔名，同时也努力使之无误，因为只有如此，才能正确地进入茅盾整个文学活动的研究。然而，由于资料和实际情况的了解不足，这两方面可能都有缺欠或错误，深望得到指正。

茅盾 一九二七年创作小说《幻灭》时开始用的笔名，也是为大家所熟知的一个笔名。

矛盾 茅盾在《写在〈蚀〉的新版的后面》(《茅盾文集》第一卷 431—432 页)中说："在那时候(按：指一九二七年)，我是被蒋介石政府通缉的一人，我的真名如果出现在《小说月报》将给叶先生(指当时的编辑叶绍钧)招来了麻烦，而且，《小说月报》的老板商务印书馆也不会允许的；为了能够发表，就不得不用个笔名，当时我随手写了'矛盾'二字。但在发表时却变为'茅盾'了，这是因为叶先生以为'矛盾'二字显然是个假名，怕引起注意，依然会惹麻烦，于是代我在'矛'上加个草头，成为'茅'字，《百家姓》中大概有这一姓，可以蒙混过去。"后来，在一九三七年五月出版的《读书月刊》创刊号上发表《希望分工合作》时，文章的标题下有茅盾手书的墨迹，但目录上署名矛盾，可能是误排。

沈鸿 一九二五年一月在《文学周报》发表《文学瞭望台》(见 157、159、160、164 期)文章时，多署此名。但是，据沈霜同志说，茅盾从来未用单署的"鸿"字发表文章。"五四"时期出现在《民国日报·觉悟》的文章，如文学小字典《黄金律》、《十字架》、《三一律》以及在《妇女评论》上发表的《儿童与色彩》、《儿童与色彩正误》等署名"鸿"者，当系另外的作者。

沈德鸿 茅盾乳名燕昌，后来改用的学名为沈德鸿。在商务印书馆出版的选注《楚辞》、《庄子》和最初编纂的《中国寓言初编》(一九一七年十月出版)，均署此名。后一书的出版过程，茅盾在《新文学史料》第一辑的《回忆录》中有着详细的记叙。

沈雁冰 雁冰是茅盾的字。"五四"时期的译著如《一九一八年之学生》(《学生杂志》五卷一号)，译文《履人传》、《缝工传》等(见《学生杂志》五卷四、六、九、十号)均署此名。

雁冰　沈雁冰的简署。"五四"时期起,许多译著均署此名。例证不
赘举。

冰　雁冰之略署。发表《译书和批评》(《学灯》1920 年 11 月 1 日)和
《写实小说之流弊》(《文学周报》第 54 号 1922 年 11 月 1 日)等文章
署名。后一篇收入魏绍昌编《鸳鸯蝴蝶派研究资料》(1962 年上海
文艺出版社出版),署名改为沈雁冰。

　　但是,在一九二〇年十月广州创刊的《劳动者》杂志上署名冰
的文章,如《广东现在所有的工人团体》、《原来只是这么一回事》
(见 1920 年 12 月该刊的第七、八号),系另一作者。就文章说,
茅盾当时主要活动在上海,对广东的工人团体并无考察;同时,
沈霜同志也认为茅盾当时也不大可能向广州的报刊投稿。

雁宾　一九三三年三月五日《鲁迅日记》:"赠端仁、雁宾以《初期白
话诗稿》各一本。"雁宾,即燕冰、雁冰之谐音异体(参看《鲁迅日
记·人名索引》沈雁冰条)。

沈明甫　明甫是茅盾于三十年代在上海居住时用的别名。在鲁迅的
日记、书简中都可见。如一九三六年八月二日《鲁迅日记》:"午
后复明甫信。"

沈仲方　三十年代在上海居住时的化名,子女入学填写家长姓名时
用。《鲁迅日记》一九三五年一月二十一日记载:午后"西谛及仲
芳来";二月一日,"下午西谛及仲方来"。仲芳、仲方都指茅盾。
据黄源回忆,当时郑振铎(西谛)来上海,于一九三五年一月二十
一日到大陆新村看了茅盾。又和茅盾同去鲁迅家访问。(见《关于
鲁迅先生给我信的一些情况》,《杭州文艺》1928 年第 6 期)

仲方　沈仲方的简署。一九三三年十一月十二日、十二月十七日在
《申报·自由谈》发表《文学家成功的秘诀》、《花与叶》等文章均署
此名。后收入一九三五年出版的杂文集《话匣子》中,该书署名茅
盾创作。

仲芳　见沈仲方条。一九三三年十一月十五日在《申报·自由谈》发表《蒲宁与诺贝尔文学奖》等篇署用。

保宗　亦署保中。一九二八、二九年在日本和三十年代所用的别名之一。《鲁迅日记》一九三四年五月二十四日："寄保宗信。"同年五月二十七日亦有记载。保宗即茅盾(参看《鲁迅日记·人名索引》沈雁冰条)。

方保宗　三十年代所用的别名之一。《鲁迅日记》一九三三年三月二十四日："晚往聚丰园应黎烈文之邀，同席尚有郁达夫、愈之、方保宗、杨莘之。"方保宗即茅盾(参看《鲁迅日记·人名索引》沈雁冰条)。

记者　在《小说月报》十一卷一号发表《小说新潮宣言》时署名。据茅盾说，在《小说月报》十二卷和十三卷上署名记者的都是他的文章。此外，在该刊及其他刊物上署名记者的，系其他作者。

孔常　据茅盾说，这是他早期的笔名之一。一九二一年九月在《小说月报》十二卷九号译《安琪立加》(希腊·蔼夫达利哇谛斯)时署名。该篇后收入茅盾在一九三五年出版的译文集《桃园》一书中。

佩韦　据茅盾说，这是他早期的笔名之一。一九二○年一月在《妇女杂志》六卷一号发表《妇女解放问题的建设方面》、译文《家庭与科学》等均署此名。一九二三年四月十日在《小说月报》十四卷四号发表《南斯拉夫的近代文学》亦署此名，该文后收入茅盾的《近代文学面面观》一书中。

　　应该辨识的是，在现代文学的创作活动中，署名佩韦者有数人。鲁迅在三十年代就曾用过这个笔名。如发表在《十字街头》双周刊第一、三期上的《知难行难》、《"知识劳动者"万岁》即署此名，后经鲁迅编辑收入《二心集》中。到了四十年代，《中学生》复刊实际上由宋云彬主编。一九三九年五月在复刊号发表的《民族精神的力量》、一九四○年十月在该刊发表的《怎样读鲁迅遗著》

等，宋云彬均署名佩韦。据叶绍钧先生说："《中学生》在后方复刊，其时我在四川乐山任教，编辑此刊者，为老友宋云彬。云彬向有佩韦之别署，以此推之……殆是云彬所作。"这时茅盾正远在新疆和延安，因此，叶绍钧的推断当是正确的。

无枚　茅盾认为，这是他早期的笔名之一。一九二二年十一月十日在《小说月报》十三卷十一号发表译文《欧战给与匈牙利文学的影响》，同年十二月在《小说月报》十三卷十二号发表的译文《新德国文学的新倾向》等，均署此名。前一篇收入一九二九年五月由世界书局出版的《现代文艺杂论》中，改题为《现代匈牙利文学》，全书作者署名茅盾。

玄珠　一九二一年五月十日，在《时事新报·文学旬刊》第一期发表《中国文学不发达的因原》等文章署名。一九二八年在日本所著《中国神话 ABC》亦署此名。该文现收入《茅盾评论文集》中，改题为《中国神话研究初探》。一九七八年人民文学出版社重新排印时，茅盾曾作《重印〈中国神话 ABC〉感赋》刊于《人民日报》一九七八年十月八日。

　　茅盾说，"我的笔名，用古书成语，如'玄珠'见《庄子》……"《庄子·天地》篇："黄帝游乎赤水之北，登乎昆仑之丘，而南望还归，遗其玄珠。"按照郭庆藩在《庄子集释》中的辑释："玄珠，喻道也。"(见该书二册 414 页)

玄　玄珠的简署。一九三三年一月二十三日、三月一日在《申报·自由谈》发表《血战后一周年》、《阿Ｑ相》等均署名玄。现在该文收入《茅盾文集》第九卷第三辑。此外，在《文艺阵地》和通讯中，亦多署此名。据一九三六年出版，阿英编的《中国新文学大系·史料索引·人名索引》注明，玄即沈雁冰。

珠　玄珠的简署。一九三三年六月十七日、二十三日、七月十五日、十九日在《申报·自由谈》发表的《论儿童读物》、《大减价》、

《教科书大倾销》、《怎样养成儿童的发表能力》等均署此名。其中《论儿童读物》、《教科书大倾销》，后收入一九三五年二月良友图书公司出版的杂文集《话匣子》中，作者改署茅盾。

玄殊 见《鲁迅日记》一九三三年五月十七日："玄殊来并赠《春蚕》一本。"（见《手稿》）一九七六年版的《鲁迅日记》有订正，改"玄殊"为"玄珠"，并在该书《人名索引》注明："玄珠见沈雁冰。"由此推断，玄殊，当为玄珠之笔误。此外，在他处茅盾也从未用过玄殊的署名。

方璧 在《文学周报》五卷十二期发表《看了〈真善美〉创刊号以后》，第二十期发表《欢迎〈太阳〉!》等文章署名。阿英编《中国新文学大系·史料索引·人名索引》认定方璧即沈雁冰。

又，一九三一年十月十五日《鲁迅日记》记载："夜邀方璧、文英及三弟食蟹。"《鲁迅日记·人名索引》注明："方璧　见沈雁冰。"

明心 一九二〇年在《学生杂志》第七卷七至十二号与沈泽民合作发表《科学小说·理工学生在校记》时，时而署名雁冰、泽民，时而共署明心。同年在《东方杂志》第十七卷十号译《兰沙勒司》（俄·安得列夫）等文章亦署此名。（见《我走过的道路》〔上〕162页）

郎损 一九二一年二月、四月十日在《小说月报》十二卷二号、四号发表《新文学研究者的责任与努力》、《春季创作坛漫评》等文章署名。据袁涌进编《现代中国作家笔名录》（中华图书馆协会印行，1936年版），辑录郎损系茅盾的笔名。

损 郎损的简署。茅盾在《回忆录》中说："我以'损'的笔名在《文学》旬刊37期上写了《〈创造〉给我的印象》。"（见《新文学史料》第五辑，1979年版）

洪丹 茅盾认为，这是他早期使用的笔名之一。一九二二年十二月在《小说月报》十三卷十二号上发表《欧战与意大利文学》即署此

名。后收入一九二九年五月由世界书局出版的《现代文艺杂论》
中，全书署名茅盾。

何典　一九三一年十月二十日在《北斗》一卷二期发表短篇小说《喜
剧》等作品署名。这篇小说，现收入《茅盾文集》七卷。

蒲牢　一九三〇年八月在《小说月报》二十一卷八号发表《豹子头林
冲》，一九三四年在《文学》三卷六期发表短篇小说《赵先生想不
通》等篇署名。这两篇小说，现收入《茅盾文集》七卷、八卷。茅
盾说，蒲牢的笔名，用的是古书成语。据《后汉书·班固传》注里
说，"有兽名蒲牢"。

四珍　茅盾说，这是他早期使用的笔名之一。一九二〇年一月在
《妇女杂志》六卷一号上发表译文《现在妇女所要求的是什么》等文
章署名。

冬芬　一九二三年四月十日在《小说月报》十三卷四号译《卡利奥森
在天上》等作品署名。该篇后收入一九二八年五月出版的译文集
《雪人》一书，全书署名沈雁冰译。

　　但冬芬也是董秋芳的笔名。董秋芳先生说，他于一九二八年
曾以冬芬（冬芬与秋芳是对称的）的名字给鲁迅写了信，不久鲁迅
在《语丝》的第四卷十六期上，以《文艺与革命》为题，作了公开的
答复。《鲁迅日记》一九二八年二月三日记载："得冬芬信。"这里
的冬芬，即董秋芳。此外，在《语丝》上发表的几篇文章，署名冬
芬者，亦系董秋芳。

芬君　一九三四年三月一日在《文学》二卷三号译《改变》，五月在
《文学》二卷五号译《耶苏和强盗》、《春》等作品，均署此名，后来
收入茅盾的译文集《桃园》一书。同年十月，在《译文》一卷二期译
《关于肖伯纳》亦署用，后收入一九四三年在桂林出版的《外国作
家研究》中，改署茅盾。

味茗　一九三四年在《译文》创刊号译《教父》时署用。据参加《译文》

编辑工作的黄源回忆："《译文》创刊号九篇译稿，茅盾三篇，一篇用本名，二篇用芬君、味茗二笔名。"（见《关于鲁迅先生给我信的一些情况》，《杭州文艺》1978 年第 3 期）此外，在《文学·书报评述》及其他报刊发表文章，也多署此名。

未明　味茗的同音异体。茅盾认为，这是他的笔名之一。一九三四年七月在《文学》三卷一号发表《庐隐论》等文章署用。

未名　味茗、未明的异体。一九三〇年二月在《小说月报》二十一卷二号发表短篇《陀螺》时署用。后来收入一九三四年九月由开明书店印行的《茅盾短篇小说集》第一集。

东方未明　一九三三年八月、九月在《文学》一卷二、三号发表《"九一八"以后的反日文学》、《丁玲的〈母亲〉》等篇均署用。鲁迅在一九三三年十一月二十四日致肖三的信中说："东方未明＝茅盾。"（见《鲁迅书信集》上卷 449 页）

仲元　初见于 1934 年 8 月 20 日《申报·自由谈》、《白话文的洗清与充实》（见《茅盾全集》第二十卷 180 页）。

微明　一九三四年二月二十七日在《申报·自由谈》发表《蝙蝠》，一九三八年五月在《文艺阵地》第二期发表《所谓时代的反映》等文章多署用。后一篇文章现收入《茅盾全集》二十一卷 391 页。

明　未明、微明的简署。一九三四年三月在《文学》二卷三号发表《直译·顺译·歪译》和同年十二月在《文学》三卷六号发表《再多些》，以及一九四一年九月、十月在《笔谈》第二、三期发表《妙联二则》、《翠盘》等均署此名。其中《直译·顺译·歪译》，后来收入茅盾的杂文集《话匣子》一书。

横波　一九三四年九月十五日在《申报月刊》三卷九号发表《桑树》，同年十一月在该刊十一号发表《疯子》，一九三五年十月在该刊发表《再谈疯子》均署此名。这些文章，现均收入《茅盾全集》十一卷。

逃墨馆主　长篇《子夜》的第一章。原名《夕阳》，于一九三二年曾以
　逃墨馆主的笔名发表于《小说月报》二十三卷新年号，但未及发
　行，该刊即被毁于"一·二八"日本侵略者的炮火。（见《中国现代
　出版史料》丙编 18 页）

秋生　一九三五年二月十五日在《申报月刊》四卷二号发表《旧帐簿》
　等文章署名。该篇后收入作者的散文集《速写与随笔》现收入《茅
　盾全集》十一卷 327 页。

朱璟　一九三四年一月在《中学生》四十一号发表《地方印象记——
　上海》等篇署用。该文现收入《茅盾全集》十一卷，改题名《上海》。

MD　茅盾笔名的英文字头。一九二九年四月至六月长篇《虹》在《小
　说月报》二十卷六、七期发表时，署名 MD，一九三一年五月在
　大江书铺出版的《宿莽》亦署名 MD。阿英在《夜航集·小品文谈·
　茅盾》中说："在一九二九年顷，发表在《小说月报》、《大江》等刊
　物上的署名 MD 的一些小品，大概也祇有收在《宿莽》里的《叩
　门》、《卖豆腐的哨子》、《雾》、《虹》、《红叶》、《速写一》、《速写
　二》七篇……"现在这些散文均收入《茅盾全集》第十一卷中。

　　但是，在一九二四年顷，在上海《民国日报·觉悟》上署名
　MD 的杂感，如《谢谢诸大教育家》（七月一日）、《大秦始皇》（七月
　十三日）；一九一九年十月在《少年中国》一卷四期署名 MD 的通
　信，都是另外的作者。这时沈雁冰尚未使用茅盾这个笔名，自然
　也不会用 MD 两个英文字头代替茅盾。

M　MD 的简署。鲁迅在一九三四年致黄源信中说："译诗想无后
　记，M 先生说可以代写一点，迟若干日交卷。"（《鲁迅书信集》上
　卷 648 页）黄源在《关于鲁迅先生给我信的一些情况》中说："这里
　的 M 先生，是沈雁冰先生。"（见《杭州文艺》1978 年 4 期）但在一
　九二四年二月十日在《小说月报》十五卷二号发表《批评与批评
　家》，署名 M 者，似亦系另外的作者，其道理与一九二七年前署

名 MD 的作者相同。

伯元 一九三三年十二月一日、十二日在《申报·自由谈》发表《天才与勇气》、《力的表现》等篇署用。这两篇后来都收入茅盾的杂文集《话匣子》一书。

沈余 亦作沈馀。一九二八年在商务印书馆出版的译作《他们的儿子》、《一个人的死》以及一九三〇年一月在《中学生》创刊号发表的《关于高尔基》等文章时署名。一九三〇年四月五日的《鲁迅日记》："叶圣陶、沈余及其夫人来。"据《鲁迅日记·人名索引》，沈余，即沈雁冰。

惕若 一九三四年一月在《文学·书报述评》发表《清华周刊文艺创作专号》，同年二月、三月，在该刊发表的《〈文学季刊〉创刊号》、《关于文学史之类》等书报述评，均署名惕若。黄源回忆说："《文学》的新年号(二卷一号)隔年被检查，我曾经亲身经受的，被砍得不成样子……唯一保留的一篇《清华周刊文艺创作》的评论，是因为茅盾用'惕若'这笔名尚未被发觉。"(《关于鲁迅先生给我信的一些情况》，《杭州文艺》1978 年 3 期)

形天 茅盾认为，这是他使用的笔名之一。形天即刑天。《山海经·海外西经》："形天与帝至此争神，帝断其首，葬之常羊之山。乃以乳为目，以脐为口，操干戚以舞。"一九三四年九月在《太白》创刊号发表《大旱》；同年四月在《文学季刊》第二期发表《上海大年夜》均署此名。这两篇作品，现收《茅盾文集》九卷五、六辑中。此外。在《笔谈》发表的《客座杂忆》等文章亦署用此名。

终葵 一九三二年十月在《东方杂志》二十九卷四号发表《右第二章》等作品署用。该篇现收入《茅盾全集》八卷。茅盾说，"终葵即传说中钟进士捉鬼的故事原型"。

止敬 一九三一年一月在《中学生》十一号发表《我的中学生时代及其后》，同年五月在《中学生》十五号发表《致文学青年》等篇署用。

前一篇收入茅盾在一九三六年文化出版社出版的《印象·感想·回忆》一书。

谢芬　一九三五年二月在《译文》一卷六期发表《莱蒙托夫》时署用；这年的一月二十三日鲁迅致黄源的信中说："《译文》第六期稿，不知现已如何？沈先生送来论文《莱蒙托夫》一篇，约二千字，但不知能通过否？倘能用，则可加莱氏画像一幅……"（《鲁迅书信集》下卷735页）这里的沈先生即指茅盾。译文终于被检察官先生通过了。在《译文》上发表时，遵照鲁迅的意见，加了俄国沙波尔洛斯基作的莱蒙托夫画像。

高子荪　一九三五年十月在《太白》一卷二号发表《屛水》等文章署用。该篇现收入《茅盾全集》第十一卷。

子荪　由高子荪演化而来。一九三四年十一月在《文学》三卷五号发表《诗人与"夜"》时署用。现收入《茅盾全集》二十卷。

小凡　一九三四年二月在《申报月刊》三卷二号发表《田家乐》时署用。该篇后收入茅盾在良友图书公司出版的《话匣子》一书。

吉卜西　一九三四年二月在《文学》二卷二号发表短篇小说《赛会》等文章署用。这篇小说现收入《茅盾全集》第九卷。

韦　佩韦之简署。茅盾认为，这是他早期的笔名之一。一九二四年九月十七、二十四日在《民国日报·妇女周报》作社评均署此名。

丙生　一九二九年四月在《小说月报》二十卷四号发表短篇小说《泥泞》，一九三三年十月在《中学生》八号发表《纷乱》等作品时署名。《泥泞》收入一九三四年九月开明书店出版的《茅盾短篇小说集》第一集。袁涌进编《现代中国作家笔名录》，亦将丙生列为茅盾的笔名之一。

冯虚女士　据茅盾说，这是他一九二六年前使用的笔名之一。一九二一年七月在《小说月报》十二卷七号译《阿富汗的恋爱歌》，同年十一月二日、三十日在《民国日报·妇女评论》译诗《乌克兰民歌》、《塞尔维亚底情歌》等均署此名。这些译诗现均收入《茅盾译文全集》八卷。

冯虚 冯虚女士的简署。一九二一年十一月在《小说月报》十二卷十一号译《女王码勃的面网》，一九二二年在《小说月报》十三卷一号译《假如我是个诗人》均署此名。后者收入《茅盾译文全集》八卷。

希真 一九二二年一月在《小说月报》十三卷一号发表译作《拉比阿契巴的诱惑》，一九二一年十一月二日在《民国日报·妇女评论》作《两性互助》等文章署名。前一篇收入一九二八年开明书店出版的《雪人》集，全书署名沈雁冰译。

施华洛 一九三一年十一月在《文学导报》一卷八期发表《中国苏维埃革命与普罗文学之建设》署用。据钱杏邨（阿英）在《一九三一年文坛之回顾》（见《北斗》二卷一期）中说，茅盾于一九三一年的《文学导报》第八期上，曾著有《中国 XXX 革命与普罗文学之建设》一文，可见施华洛即茅盾。

石萌 据钱杏邨在《一九三一年文坛之回顾》一文中说，茅盾于《文学导报》上也曾写过"关于民族主义文艺的批评"。该文系指在该刊一卷四期用石萌的笔名发表的《"民族主义文艺"的现形》一文。一九七七年，艾扬在《茅盾名、号、别名、笔名辑录》中提到，茅盾就石萌的笔名回信说，"大概是我作，因为钱杏邨在《北斗》的论文中提起此篇说是我作"。（见《文教资料简报》总 64 期）

石崩 一九三一年九月在《文学导报》一卷五期发表《〈黄人之血〉及其他》一文署用。丁景唐、文操合编《瞿秋白著译系年目录》时，曾将石崩列为瞿秋白的笔名。比较来说，阿英（钱杏邨）提供的资料当是可信的（材料见上一条目），一则，阿英对文坛的情况比较熟悉；二则，阿英的文章作于一九三二年，可谓"记忆犹新"，不大可能误记。《〈黄人之血〉及其他》现收入《茅盾全集》第十九卷。

履霜 一九三三年十二月十三日在《申报·自由谈》发表《批评家辨》

等文章署名。该文后收入一九三五年二月上海良友图书印刷公司出版的《话匣子》一书中。(按:《话匣子》原署一九三四年出版系误印。该书中许多文章都是一九三四年所作。《话匣子》的结集付排时间是一九三四年的十月十五日,因此出版时间当为一九三五年)

曼　一九三二年八月在《文学》三卷二号发表《论"入迷"》等文章署名。该文于一九三五年收入上海良友图书公司出版的杂文集《话匣子》中,全书署名茅盾创作。

风　一九三四年七月、八月、九月在《文学》三卷一号、二号、三号发表《再谈文学遗产》、《"文学遗产"与"洋八股"》和《论模仿》等均署此名。前一篇后来收入茅盾的杂文集《话匣子》中。

　　不过,署名风的作者,也有另外的人。例如一九三六年十二月在《谈风》第四期发表《盛世的悲哀》一文,亦署名风,可能便是另外的作者。因为,看不到茅盾与这个刊物有什么联系。就文章的风格来说,也不像。

惠　一九三四年八月在《文学·文学论坛》发表《对于所谓"文言复兴运动"的估价》、《翻译的直接与间接》等文章署用。后一篇收入茅盾在一九三五年出版的《话匣子》一书。

蕙　惠的同音异体。一九三四年四月在《文学》二卷四号《文学论坛》发表《新,老?》等文章署名。该篇后收入茅盾的杂文集《话匣子》一书。

　　一九三四年四月在《文学》二卷四号发表《思想与经验》,同年八月在《文学》发表《所谓"杂志年"》均署此名。前一篇后来收入《话匣子》一书。

芬　芬君或冬芬之简署。一九三四年四月在《文学》二卷四号发表《从"五四"说起》等文章署名。该篇后收入《话匣子》一书。

蒲　蒲牢的简署。一九三四年二月在《文学》二卷三号发表《一个译人的梦》和一九四七年七月在《文艺生活》光复版第十五期发表《群众是文艺创造者》等文章署用。前一篇，后来收入茅盾在良友图书公司出版的《话匣子》一书。

华 许多人以为在《文学》上发表《翻译的理想与实际》等文章署名华者是茅盾。茅盾说，这个华是傅东华的署名。一九四一年后，在茅盾主编的《笔谈》上，以华署名的文章，例如《柏林人的菜单》、《战时英国之科学家》等，作者是茅盾。这两篇文章，现均收入《茅盾全集》十六卷。

惕 惕若之简署。茅盾认为，这是他所用的笔名之一。一九三六年四月、七月在《文学》六卷四号和七卷一号上，发表《电影发明四十周年》、《进一解》等文章署名。现收入《茅盾全集》二十一卷。

铭 一九三四年三月在《文学·文学论坛》发表《又一篇账单》署名。该篇后来收入茅盾的杂文集《话匣子》一书。

方 茅盾认为这是他在三十年代使用的笔名之一。一九三五年四月在《文学·文学论坛》四卷四号发表《能不能再写的好懂些》署用。现收入《茅盾全集》二十卷。

陶然 茅盾认为这也是他的笔名之一。一九三四年四月在《文学》二卷四号发表书评《黑炎的〈战线〉》等篇署用。现收入《茅盾全集》第二十卷。

连琐 一九三四年五月在《文学》二卷五号译《桃园》（土耳其·哈理德）时署名。一九三五年十一月收入茅盾译文集《桃园》中，由文化生活出版社出版。

余声 一九三四年五月在《文学》二卷五号译《催命太岁》时署名。该篇后收入文化生活出版社版《桃园》集中。

阳秋 一九三三年二月一日、七日、十九日在《申报·自由谈》发表《新年的新梦》、《谈〈词的解放运动专号〉后恭感》、《回去告诉你妈妈》等篇署名。茅盾认为，这是他的笔名之一。

盾 一九三八年十一月十六日给若君的书简署名。文载《鲁迅风》第
四期，一九三九年二月一日出版。

韦兴 一九二三年四月在《小说月报》十四卷四号发表《奥国的现代
文学》一文署名。该文后收入茅盾在一九二九年五月由世界书局
出版的《近代文学面面观》一书中。

敬 据韦韬同志说，这也是茅盾的笔名之一。一九三三年二月在
《中学生》三十二号发表《"抵抗"与"反攻"》时署用。

真 希真的简署。据韦韬同志说，真，也是茅盾的笔名之一。一九
二一年十一月二十三日在《民国日报·妇女评论》发表的《实行与
空话的主张》、《弄清楚头脑》、《一步不走的根本原因》等篇均署
此名。

赤城 一九二三年五月在《小说月报》十四卷四号发表《现代的希伯
莱特》时署名。该文后收入茅盾的《近代文学面面观》一书中。

沈玄英 一九二八年八月在《小说月报》十九卷八号发表《希腊神话
与北欧神话》时署名。该文后收入茅盾在世界书店出版的《神话杂
论》中。

牟尼 一九三四年五月在《文学》二卷五号发表译文《门的内哥罗之
寡妇》及一九三五年在《太白·掂斤簸两》发表《老爷》、《孝子姚屏
锦》)等多署此名。前者收入茅盾一九三五年出版的弱小民族短篇
译文集《桃园》中。

丙申 茅盾生于丙申(1896)年，故用这个笔名。一九三四年四月在
《文学》二卷四号书评栏发表《一·二八的小说〈战烟〉》时即署此
名。同年五月在《文学》二卷五号发表译文《在公安局》时，正文亦
署此名，后来收在作者出版的《桃园》一书中。

甫 一九四一年九月茅盾主编的《笔谈》半月刊在香港创刊。根据茅
盾和沈霜谈，这个杂志实际上就是茅盾一个人在编辑。因此，适
应刊物的需要在《客座杂忆》、书刊评介和杂谈等栏目中所发的文

章，大都出自茅盾的手笔。所用的笔名也较多。甫便是其中之一。一九四一年九月《笔谈》创刊号发表《〈简明中国通史〉》等文章署用。见《茅盾全集》十六卷。

来复 在一九四一年九月《笔谈》创刊号发表《"七笔勾"》等署名。见《茅盾全集》十六卷。

文直 在一九四一年九月《笔谈》创刊号、第二期发表《乩语》、《夥颐》等篇署名。见《茅盾全集》十六卷。

仲 一九四一年九月在《笔谈·书报春秋》发表《刘明的苦闷》时署用。见《茅盾全集》二十二卷。

山石 一九三四年十月在《文学》三卷四号发表《中国新文学运动史》等署名。黄源在左联与文学一文中认为山石系茅盾当时的笔名。见《茅盾全集》二十卷。

文 一九四一年九月，在《笔谈》发表《我是劳动人民的儿子》、《纳粹人员之恶魔的生活》、《中国字拉丁化运动年表》等书刊介绍及《杂姐》、《妇女动员》、《军犬团》等篇署名。见《茅盾全集》三十三卷。

民 一九四一年九月在《笔谈》第二期发表《法国革命空气浓厚》一文署名。见《茅盾全集》十六卷。

亮 一九四一年九月在《笔谈》第二期发表《纳粹德国的宗教如此》一文署名。见《茅盾全集》十六卷。

直 一九四一年十月在《笔谈》第三期发表书刊介绍《希特勒的杰作》时署名。

威 一九四一年十月在《笔谈·杂姐》发表《挪威一店主》（按：目录印一店员）一文时署用。见《茅盾全集》十六卷。

叶明 一九四一年十月在《笔谈》第四期《书报春秋》栏发表《人之初》一文署名。

克 一九四一年十月十六日在《笔谈》第四期发表《捷克人民的反抗

精神》一文署名。见《茅盾全集》十六卷。

德　一九四一年十一月在《笔谈》第五期发表书刊评介《油船德宾特号》和《漂亮名词》等文署名。见《茅盾全集》三十三卷。

希　一九四一年十一月在《笔谈》第六期发表《饥饿的希腊》一文署用。

晓　一九四一年十二月在《笔谈》第七期发表《医师忏悔录》时署用。

波　一九三六年四月、五月在《文学》六卷四、五号发表《向新阶段迈进》、《不要你哄》和《需要一个中心点》等文章署用。后一篇收入《中国现代文学史参考资料》，一九五九年高等教育出版社出版，改署茅盾。

蒲剑　《子夜》最初的手稿大纲中的 ABC，分为棉纱、证券、标金等三题，当时的署名即是蒲剑。

迁士　一九三八年八月六日，在香港《立报·言林》发表《论〈论游击队〉》等文章时署用。稍后在九月三日的上海"孤岛"时期，由王任叔(巴人)主编的《华美》周刊转载茅盾这篇文章时，便改署为"茅盾"。(参看陈福康的《关于茅盾驳斥陈独秀的一篇杂文》，收《茅盾研究》第 4 辑)

曲子　一九三四年九月二十日在《太白》杂志发表《"买办心理"和"欧化"》时署用。见《茅盾全集》十六卷。

P. 生　一九二〇年二月五日在《妇女杂志》六卷七号发表译文《家庭生活与男女社交自由》(美·纪尔曼夫人)等篇时署。见《茅盾译文全集》九卷。

几个笔名的辨识

丙甲　疑为丙申之误印。一九三四年五月在《文学》发表译文《在公安局》时，正文署名丙申，目录却署印为丙甲。

毛腾　一九三二年七月《新时代》杂志的《国内文坛消息》中说："《矛盾月刊》亦已出版，有毛腾(即茅盾)……等人之稿。"袁涌进编《现代中国作家笔名录》(一九三六年三月由中华图书馆协会印行)中,亦认为毛腾是茅盾的笔名。但是,第一,在三十年代阶级斗争尖锐的情况下,茅盾不大可能在南京出刊的《矛盾》杂志上,和向培良、王平陵等人一起发表文章;第二,在《矛盾》创刊号发表的署名毛腾的文章是《小说背景概论》,就文章所提及的时代、地方、社会等论点来说,也是茅盾在三十年代所否定的一些提法了。就此,曾征求茅盾、沈霜的意见,他们也都认为不是。

狄福 在一九三五年一月出版的《文学》四卷一号上,发表有署名狄福的《丹麦童话家安徒生》的文章。并附有茅盾译的《雪球花》(安徒生)。有人认为狄福可能是茅盾的笔名,为此请教茅盾先生,他说狄福是徐调孚的笔名。

子渔 有人认为一九三五年三月发表在《文学》四卷三号上的《几本儿童杂志》等文章是茅盾写的,署名是子渔。经问询,茅盾和沈霜说这是另外的作者。

水 一九三四年二月为《文学·文学论坛》撰写《说"歪曲"》等文艺杂谈等文章署用。曾健戎、刘耀华的《中国现代文坛笔名录》(1986)和唐金海、刘长鼎的《茅盾年谱》(1994)中皆有著录;朱宝梁编《中国作家笔名录》认为"水"为傅东华、张恨水。《茅盾全集》未收。

冯夷 黄源在《左联与文学》中认为冯夷是茅盾的笔名(《新文学史料》,1890年1期)。一九三四年在《文学》二卷五号发表《英文的弱小民族文学史之类》等文章署名。《茅盾全集》未收入。

后 记

这本集子是一九五五年因教学工作的需要开手写起来的。一九五六年，曾以专题论文的形式在《东北师大科学集刊》发表过，后来作为一章编入《中国现代文学史》讲义；但那只能是一个细纲。到一九六四年，才初具现在的规模。"文化大革命"中，在下放山区的时日里，就一直把它带在我的身边；在粉碎"四人帮"实现四个现代化的大好形势下，我才把它重新整理出来。这次出版前，其中论述《子夜》、《茅盾散文》(署名郑乙)的章节，曾在上海的《文艺论丛》等刊物发表过，这里一并加以说明。这次经过了几十年后，加以整理，自然不免有所改动，自然希望它能更好些。

在写作这本书的过程中，曾经得到许多同志的热情帮助。特别是茅盾和沈霜同志，曾不断地指正一些疑惑问题，并且审阅了书中的部分章节，纠正了错误，丰富了全书的内容，对作者的工作给予有力的支持和莫大的鼓舞。刘禾、关德富、张立国诸同志，也曾为本书的出版工作出过许多力量，这里谨致以衷心的谢意。

这本集子，只是作者学习、研究茅盾创作的开始，疏漏错误之处，恳切希望批评和指正。

作 者

一九七九年八月长春南岭

二〇一二年整理